中國大陸經濟發展與市場轉型

Economy Market

施哲雄／總策劃　**魏艾**／主編

魏艾 · 王信賢 · 江雪秋 · 李茂 · 徐東海 · 馬浩然 · 張弘遠 · 舒中興 ／ 著

曾 序

2003年8月初，施哲雄博士前來中華歐亞基金會，詳細說明即將出版的「當代中國」叢書寫作經緯，同時要求為文撰寫序文。本人自忖半世紀以來作為從事中國大陸研究的一介書生，且與東亞研究所又有數十年之歷史淵源，乃欣然接受，特擬就數語，以賀此一叢書出版，並略表感言，是為之序。

首先，本研究叢書在施教授的策劃和指導之下，集合了一批自政大東亞所畢業，且一直從事研究與講授中國大陸課程的年輕研究人員，群策群力撰寫而成，實為意義非凡之事。施教授自東亞所博士班第一屆畢業之後，三十多年來始終堅守中國大陸研究崗位，更曾擔任過東亞所所長一職。尤其在兩岸文化學術交流開啓之後，施教授赴大陸考察的次數多不勝數，足跡遍及大江南北，實為國內中國大陸研究學界集理論素養與實務經驗於一身的少數優秀學者之一。如今施教授以其豐厚學養與權威地位，動員召集傑出桃李撰寫此一叢書，作為中國大陸研究課程之教材，並為世人介紹當代中國政治、經濟、文化、社會、教育等層面之實際狀況，對於兩岸交流的深入發展，以及中國大陸研究課程水準的提升，實有莫大助益。

其次，國內數十年來中國大陸研究的發展過程，呈現截然不同之差異。早期之「匪情研究」侷限於情報、調查機關或國民黨中央黨部等有關單位，乃是作為「對敵鬥爭」的一部分任務來進行，其特色是資料和研究成果都必須絕對保密，且在高度敏感的情況下為之。至1970年代初期，隨著社會變遷的趨勢，中國大陸相關研究在政大、台大、師大、中興、交大、清大等校試辦公開教學後，逐步加以普及化，各大學院校更逐漸將其視爲「區域研究」中的重要領域，甚至成立許多碩、博士班以培養中國大陸研究之專業人才。從早期「匪情研究」到今日「區域研究」的演變歷程中，吾人可以發現國內學術研究自由化和多元化風氣的茁壯，與台灣社會的發展與進步乃是相輔相成的。

再次，早期從事「匪情研究」人士，乃憑藉自身文化背景、工作經驗，以及對國家的熱忱，爲培養新一代研究人員貢獻心力。而新一代的研究人員卻能更加嫻熟運用各種各樣的社會科學研究方法，以及深厚的理論素養來從事中國大陸問題的研究，並獲得豐碩的成就。

在這裡我要藉由毛澤東的兩句話——「理論與實踐相結合」、「沒有調查就沒有發言權」——來勉勵年輕學者，不要忽略和放棄上一代學者的經驗與成果，而應該要充分繼承、瞭解與運用，並多多進行田野調查，爲中國大陸研究開拓新境界，爭取台灣成爲全球中國大陸研究之重鎮。學問沒有捷徑，唯有埋頭苦幹，再接再厲，希望「當代中國」叢書，能成爲中國大陸研究領域的好教材，並在學術界奠定穩固的基礎。

祝福各位萬事如意，加油，再加油！

總統府資政

曾永賢 謹識

施 序

「當代中國」一系列教材叢書，是凝結了一群講授大陸課程的老師們的心血所完成的精心著作。

1949年政府播遷來台後，因當時特殊的時空環境，對中共有關問題的研究相當敏感，以致對此領域的研究人員和資料蒐集，僅限於少數的軍事、情治單位及中國國民黨的相關機構，各大學既無這方面的相關課程，坊間更少有此領域的相關資料。

此一狀況造成台灣地區在研究大陸問題的人才幾乎出現斷層，有鑑於此，當時擔任中華民國國際關係研究所主任吳俊才先生，向先總統蔣公建議，希望在大學裡能成立一所可授予碩士學位，從學術的立場，客觀研究中國大陸問題的研究所，先總統贊同此一建議後，吳主任即積極規劃，於1968年春在國立政治大學成立國內第一所研究大陸問題的東亞研究所，1981年更進而成立博士班，以培養研究大陸問題的人才。

大學開設中國大陸研究的課程，在1971年前後，先在國立政治大學法學院的政治系進行試點，後續在台大、政大、師大和中興四所大學的相關學系正式開課，最後逐漸推廣到各公私立大學，目前成爲一門顯學。在中共進行改革開放，兩岸交流逐漸熱絡後，兩岸經貿相關的問題益顯重要，國內各大專院校亦逐漸開授此一領域之相關課程。

在大學開設中國大陸研究相關課程後，即面臨教科書和相關資料的使用問題，教育部曾委託專家學者撰寫相關問題的專書，這些專書僅能作爲該問題的參考資料，不大適合作爲該課程的教科書，因缺少基礎教材，致使課程講授的相關內容相當分歧，修課的同學也無法獲得有系統的瞭解與共識。基於此，東亞研究所畢業的多位博士幾經研商，決定以「當代中國」爲名，針對目前台灣各大學開設中國大陸研究的課程，以共同合作撰寫的方式，計畫出版一系列的專書，作爲該課程的教科書，以解決困擾多年無統一教材的窘境。

本人因曾擔任東亞研究所所長，自始即參與台灣各大學開設「中國大陸研究」課程的工作，故被推舉擔任此一叢書的總策劃，爲說明此套叢書出版的源始，茲將台灣五十餘年來研究大陸問題的情況和面臨的問題簡略說明之。

在此叢書出版之際，特別懷念東亞研究所創辦人，先師吳主任俊才先生，如無當年先師的遠見，台灣在研究大陸問題的領域即無今日之榮景，政府方面亦難於網羅足夠的人才，以處理日趨複雜的兩岸事務。

最後，還要特別感謝揚智文化高效率的編輯群，以及張弘遠、張執中、王信賢、江雪秋等四位東亞所校友的不辭辛勞，才讓本書能夠如期順利出版。

施哲雄 謹識

魏 序

本書寫作的主要目的，主要是期望爲從事相關課程教授或學習之讀者，提供一本關於中國大陸經貿改革與市場發展現況的讀物。

筆者長期投注於中國大陸經貿領域之研究與教學工作，近年來，隨著大陸經濟的快速成長，逐漸感受到國內各界對於認識、理解大陸經濟的迫切需要。然而或許是對大陸過去經濟改革歷程的陌生，也可能是因爲兩岸學術傳統或論述風格的差異，因此，想要完整而深入地理解中國經濟的發展與變革，對於一般人而言，這實非易事。

不過，基於兩岸經貿發展日趨密切的現實，增進國人對於大陸經貿現況與未來的認識，以期能「知己知彼、洞察先機」，則是我們必須要共同努力的目標，而在揚智文化支持與施哲雄教授的策劃之下，筆者邀集國內從事相關研究與實務工作之年輕學者共同參與本書的撰述工作，希望能夠拋磚引玉，藉由本書而引起讀者更進一步研究的興趣，並對兩岸經貿的未來開展更爲深入的思考。

魏　艾 謹識

目 錄

第一章 導論

魏 艾

20世紀80年代以來，世界局勢出現許多重大的變化，而中國大陸經濟改革和對外開放政策帶來的積極成效，更成為舉世關注的焦點。這不僅是中國大陸廣大的土地和龐大的人口，以及它在國際政局，特別是亞太地區的重大影響力，而在於中共推行經濟改革的幅度和速度，及其成效所帶來的衝擊所致。除此而外，對於中國大陸經濟的研究，亦應有其獨特之處。主要在於中國大陸是一個經濟落後地區，也是個經濟開發中的地區，同時更是個中央集權管制的經濟地區，因此有關中國大陸經濟的研究便必須從經濟發展理論、制度經濟學，乃至於政治經濟學等綜合的角度來探討，尤其必須從不斷演變過程或持續變遷的過程來看待問題。

中國大陸經濟研究已是當今學術研究的重要議題，由於兩岸間微妙的政治關係，長期以來台灣便極度地關注中國大陸政經形勢的發展。同時，由於近年來兩岸經貿關係的發展，彼此間已存在某種程度相互依存的關係，但是在政治緊張關係短期間仍不可能完全緩解的情況下，我們對於中國大陸經濟的研究，除了學術研究的動機之外，尚有提供政府政策參考，以及個人在從事兩岸經貿往來的切身需要。

第一節　前言

20世紀80年代以來，世界局勢出現許多重大的變化，而中國大陸經濟改革和對外開放政策帶來的積極成效，更成爲舉世關注的焦點。同時，隨著中國大陸經濟的崛起，特別是在經濟全球化的世界經濟潮流中，經濟資源將以前所未有的速度流通，經濟競爭將日益激烈，使擁有廣大市場及具豐沛勞動力的中國大陸，不僅是各國政府和跨國企業力求開拓的重要市場，並且也是國際經濟舞台上的競爭對手，也因此，有關中國大陸經濟的研究便成爲國際經濟問題中的重要課題。

然而，有關中國大陸經濟的研究卻與一般針對已開發國家或開發中國家的研究有所不同。從經濟發展理論的研究看來，自1776年亞當．斯密的「國富論」開始，以迄1930年代全世界經濟不景氣，而出現的凱因斯理論，經濟學者關注於資源的利用、所得的分配以及如何創造有效需求、增加國民所得的議題，但是基本上他們只是重視經濟先進國家的經濟成長以及如何避免經濟蕭條的問題，並非眞正關心開發中國家如何進行經濟規劃和改革，以擺脫長期貧困的問題。

1950年代開始，經濟學者才關注開發中國家的經濟發展問題，他們針對落後國家經濟發展的過程進行研究，並探討經濟落後國家貧窮落後的原因，以及推動經濟發展應尋的途徑，其中以顧志耐（Simou Kuznets）的研究獲得最大的成果。

在經濟學者開始注重落後國家的經濟問題時，那些實施社會主義的開發中國家，其經濟情況也開始受到注意。惟因處於冷戰時期，部分實行計畫經濟體制的國家雖也進行某些制度的修正，但是總體而言，意識形態仍然限制了這些國家的改革構想，而西方經濟學者也慣於僅從意識形態或管理體制的角度來批評這些國家的經濟情況。

社會主義國家的經濟改革並非始於中國大陸，但是1970年代後期，中共開始推行的改革開放政策卻受到最廣泛的注意，這不僅是中國大陸廣大的土地和龐大的人口，以及它在國際政局，特別是亞太地區的重大影響力，而在於中共推行經濟改革的幅度和速度，及其成效所帶來的衝擊所致。

除此之外，對於中國大陸經濟的研究，亦應有其獨特之處。主要在於中國大陸是一個經濟落後地區，也是個經濟開發中的地區，同時更是一個中央集權管制的經濟地區，因此有關中國大陸經濟的研究便必須從經濟發展理論、制度經濟學，乃至於政治經濟學等綜合的角度來探討，尤其必須從不斷演變過程或持續變遷的過程來看待問題。

第二節　中國大陸經貿研究的學術價值與意義

如何正確解讀中國大陸經濟快速發展的原因與影響？這不僅是一個學術研究的命題，對於身處台灣的我們而言，這個問題的探討也具現實上的意義。長期以來，因爲文化上的親近與行爲的趨同，台灣一直是觀察大陸變化的最佳瞰視點，也因此，對於大陸的相關研究往往也是其他國家參考的主要依據。然而或許受到政治考量的影響，相關研究主要著重在對大陸政策的解讀，特別是習慣從單一事件的分析中去推論大陸整體演變的脈絡，因而在理論發展上有所不足。

正因爲本土中國研究缺乏理論基礎，因而台灣的中國研究便必須借重西方學術理論的觀點，基本而言，西方對於中國大陸的研究曾出現過不同典範的演進，從最初的極權主義模式、多元主義模式到制度主義模式。不同理論典範對於中國大陸的研究取向也有所差異，目前主流的研究取向則是新制度主義的分析架構，此一研究典範除了強調對特殊制度安排的重視外，研究者還應將研究焦點從黨國精英轉移到社會經濟網絡、市場、通俗文化、企業、組織創新、政治聯盟、地方政府與新興利益團體等。[1]

一般西方學者認爲，中國大陸的經濟改革基本上是「去蘇聯化」的過程，也就是說，其大致上可以描述爲揚棄社會主義計畫經濟體制「轉向」準資本主義市場經濟體制的過程。而我們在運用新制度主義的架構分析中國大陸經濟改革時，首先必須要釐清改革的途徑與執行的策略。

一、改革路逕的選擇

論者常謂中國大陸過去二十年來的改革爲「漸進主義」（gradualism）、蘇東等國家爲「激進主義」（radicalism）或「震盪療法」（shock therapy），而兩種改革方式的結果是中國大陸的「摸著石頭過河」明顯優於蘇東所採取的「大爆炸」（big bang）改革方式。[2]然同爲社會主義國家，都曾是黨政一元化，採取史達林重

[1]David Stark and Victor Nee, "Toward and Institutional Analysis of State Socialism," in David Stark and Victor Nee, *Remaking the Economic Institutions of Socialism: China and Eastern Europe* (California: Stanford University Press, 1989), p.30.

[2]Ronald I. McKinnon, "Gradualism versus Rapid Liberalization in Socialist Economies," in *Proceedings of the World Bank Annual Conference on Development Economics* (Washington, DC: The World Bank, 1994), pp. 63-94.而中蘇改革的異同點，可參閱：Minxin Pei, *From Reform to Revolution: The Demise of Communism in China and the Soviet Union* (Combridge: Harvard University Press, 1994), p.8.

工業發展模式，為何會採取不同的改革路徑？

不論就蘇東或中國大陸的經驗看來，在改革所觸動的制度變遷過程中，原先的計畫官僚基於意識形態與自身的既得利益考量，往往會站在反對改革的立場，而成為推動改革的障礙，面對於此，改革者有兩種選擇：一為在進行經濟改革前先進行政治改革，以剷除擋路的官僚；另一是在不觸動官僚階級權益的情況下，另外開闢一個與計畫體制平行的經濟機制，繞開擋路的官僚。而蘇聯與中國大陸由於改革初始條件的不同，使得兩者間出現了不同的路徑選擇。

謝淑麗（Susan Shirk）在《中共經改的政治邏輯》一書中認為，在毛澤東時代，尤其是大躍進與文革期間，毛為了政治鬥爭（對抗復辟的官僚主義）而將權力下放到地方，使地方政府所扮演的角色較前蘇聯東歐重要，這造成中國大陸與其他社會主義國家制度結構的差異。[3]而戴慕珍（Jean Oi）亦持類似的觀點，她認為由於毛時代所主張的「塊塊專政」結構，使地方擁有相對的自主權。[4]此外，根據裴敏欣（Minxin Pei）的分析，其認為中國大陸在國家社會主義的完全程度不若蘇聯，故能採取較為彈性的部分改革策略。[5]

換言之，中國大陸在進行改革之前，由於大躍進、文化大革命等特殊的政治發展，以及對蘇聯重工業模式的反省，其早已

---

[3]Susan Shirk, *The Political Logic of Economic Reform in China* (Berkeley: Univerity of California Press, 1993), pp. 4-18.

[4]Jean Oi, "The Role of the Local State in China's Transitional Economy," *The China Quarterly,* No.144, pp. 1132-1149.

[5]Minxin Pei, "Microfoundations of State-soccialism and patterns of Economic Transformation," *Communist and Post-Communist studies,* vol.29, no.2(June 1996), p.142.

「遠離國家社會主義」(away from state-socialism)。正由於中國大陸地方政府具相對自主性以及中國從來就沒有建立起如蘇聯那樣嚴密的統制經濟(command economy),使得中國大陸在改革路徑的選擇不同於蘇聯的震盪療法。

鄧小平深知此種客觀結構形勢,在不觸動政治體系情況下,採取了聯合地方勢力以鞏固其政治權威,並進行市場經濟改革。[6]亦即在改革的關鍵點上,鄧不像戈巴契夫企圖透過政治改革以剷除經濟改革的障礙,而是繞過身爲既得利益者的共黨官僚,採取局部、逐步的改革,一方面可以動員對改革有所期待者的參與和支持,另一方面可以減少改革的阻力,此即中國大陸經濟改革的政治邏輯。

就此而言,中共改革的路徑選擇不僅僅是個人意志的決定,也非派系鬥爭後的結果,必須參照其歷史結構因素,換言之,研究中國大陸改革,我們必須從歷史環境切入,考慮改革的初始條件,才能更貼切地瞭解各種制度實施的相互作用。[7]

二、改革策略的運作

由於國家整體條件使得中國必須採取漸進改革的方式,而爲了避免既得利益者之間的矛盾,故改革策略必須採取「將餅作大」的方式,換言之,在儘量不傷及現有經濟運作的情況下,採取「試誤」的體制改革(也就是所謂的摸著石頭過河的改革策略)與補充相關產業部門的經營動機(也就是所謂的放權讓利式的制度

[6]Susan Shirk, op. cit., p.14.

[7]Thomas Rawski, "Chinese Industrial Reform: Accomplishment, Prospects, and Implications," *American Economic Review* (84)(1994), pp. 271-275.

變革），就成爲大陸經濟改革的具體策略。

然而有趣的是，大陸當局最初的規劃是想要改革國有經濟的經營體制與發展市場經濟的交易模式，試圖以此激發整體經濟運作的潛能與效率，然而在這兩個策略效果尚未顯現時，卻意外的因爲鄉鎮企業的快速發展，而出現了預期之外的發展趨勢。

就當時大陸整體的制度環境而言，由於計畫經濟的實施再加上歷經大躍進、文化大革命的動亂，民生物資的短缺成爲突出的問題，提供了農村社隊企業發展的機會，換言之，科奈爾（Janos Kornai）對國家社會主義所描繪的「短缺經濟」（shortage economy）現象正是造成80年代中國鄉鎮企業發展的主因。[8]然而中國國有企業並沒有如東歐與蘇聯一般，吸納大部分的勞動要素，蘊藏在農村中的廣大勞動力，也就爲大陸在農村地區發展勞動密集產業提供了絕佳的發展基礎。[9]

市場經濟體制的發展、國有經濟的改革與鄉鎮企業的快速發展，使得中國經濟轉型出現了「市場化」與「私有化」的兩種不同的趨勢，學者吳玉山經由對中國經濟改革中產權變化的觀察，對中國經改的策略提出極具洞察力的描述，吳玉山指出，中國在進行產權改革的過程中，其經濟逐漸分成兩個部分：一個是國有部門，改革的方向是市場社會主義（market socialism），也就是有市場化而不私有化；另一方面是非國有部門，改革的方向是市場化與隱藏性的私有化，然而眞正的市場機制並未形成。[10]大陸當

[8]關於科奈爾的觀點，可參閱：Janos Kornai, *The Socialist System: The Political Economy of Communism* (Princeton: Princeton University Press, 1992).

[9]關於勞動力與經濟發展的關係，可參考：William Arthur Lewis，〈勞動力無限供給下的經濟發展〉，收錄於郭熙保，《發展經濟學經典論著選》（北京：中國經濟出版社，1998），頁122～168。

[10]吳玉山，〈回顧中國大陸產權改革〉，《香港社會科學學報》（香港），1999年夏季，頁183。

局一來透過將國有部門市場化，以競爭激發與利潤分享來誘發經營效率，同時利用政府資源挹注鄉鎮企業發展，進而創造出新的產業部門，整個運作的脈絡可以用圖1-1來加以描述。[11]

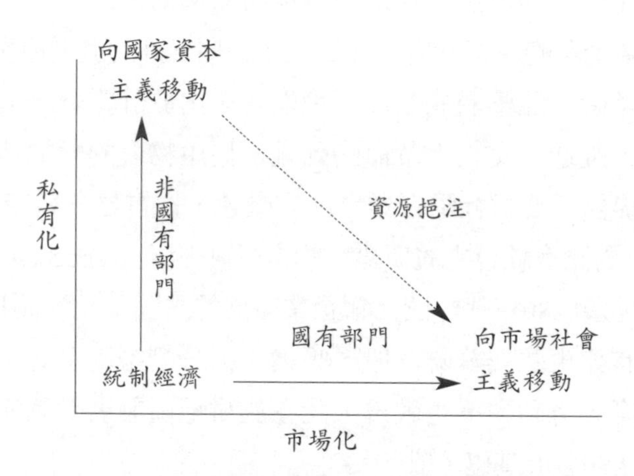

圖1-1　中國大陸產權改革的路徑

第三節　中國大陸經濟改革之社會影響

中國經濟改革在社會各個層面逐漸產生了程度不一的制度後果，其中影響最深遠的，就是不平等結構和社會階層化機制的改變。對於此，許多西方學者在觀察東歐市場發展後提出了極爲豐富的研究成果，其中最具代表性的爲東歐學者慈蘭尼（Ivan Szelenyi），其在著名歷史社會學家伯蘭尼（Karl Polanyi）的研究

[11] 吳玉山，〈探入中國大陸經改策略之研究：一個比較的途徑〉，《中國大陸研究》，第46卷第3期，2003年5、6月，頁23。

基礎上認爲匈牙利從社會主義體制轉型到市場經濟，總共經歷了三個發展階段：重分配整合經濟的地方市場、社會混合經濟以及資本主義導向經濟等，每種經濟制度所強調的分配制度不一樣，其爲造成財富分配不均等的基礎，換言之，階級分化鑲嵌在宏觀的經濟體制運作中，不同利益的衝突都隱藏在經濟交換的過程。[12]

倪志偉（Victor Nee）則藉由慈蘭尼的研究成果，提出中國式的「市場轉型理論」（market transition theory），企圖說明市場制度對於中國社會不平等和社會階層化的影響，其有以下兩個基本假設：第一，將以供需關係和價格機制爲特徵的「市場制度」，和以中央集權官僚體系的「再分配制度」視爲對立的資源分配邏輯；第二，從「再分配」過渡到「市場制度」的過程中，必然引起社會分層體系的規律性變化，而隨著市場化與私有化的發展，不僅增強生產體系的經濟效益，更突破了官僚壟斷分配資源的權力，因此，市場提供了社會底層的直接生產者與農民翻身的機會，官僚則會逐漸喪失其原有的優勢，而市場轉型的結果，將使社會分配趨於平等。[13]

倪志偉的「市場轉型理論」不僅受到西方中國研究者的關注，亦引發了美國社會學界對此議題的爭辯，不少學者質疑倪志

[12]Ivan Szelenyi and Eric Kostello, "Outline of an Institutionalist Theory of Inequality: the Case of Socialist and Post-Communist Eastern Europe," in Mary C. Brinton and Victor Nee ed., op. cit., pp. 305-326.

[13]Victor Nee, "A Theory of Market Transition: From Redistribution to Markets in State Socialism," *American Sociological Review,* No.54(1989), pp. 663-681; Victor Nee, "Social Ineqalities in Reforming State Socialism: Between Redistribution and Markets in China," *American Sociological Review,* No.56, 1991(June), pp. 267-282; Victor Nee, "The Emergence of a Market Society: Changing Mechanisms of Stratification in China," *American Journal of Sociology*, Vol.101, No.4, 1996(August), pp. 908-949.

偉的論證與研究成果，而與倪志偉同門的史塔克（David Stark），其東歐轉型研究所強調的「路徑依賴」正好成為學者補充倪志偉「市場轉型」的素材。[14]慈蘭尼在還原其理論後認為，倪志偉的市場概念過於籠統，市場轉型有其階段性，倪的市場轉型理論只適合解釋「重分配整合經濟的地方市場」這個短暫的階段，此外，必須將幹部區分為掌握政治權力運作者與技術官僚，在以資本主義為導向的經濟體制中，雖然市場為社會分層的動力，但由於路徑依賴的結果，原有的技術官僚仍在市場轉型過程中獲得極大的利益，更加深社會的不平等。[15]

針對倪志偉的市場轉型理論，兩岸學者亦從實際的田野調查經驗中提出不同的觀點，其多認為倪志偉只觀察到中國經濟發展的表面現象，對官僚幹部利用市場機會進行尋租行為視而不見，且此種錢權交易更加惡化了原有體系中的不平等現象，並非如市場轉型論所宣稱的促進社會平等，同時其亦忽略地方政府在財政誘因下以極其昂貴的代價推動地方經濟發展。[16]換言之，市場轉型論忽略了在位者的權力優勢與再生能力，市場改革過程中最大的獲益者反而是共黨官僚體系中的幹部。

此外，魏昂德（Andrew Walder）與戴慕珍的博士論文則分別使用「侍從主義」去建構城市與農村的權力運作圖像。魏昂德利

[14]David Stark的論點可參考其獲得1999年全美最佳社會學著作：David Stark and Laszlo Rruszt, *Postsocialist Pathways: Transforming Politics and Property in East Central Europe* (Cambridge: Cambridge University Press, 1998).

[15]Ivan Szelenyi and Eric Kostello, "The Market Transition Debate: Toward a Synthesis?" *American Journal of Sociology*, Vol.101, No.4, 1996(August), pp. 1082-1096.

[16]劉雅靈，〈強制完成的經濟私有化：蘇南吳江經濟興衰的制度基礎〉，《國立政治大學政治經濟學研究會論文》，2000年5月，頁2。

用「組織性依賴」(organized dependence)[17]與「有原則的特殊主義」(principled particularism)等概念來論述中共建政後「單位社會」的權力運作，以及隨之而來的人身依附現象，其稱之爲「共產社會的新傳統主義」，而工人身處在制度制約與人際關係網絡中，在經濟上和社會地位上依附於企業，在政治上依附於工廠的黨政領導，在個人關係上依附於工廠的上級直接領導。

此一模式的主要觀點包括：第一，指令性經濟賦予下層幹部在資源分配上的壟斷權力，普通群衆只能通過這些幹部建立庇護依賴關係才能獲得益處。如此，庇護關係成爲國家與社會之間的一個主要紐帶。第二，單位的封閉性以及社會關係的感情紐帶導致這種關係的穩定性。第三，這種關係具有重要的政治意義：它加強了國家滲透與協調社會的能力，導致了人們對現有制度的認可，促進了社會群體的分化以及減弱社會自主的集體行爲能力。[18]換言之，中共的單位制度具有控制與福利的雙重功能，從而達到穩定社會的效果，然而，隨著城市改革的開展，制度變遷也弱化了其中的政治影響。[19]

魏昂德的分析使美國研究中國從強調宏觀的歷史事件、總體

[17]Rona-Tas在分析匈牙利時亦採用類似的概念，其認爲此種由國家來統籌資源分配、安排就業的國家社會主義型態，Rona-Tas稱之爲「普遍性的國家僱傭」(universal state employment)關係，而此種關係因市場化與私有化的改革而瓦解則是直接導致匈牙利社會主義政權崩潰的主因。見：Akos Rona-Tas, *The Great Surprise of the Small Transformation: The Demise of Communism and the Rise of the Private Sector in Hungary* (Ann Arbor: University of Michigan Press, 1997), pp. 73-89.

[18]周雪光，〈西方社會學關於中國組織與制度變遷研究狀況評述〉，收錄於涂肇慶、林益民編，前引書，頁149。

[19]Lowell Dittmer and Lu Xiaobo, "Structural Transformation of the Chinese Danwei: Macropolitical Implications of Micropolitical Change," *China Studies*, No.3, Spring (1997), pp. 115-122.

性的政黨結構和意識型態，轉而重視微觀社會運作以及有理性選擇能力的個人；在研究方法方面，使研究者注意到制度的制約力量，以及國家與社會的互動關係和比較研究的重要性；在研究課題方面，其對中國大陸的「單位」、「社會網絡關係」研究，也開了風氣之先。[20]

而戴慕珍在其《當代中國的國家與農民》一書中認爲，地方幹部薪水並非來自國家，且生活機會使地方幹部與農民形成「侍從關係」，因此，國家政策的執行大打折扣，而生產大隊幹部從自己的利益出發，一方面滿足上級，另一方面從下級獲得利益，故對生產小隊的欺瞞則是睜一隻眼閉一隻眼，形成共謀的關係。[21]從魏昂德與戴慕珍的研究可發現，其間雖有不少差異，但皆顛覆了極權主義模式的論述，即基層社會相對於國家具有自主能力。

上述的「侍從關係」在溫克（David Wank）的運用下則是頗耐人尋味，其認爲中國傳統的「恩庇——侍從」關係在改革後並無崩潰，而是以新的商品形式出現，因爲在產權規範與制度不完善的情況下，私營企業主爲確保能順利運作，必須建立與地方政府間良好的交往關係，而地方幹部這種將政治權力轉化爲經濟計算的現象，溫克稱之爲「商品化的共產主義」。[22]此外，林南（Lin Nan）的「地方性市場社會主義理論」更是令人注目的焦點，其主張應從以下三要素來分析改革中的經濟體制，包括：（社會主義）

---

[20]關於西方對中國單位制度的研究可參閱：Xiaobo Lu and Elizabeth J. Perry eds., *Danwei: The Changing Chinese Workplace in Historical and Comparative Perspective* (NY: M. E. Sharp, 1997).

[21]Jean C. Oi, *State and Peasant in Contemporary China: The Political Economy of Village Government* (California:University of California Press, 1989), pp. 1-12.

[22]David Wank, *Commodifying Communism: Business, Trust,and Politics in a Chinese City* (Cambridge: Cambridge University Press, 1999), pp. 23-40.

科層協作、市場調節與地方協調，其中地方協調的角色至關重要。這樣的觀點明顯地表現在林南與陳志柔對大邱庄的調查，其描繪出在股份制的實施過程中，地方家族與精英透過宗族勢力，將產權由國家或地方集體轉移到自己的手中，而中央政府的無能爲力與政策模糊更助長了產權從集體轉移到私人，而地方精英黨政企三位一體的身分，在其家族網絡背景的運作下，更是掌控了地方經濟與行政資源。[23]基於此，林南並斷言中國不會走西方式自由競爭的市場經濟道路，而會由於地方性力量的強弱不同而形成不同的發展模式。[24]

就此而言，在新制度論者的筆下，「侍從主義」、「宗族力量」以及地方利益的複雜結構均使國家向社會的滲透受到阻絕。魏昂德認爲在改革已逾二十年的今天，國家不再獨斷所有生產資料，農業的非集體化、地方政府企業的興起，以及相應的私營和外資企業的發展有效地瓦解了國家獨斷的根基；新的所有制形式興起意味著國家對就業機會的控制被削弱了；另外，黨組織也不再像毛時代一樣要求其成員保持高度的忠誠和嚴格的紀律，國家不再尋求以激進的方式改造社會，而是承擔維持社會秩序和促進經濟發展的職責。[25]

面對經濟改革所導致中國大陸國家與社會的變遷，那麼如何

[23]Lin Nan and Chih-jou Jay Chen, "Local Elites as Officials and Owners: Shareholding and Property Rights in Daqiuzhuang," in Jean Oi and Andrew Walder ed., *Property Rights and Economic Reform in China* (Stanford: Stanford University Press,1999), pp. 301-354.

[24]宋林飛，〈經濟社會學研究的最新發展〉，《社會學》（中國人民大學書報資料中心），2000年第5期，第55頁。

[25]魏昂德，〈現代中國國家與社會關係研究〉，收錄於涂肇慶、林益民編，《改革開放與中國社會——西方社會學文獻評述》（香港：牛津大學出版社，1999），頁69。

建構出一個總體性的觀察視野？對此，劉雅靈的研究提供了具有啓發性觀察，其認爲中共的國家能力從建國以來其實一直是相當弱的，其中存在著主觀控制意志與客觀控制能力間的落差，正因爲國家行政能力不足，故其只能選擇性、間歇性地運用其專制力量去鎭壓異己[26]，而由於放權讓利與私營經濟發展所形成的由下而上之改革，更加強化這種格局，劉雅靈稱此種國家政體的型態爲「間歇性的極權主義」（sporadic totalitarianism）。[27]

面對中國大陸複雜的發展圖像，一方面我們可以看到國家扮演掠奪者的角色，另一方面國家又扮演發展者的角色[28]，一方面一些社會組織具有和國家議價的能力，一方面又看到其與黨國體制關係密切，一方面看到具有形成「市民社會」的條件，另一方面又發現其鑲嵌在國家之中。[29]而此種分散與複雜的圖景正是中

[26]Michael Mann在其《社會權力的起源》一書中將國家權力區分爲「專制權力」（despotic power）與「基礎權力」（infrastructural power），前者指的是一種分配力量，國家執政者可不經由社會的同意而遂行其意志，後者指的是國家貫穿、滲透社會的力量，其透過組織的建構與政策制定去協調人民的生活，而現代國家的特徵即是「基礎能力」的增強，在對社會的滲透、影響社會生活的能力增強後，能使人民對民族國家的認同愈強；而除了基礎建設外，國家亦介入經濟發展、社會福利以及人民生活，政策可滲透到領土的角落，擴張對社會的介入。參見：Michael Mann, *The Sources of Social Power-The Rise of Classes and Nation-stetes, 1760-1914* (Cambridge: Cambridge University Press, 1993), pp. 54-63.

[27]Yia-Ling Liu, "The Reform From Below: The Private Economy and Local Politics in Rural Industrialization of Wenzhou," *The China Quarterly*, no.130, 1992(June), pp. 293-316.

[28]Peter Evans在其《鑲嵌自主性》（*Embedded Autonomy*）一書中將國家區分爲「掠奪型」、「發展型」與「中間型」三種形式去檢視發展中國家對經濟轉型的作用。參見：Peter Evans, *Embedded Autonomy-States and Industrial Transformation* (NJ: Princeton University Press, 1995).

[29]Tony Saich, "Negotiating the State: The Development of Social Organizations in China," *The China Quarterly* (April 2000), pp. 138-139.

國研究者爭論不斷的源頭，也正是中國研究引人入勝之處。

結論

過去二十餘年來，中國大陸的經濟體制改革，是由計畫經濟朝向資本主義市場經濟轉變，在此一演變過程中，必然會對原有制度造成鉅大的衝擊，但是在評斷中國大陸經濟，經濟政策的制定及其績效時，卻不能僅從市場經濟的既有概念來論斷，否則將會產生主觀的偏差。畢竟，每一個時期的社會或制度各有其基本特質，但是從其發展的全程來看，儘管演變的速度有快有慢，但是它是一個連續不斷的長期演化。事實上，沒有一個社會是突然生成的，每一個新的社會制度，都是在舊的社會體制內慢慢的胚胎孕育，新社會制度的因素必須在舊體制中經過孕育，才能滋長壯大。在此一過程中，舊制度內潛藏的因素，包括現實制度和思想觀念，不可能突然地完全消滅，反而會遺留在新制度中，甚至阻礙或延緩新制度形成的時間。

基於此一認知，我們可以瞭解到，在中國大陸經濟改革和對外開放的過程中，並非一帆風順。改革開放政策固然是針對影響經濟成長和效率的制度或成分進行改革，但是原已存在舊體制中的生產、流通、分配制度，以及人們的舊思想、舊觀念，都將限制了新改革政策的推展。另一方面，改革政策必然帶來利益的重分配，在改革浪潮中處於不利地位的經濟成分，亦可能採取抵制的措施，而影響改革政策的推展。

中國大陸經濟研究既已是當今學術研究的重要議題，由於兩岸間微妙的政治關係，長期以來台灣便極度地關注中國大陸政經形勢的發展。同時，由於近年來兩岸經貿關係的發展，彼此間已存在某種程度相互依存的關係，但是在政治緊張關係短期間仍不可能完全緩解的情況下，我們對於中國大陸經濟的研究，除了學術研究的動機之外，尙有提供政府政策參考，以及個人在從事兩岸經貿往來的切身需要。

因此，在一群年輕並且正在成長、茁壯的學術精英的策劃下，此一著作期望能給關切中國大陸經濟發展和兩岸經貿關係人士，對於中國大陸經濟發展的理論、政策和實務有基本的瞭解。

本書章節編排主要按照大陸經濟發展與市場轉型這兩個主題開展，前半部爲討論中國大陸經濟改革與發展的緣由，後半部則介紹目前大陸市場交易形態與相關法令規章的內容，全書共分十四章，除了第一章導論之外，其餘各章針對中國大陸經濟發展、農業經濟和鄉鎮企業的興起、國有企業的改革與發展、金融體制與政策、對外貿易體制改革與發展、區域經濟發展、全球化與中國大陸經濟發展提出分析。此外，在近年來人們所關切的大陸投資環境和兩岸經貿關係方面，本書安排了中國大陸新興產業的發展、投資環境與商品行銷、關稅與貿易實務、大陸知名企業經營策略、大陸經貿法規與商務仲裁，以及兩岸經貿互動與台商對大陸投資等單元的精闢探討和分析。

（本章部分觀點主要參考王信賢、張弘遠兩位之相關研究。）

問題與討論

一、研究中國大陸經貿改革的現實意義？

二、中國大陸改革的路徑選擇？

三、中國大陸政府當局是如何操作其改革的策略？

四、中國大陸是如何推動其市場化與私有化的改革？

五、中國大陸經濟改革對於其國家與社會帶來何種影響？

第二章 中國大陸經濟發展

魏艾

自1970年代末期中共開始推行「經濟改革和對外開放」政策以來，為中國大陸帶來了國民所得提升、農村經濟繁榮、對外貿易擴展等積極效果，並使大陸的經濟體制逐步與國際經濟體系相融合。

從經濟總量而論，大陸經濟已居世界第六位，它已是世界經濟中不可忽視的重要力量。但是在國際社會普遍關注中國大陸經濟迅速成長，其經濟走勢可能帶來的影響和衝擊時，大陸經濟卻也存在貧富差距擴大、失業問題日益嚴重、區域發展失衡、生態環境惡化、資源短缺等問題，影響了大陸經濟的永續發展，使中共當局在制訂經濟政策和擬定解決方案時面臨了重要的挑戰。

本章首先將針對過去二十餘年來中共實行改革開放政策的歷程及其問題進行分析，進而就當前大陸經濟情勢，未來經濟發展目標和策略及其可能達致的成效加以探討，最後則試圖指出影響未來大陸經濟永續發展的重要因素。

第一節　改革開放政策的發展歷程

中國大陸傳統的經濟發展模式——經濟制度和發展策略，主要包括有三個成分，亦即：蘇聯模式（中央計畫經濟體制）、史達林式的發展策略（強調重工業和國防工業的發展），以及毛澤東思想意識（激進原則）。[1]此種經濟發展模式的施行，使大陸經濟面臨了嚴重比例失調和效率低落的成長瓶頸。主要癥結在於經濟制度過於中央集權化；經濟計畫的制定與執行脫離現實，並未受客觀實際的檢驗；強制性的指標束縛了經濟發展；以及勞動群眾缺乏積極性。所以，1970年代末期以來中共的經濟發展策略和政策，可說是企圖藉著對影響大陸經濟的三個主要成分加以修正，以解決經濟困局的持續演變。

中國大陸經濟的另一特徵，便是政治對經濟的嚴重影響，並造成經濟政策的反覆翻轉和經濟形勢的起伏波動。在大陸經濟發展過程中，其經濟政策曾經歷過多次的重大轉變。轉變的原因，一方面固然是由於經濟政策本身的錯誤與執行過程中措施的失當，不得不改變政策，設法補救，以免經濟的崩潰，並可能造成經濟危機；但是另一方面，政治因素尤其是內部權力鬥爭，理論路線的爭論，也是導致經濟政策轉變的重要因素[2]，因此，政治權力的繼承及其可能引發的問題，一直受到高度的注意。

基於這些影響大陸經濟的發展模式和特徵的考量，經濟改革

[1]Robert F. Dernberger, "Communist China's Industrial Policies：goals and Results," *Issues & Studies,* vol. XVII, No. 7(July 1981), pp. 44-46.

[2]胡鞍鋼，〈中國政策周期與經濟周期〉，《中國社會科學季刊》，1994年，夏季卷（總第8期），頁85～100。

的幅度和推展速度，便成爲改革開放政策能否順利推展的重要因素。事實上，與其他社會主義國家相比較，中國大陸在推行經濟改革時的各種條件可能有所不足，但是中共所採取的「漸進改革」方式卻是其經濟改革能獲得較優越成果的重要因素。[3]但是必須指出的是，此種漸進式的改革也將使經濟改革策略的設計者，在改革過程中往往必須爲解決短期的經濟問題而調整，甚至於中斷了改革的長遠目標。

從1979年開始的改革開放政策，迄今二十餘年的發展過程中，基本上可劃分爲四個階段：

第一階段：從1978年12月到1984年9月。改革的主要思想是「計畫經濟爲主，市場調節爲輔」，改革的重點是農村改革。主要的改革措施是改變了過去集體經營下的平均主義，在廣大的農村普遍實行了多種形式的家庭聯產承包責任制，刺激了農民生產的積極性，並推動了鄉鎮企業的發展，改變了原來的農村面貌。

第二階段：從1984年10月到1992年9月，改革的主要思想是「有計畫商品經濟」，改革的重點從農村轉向城市。這主要是由於農村改革取得重大成果後，中共在1984年10月召開的第十二屆三中全會中制定了「關於經濟體制改革的決定」，做出了「加快以城市爲重點的整個經濟體制改革的步伐」的重大決策，而在1987年召開的中共十三大中，更提出社會主義初級階段的理論，指出「在初級階段，尤其要在以公有制爲主體的前提下發展多種經濟成分；在以按勞分配爲主體的前提下實行多種分配方式；在共同富裕的目標下鼓勵一部分人先富起來」。同時進一步明確地把計畫商品經濟的運行機制定爲「國家調節市場，市場引導企業」的運行

[3]吳玉山，〈探入中國大陸經改策略之研究：一個比較的途徑〉，《中國大陸研究》，第46卷第3期（民國92年5、6月），頁1～30。

模式。[4]

這時期的改革主要涉及三個面向，亦即企業改革、價格改革和形塑市場機制，以及宏觀經濟體制改革。事實上，這個時期企業改革的最重要舉措，就是全面推行承包制。承包制的基本內容是，在堅持企業國家所有制的基礎上，以契約的形式，確定國家與企業的權責利關係。承包制的實施對於促進生產的增長、穩定財政收入確實具有一定的成效，但是卻也產生企業經營出現短期行為，不注意必要的投入和產出間的關係，同時也不注重設備的維護、更新及技術的創新，以及阻礙了產業結構的提升等不利的後果。

第三階段：1992年10月至2001年11月。改革的主要思想是建立「社會主義市場經濟」，改革的方式由針對某些領域的重點突破轉向全面推進經濟改革。1992年中共「十四大」確立了社會主義市場經濟的新的經濟改革的目標，並在「十四屆三中全會」制訂了「關於建立社會主義市場經濟體制若干問題的決定」，提出國有企業改革的方向是建立現代企業制度。

在改革的實踐上，則是進行國有企業「抓大放小」。所謂「抓大」，就是重點抓好一批國有企業和企業集團，通過建立現代企業制度，使其能夠發揮在國民經濟中的骨幹作用。所謂「放小」，就是區別不同情況，採用改組、聯合、兼併，股份合作制、租賃，承包經營和出售等方式，加快國有小企業改革步伐。

第四階段：2001年12月以後。中國大陸加入世界貿易組織，使大陸經濟體制逐漸與國際經濟體系相融合。然而，在經濟全球化以及開放市場的壓力下，中共不得不加速科技發展，促進經濟

[4]張軍擴，〈我國改革歷程的回顧〉，《世紀之交的中國政策研究》（北京：中國大地出版社，2001年1月），頁17～21。

結構的調整，同時藉著推進區域經濟整合，提升經濟競爭力，以因應經濟全球化的挑戰。

經濟改革策略的提出以及不斷的調整，固然是爲因應經濟情勢轉變的應變措施，但是在改革開放政策推展的過程中，大陸經濟卻也經歷了國內政治風波、亞洲金融危機，以及1998年的嚴重洪澇災害的衝擊。

1988年由於經濟改革政策的推展，使大陸經濟出現了經濟成長過熱、通貨膨脹等現象，因此，中共乃實施「治理整頓」政策，採取壓縮基本建設投資、控制集團消費、減少貨幣供應等措施，以期調整經濟結構，扭轉因經濟改革所帶來不利後果的衝擊。

1989年中國大陸學運的發生，以及經濟改革所造成官僚貪污、所得分配不均、社會風氣靡爛等現象，遭到嚴重批評，再加上中共內部權力鬥爭導致改革派領導人下台，保守勢力抬頭，使改革政策因而停頓，這可說是中共改革路線所遭到的最嚴重打擊。

「治理整頓」政策對於冷卻經濟成長過熱和抑制通貨膨脹方面產生了相當的成效，但是1992年鄧小平南巡後，改革開放的熱潮再度興起，重新引發了經濟過熱的現象，中共乃不得不在1993年採取「宏觀經濟調控」的政策，以抑制經濟過熱的現象。然而，宏觀經濟調控的政策固然冷卻了經濟過熱的現象，並在1996年實現「軟著陸」的目標[5]，但是自1997年以來，大陸卻出現通貨緊縮現象。1996年大陸的物價指數增幅爲6.1%，1997年爲0.8%，1998年爲-2.6%，1999年爲-3.0%[6]，再加上1997年亞洲金融風暴的發生，以及1998年的嚴重洪澇災害，大陸經濟發展出現增長率下滑

[5]華而誠，《中國經濟軟著陸》（北京：中國財政經濟出版社，1997年8月），頁105～165。

[6]國家統計局編，《中國統計年鑑2000》（北京：中國統計出版社，2000年9月），頁289。

的新問題。1994年大陸國民經濟增長率爲12.6%，1995年爲9.0%，1996年爲9.8%，1997年爲8.5%，1998年爲7.8%，1999年爲7.1%。[7]很顯然的，通貨緊縮成爲大陸社會經濟的新趨勢，影響所及，造成失業和存貨堆積的嚴重問題。

由於中國大陸經濟出現增速下滑、供需失衡、生產過剩、物價連續負增長，以及失業問題日益嚴重等問題，面對著這些經濟問題，自1998年開始，中共將擴大內需作爲中國大陸經濟發展的一項長期戰略方針。在積極財政政策的引導下，藉發行國債來刺激經濟景氣，以拉動經濟成長，便成爲中共經濟發展的主要特點。

第二節　中國大陸的經濟發展目標

進入21世紀，中國大陸的經濟發展正面臨內外在環境的衝擊。對內，經歷二十餘年改革開放的過程，固然使中國大陸的經濟實力大幅提升，但是卻也出現了不少經濟和社會問題：生產力和科技、教育仍然落後；城鄉二元經濟結構還沒有改變、地區差距擴大的趨勢尚未扭轉，貧困人口爲數不少；人口總量繼續增加、老齡人口比重上升、就業和社會保障壓力增大；生態環境和自然資源形成大陸社會經濟發展的嚴重制約因素；經濟體制改革特別是國有企業、金融體制改革面臨瓶頸。這些經濟難題涉及政治、經濟和社會穩定的大局，必須妥善加以解決。對外，1990年代中期以來，經濟全球化及以資訊科技爲核心的高科技迅速發展的世界潮流，使世界各國均面臨嚴重的衝擊，並加速經濟和產業結構的調整，而過去二

[7]《中國經濟年鑑1999年》（北京：中國經濟年鑑出版社，1999年10月），頁887。

十餘年改革開放政策的推展，逐漸與國際經濟體系相融合的中國大陸經濟自然無法置身事外，必須加以因應。

爲因應內外在環境的衝擊，中共擬定經濟發展規劃，期望在新世紀前十年，中國大陸經濟年平均增長速度保持在7～8%左右，到2010年，實現國民生產總值比2000年翻一番，人民生活水平將實現全面的小康，形成比較完備的社會主義市場經濟體制；第二個十年經濟將更加發展，增長速度保持在6～7%左右。儘管中國大陸經濟的長期增長速度逐步放慢，但是在世界各國仍處於高速增長之列。如果用購買力平價來估算，中國大陸國內生產總值（GDP）總量到2010年將居世界第二，但是中共有關的經濟規劃部門也指出，由於中國大陸人口數量龐大和自然資源的制約，在人均收入水準、經濟發展質量等方面與已開發國家相比仍有很大的差距。

爲實現中國大陸經濟增長的上述目標，根據中共的初步規劃，到2010年中國大陸的農業增長率要保持在3.5～4%的增長速度；工業的增長速度則保持在8.5～9%左右；第三產業則要保持8.5～9%的增長速度。從2010年到2020年，中國大陸的農業要保持3～3.5%的增長速度；工業的增長速度要保持在7.5～8%，而第三產業則要保持與上一階段相同的8.5～9%的增長速度。[8]

爲加速中國大陸的經濟發展，中共提出在新世紀初期的重點戰略任務，包括大力加強農業、調整及優化農業結構；加速基礎建設設施，尤其是經濟欠發達的中西部地區、農村地區；進一步調整產業結構，促進產業結構升級；繼續進行國有企業的改組和調整；健全職工養老、醫療和失業保險等制度；實施科教興國，以及推動可持續發展策略，使經濟、社會和環境協調發展，這些

[8]劉國光，〈21世紀初我國經濟前景〉，《世紀之交的中國政策研究》，頁1073～1074。

發展任務和策略，均已反映在「十五」計畫和「十六大」的政治報告中。

在「十六大」的政治報告中，江澤民雖然肯定中國大陸過去經濟發展的成就，並認定人民生活總體上達到小康水平，但是卻也認爲現在達到的小康還是低水平的、不全面的、發展很不平衡的小康，人民日益增長的物質文化需要同落後的社會生產之間的矛盾仍然是中國大陸社會的主要矛盾。因此，提出要在本世紀頭二十年，集中力量，全面建設十幾億人口的更高水平的小康社會，使經濟更加發展、民主更加健全、科教更加進步、文化更加繁榮、社會更加和諧、人民生活更加殷實，並認爲這是實現現代化建設第三步戰略目標必經的承上啓下的發展階段，也是完善社會主義市場經濟和擴大對外開放的關鍵階段，而全面建設小康社會的目標是：[9]

1. 在優化結構和提高效益的基礎上，國內生產總值到2020年力爭比2000年翻兩番，綜合國力和國際競爭力明顯增強。
2. 社會主義民主更加完善，社會主義法制更加完備，依法治國基本方略得到全面落實。基層民主更加健全，社會秩序良好，人民安居樂業。
3. 全民族的思想道德素質、科學文化素質和健康素質明顯提高，形成比較完善的國民教育、科技和文化創新、全民健身和醫療衛生體系。
4. 可持續發展能力不斷增強，生態環境得到改善，資源利用顯著提高。

[9] 江澤民，〈全面建設小康社會，開創中國特色社會主義事業新局面〉（2002年11月8日在中國共產黨第十六次全國代表大會上的報告），《大公報》（香港），2002年11月9日，版A10～A12。

爲落實這些長期發展目標，在本世紀的頭二十年經濟建設和改革的主要任務是，完善社會主義市場經濟體制，推動經濟結構戰略性調整，基本上實現工業化、大力推進信息化、加快建設現代化、保持國民經濟持續快速健康發展、不斷提高人民生活水平。前十年要全面完成「十五」計畫和2020年的奮鬥目標，使經濟總量、綜合國力和人民生活水平再上一大台階，爲後十年的更大發展打好基礎。

在推動現代化建設方面，中共提出走「新型工業化道路」，大力實施科教興國戰略和可持續發展戰略，期能「以信息化帶動工業化，以工業化促進信息化」，走出一條科技含量高、經濟效益好、資源消耗低、環境污染少，人力資源得到充分發揮的新型工業化路子。

很顯然的，近年來中共的經濟發展策略有其一貫性。由於面臨經濟全球化和以資訊科技爲核心的高科技的迅速發展，中共「十五」計畫（2001至2005年）的制定，便將重點置於經濟結構的調整，以維持國民經濟長期穩定成長，而在以市場經濟爲主導的經濟結構調整策略中，「十五」計畫的著重點便是以西部大開發、城鎮化、擴大內需和促進產業優化升級作爲重點經濟工作。其具體政策則是要求科技進步和技術創新、發展新興產業和高科技產業、加快第三產業發展、實現農業產業化經營、推進國民經濟信息化。

爲促進產業升級和提升科技創新能力，中共積極致力於中國大陸科技的發展。根據中共的規劃，「十五」期間的科技計畫體系分爲八六三計畫、科技攻關計畫、基礎研究計畫三個專項計畫，以及研究與開發條件建設計畫、科技產業化環境建設計畫等兩個環境建設計畫。在這五年內，中共投入八六三計畫和科技攻關計畫的經費，將分別達人民幣150億元和50億元。此外，中共科技部將「超大規模集成電路」、「電動汽車」、「創新藥物與產業化開發」等十個項目，作爲今後五年八六三計畫要推動項目。

第三節　擴大內需政策的作用和難點

在擴大內需採取積極財政政策期間，1997～2002年的經濟表現，大陸經濟年均增長率爲7.7%，財政收入由8,651億元（人民幣）增加到18,914億元人民幣，外匯儲備由1,399億美元增加到2,864億美元，對外貿易由3,252億美元增加到6,208億美元，五年內累計外商實際投資2,261億美元，人均國內生產總值800多美元，基本上實現中共所設定現代化建設「三步走」戰略的第二步目標。根據統計，中國大陸城鎮居民和農村居民的恩格爾係數均低於50%[10]，已達小康水平。

但是，在經濟快速發展過程中，卻也出現所得分配不均、地區經濟發展失衡、國有企業改革不順、失業人數增多、財政赤字增加、農業經濟發展滯後等不利的後果。

爲解決大陸經濟所面臨的問題，中共新總理溫家寶將當前中共的經濟工作歸結爲：「一個目標、兩個環節、三個問題、四項改革」，亦即：

第一，實現一個目標，就是要保持經濟持續較快增長，同時，不斷改善人民的生活水平。

---

[10]所謂恩格爾係數（Engle Coefficient），係19世紀德國統計學家E. Engle，在其論證收入變化與需求結構變化關係（以家庭各類支出費用所占家庭總收入比重的變化，分析家庭生活水準之高低差異）的理論中，用以表示家庭富裕程度的係數（以食物支出除以總支出所得出的百分比）。一般而言，恩格爾係數在0.2以下者爲富裕家庭，0.3左右者爲小康家庭，0.5以上者爲勉強度日家庭。參見：胡代光、高鴻業主編，《現代西方經濟學辭典》（北京：中國社會科學出版社，1996年12月），頁414。

第二，抓住兩個環節。一是經濟結構的戰略性調整，另一個是繼續擴大對外開放。

第三，解決好三個重大的經濟問題，那便是就業和社會保障、財政的增收節支、整頓和規範市場經濟秩序。

第四，推動四項改革——農村、企業、金融和政府機構改革。

這些經濟工作目標涉及經濟結構調整、社會保障體系、金融體制改革、對外開放政策的調整等體制改革和結構調整，但是，短期間如何解決大陸經濟所面臨的通貨緊縮、失業人數日增等問題，更是當前緊要問題。爲此，2002年底中央經濟工作會議便提出2003年要堅持擴大內需的方針，繼續實施積極的財政政策和穩健的貨幣政策。根據中共的規劃，2003年中國大陸宏觀經濟調控的主要預期目標爲：經濟增長率7%左右，新增城鎮就業崗位八百萬個以上，城鎮登記失業率4.5%，居民消費價格總水平上漲1%，對外貿易進出口總額達6,650億美元，增長7%。在具體政策上，2003年中共擬發行1,400億元長期建設國債，全社會固定資產投資預期增長12%。[11]爲有效發揮國債資金的帶動作用，促進結構調整和經濟穩定較快增長，國債投資首先用於續建和收尾項目，還要安排必要的新開工項目。將擴大內需列爲政府工作的首要任務，意味著中國大陸自1998年實施的積極財政政策，將進入第六個年頭，而這也是中共當前的重要經濟工作。

中共新領導班子爲來自各不同領域的專業技術人才，一般認爲在對內和對外政務的推動上將會採取較務實的態度，但是新領導班子將面臨相當的壓力。其一，如何延續第三代領導人過去十餘年來的經濟成就，再創輝煌的成果。其二，如何有效解決改革

[11]曾培炎，〈關於2002年國民經濟和社會發展計畫執行情況與2003年國民經濟和社會發展計畫草案的報告〉（2003年3月6日在第十屆全國人民代表大會第一次會議上的講話），《人民日報》，2003年3月21日，版2。

開放政策的實行所帶來的諸如失業人口日增、城鄉差距擴大、所得分配不均、國企改革陷入瓶頸等問題，承受著大陸民衆的熱切期盼。

爲此，新領導班子提出「專心致志搞建設，一心一意謀發展」，要把精力用到實現十六大提出的宏偉目標上，並且把穩定列於經濟工作的主軸。認爲改革是動力，發展是目標，穩定是前提，同時把繼續擴大國內需求，以實現經濟穩定較快成長，作爲當今的首要經濟工作。

過去五年來，當世界經濟一直在2%上下徘徊，而中國大陸經濟卻呈現了7.8%、7.1%、8%、7.3%、8%這樣一組增長率，成爲世界經濟成長的重要推動力量。其中，近年來推動的擴大內需政策產生積極的效果。

根據中共目前規劃的擴大內需重點投資方向，主要投注於推進城鎮化建設、提高城鄉居民家庭耐用品消費，促進城鎮居民住房消費，以及擴大基礎建設投資。根據中共目前的規劃，2002～2005年中國大陸城鎮基本建設投資年均將增加500億元左右，拉動經濟平均增長0.45%。另一方面，城鎮化水平的提高將增加「農轉非」居民的消費支出。初步估測，2002～2005年每年約有八百萬農村居民遷入城市，每年將新增消費需求400億元左石，拉動當年經濟增長0.38%。綜合測算，因推動城市化建設，2002～2005年每年平均將創造需求900億元，拉動經濟增長0.83%。同一期間，中國大陸城鎮居民的住房投資需求將每年增加840億元，拉動經濟增長0.8%。此外，2002～2005年中國大陸的基礎設施，特別是能源和道路建設投資每年將新創需求380億元左右，拉動經濟增長0.35%。[12]

---

[12]鍾禾，〈擴大內需的難點與潛力〉，《中國經濟信息》，2003年1期，頁6～7。

但是由於中國大陸經濟存在著結構性的矛盾和體制性的障礙，擴大內需的努力面臨著一些困難，主要反映於：

第一，農民收入增長緩慢，農村市場啓動極爲困難。根據中共方面的統計，1998～2001年農村市場銷售平均增長8.3%，增速低於同期城市銷售增長1%。較多的農村人口與較低的農村市場銷售額極不相稱。到2001年底，中國大陸鄉村人口占全部人口的比重高達62.3%，而農村零售額僅占全部零售額的25.2%，即占全部人口近2/3的農村人口所購買的商品僅占全部商品零售的1/4。事實上，近年來中國大陸的城鄉差距正不斷擴大。在中國大陸國內生產總值維持7～8%之間，但是農民收入增長的比例卻遠落後於經濟成長率。1998年農民收入增長4.3%，1999年爲3.8%，2000年爲2.1%，2001年爲4.2%，農村市場的啓動難度極高。

第二，城市下崗失業人數增多，貧困人口擴大。貧困人口已由三無人員（無生活來源、無勞動能力、無法定撫養人）擴大到包括國有企業下崗職工、失業人員、困難企業職工等在內的民眾。中國大陸城鎮失業和貧困人口不斷增長，是中國大陸長期以來人口多、就業結構性矛盾所造成的現象。根據中共的統計，截至2002年底止，中國大陸接受最低生活保障的城市貧困人口爲二千零五十三萬人，其中特困職工九百五十九萬人，占46.7%；失業人員三百四十九萬人，占17%；家屬及其他六百五十九萬人，占32.1%；「三無」對象八十六萬人，占4.2%。此外，城鎮就業壓力加大和農村剩餘勞動力向非農領域轉移速度加快同時出現，以及新成長勞動力就業和失業人員再就業問題亦加劇了中國大陸的失業問題。因此，擴大就業是中共當前和今後長時期重大且艱鉅的任務，但是由於中國大陸促進就業資金不足，再就業培訓力度不夠，以及貧困人口的社會保障不足等因素，都是中國大陸就業壓力難以緩和的重要因素。

第三，居民收入增長緩慢，而預期支出明顯增長。近年來中共擴大內需政策的效果不如預期，主要原因之一，在於隨著住房、教育、醫療等各項改革的全面推進，居民對未來支出的預期明顯增長，而社會保障體系不完善。基本養老保險、失業保險、城鎮職工基本醫療保險，城市居民最低生活保障偏低，保障範圍有限，使民衆缺乏安全感，而不願增加現期的消費支出。

第四，民間投資增長緩慢，投資主要依賴國債，難以發揮更大的效果。近幾年來，積極財政政策的推行，投資增長快速，對勞動經濟增長有相當的作用。但是投資的加快增長，主要是增加國債及相關配套投資作用的結果。1998～2001年國有及其他經濟類型投資占全社會固定資產投資的比重爲71.5%。2001年城鄉集體、個體投資增長率爲10.4%，增長率低於同年國有投資2.4%。很明顯的，民間投資增長緩慢，無法對推動內需產生積極的作用。

第四節　中國大陸當前的經濟情勢及問題

1998年中共提出要把擴大內需作爲中國大陸經濟發展的基本立足點和長期戰略方針。從那時開始，以增發長期國債，加快基礎設施爲內涵的積極財政政策便對大陸經濟成長發揮了重要的作用。到目前爲止，共發行了6,600億元，引致配套資金1萬多億元。1998～2002年間各年度國債資金對GDP增長率的貢獻分別爲1.5%、2.0%、1.7%、1.8%和2%。在投資的地區分布上，國債資金主要投向了中西部項目。2001年中西部國債項目數占了60%，國債項目計畫總投資也占了近50%。國債資金的注入緩解了中西部地區基礎建設資金缺乏的問題，也建成了一大批基礎設施項目。然而，伴隨著擴大內需政策卻也引發了中共內部有關財政支付風險的爭論。

財政風險主要衡量指標爲赤字率（即財政赤字與國內生產總值——GDP的比率）和債務率（即國債金額與國內生產總值——GDP的比率）。2000年中共中央財政赤字約爲人民幣2,600億元，比1997年的財政赤字1,130億元增加一倍多；赤字率亦由1.5%，提高到2.9%，仍在國際公認的3%的安全線內。國債餘額達人民幣1.3萬億元，比1997年6,000億元倍增，債務率由1997年8.2%提高到2002年的14.6%，仍遠低於國際公認的60%的警戒線。然而，2002年中共財政赤字達3,098億元，較2001年增加19%。國債餘額占GDP的比重達到18.05%，仍然處於國際公認的安全線內。

但是，擴張性財政政策畢竟不能長期化，否則遲早會形成財政危機。同時，一個對財政赤字高度依賴的經濟，很難保證投資決策高度有效。近幾年中共大規模發行國債，增加政府投資和擴大支出，是由政府透過向企業、居民和商業銀行借款來實施擴張性政策，不僅對民間社會投資產生排擠作用，並且可能引起利率上升。此外，擴張性財政政策的目的在於阻止經濟衰退，基本上它是在經濟增長失去自我成長動力時，爲經濟補足必須的增長動力，一旦經濟中的自發增長機制逐漸形成，擴張性的財政政策便應停止，才能實現經濟的可持續發展，否則政府長期的發行國債，不僅影響經濟的自我增長機制，且因財政負擔壓力日益增大，將構成中共財政的潛在危機。[13]

在對外貿易方面，據估計，2003年中國大陸的出口貿易將達到3513億美元，增長10%，增幅比上一年下降10%。中國大陸加入世界貿易組織以及世界經濟和貿易的發展趨勢，是影響中國大陸

[13] 曾永清，〈大陸國債近況與風險動態分析〉，《中國大陸研究》，民國92年1、2月（第46卷第1期），頁47～73；劉立峰，〈國債政策可持續性與財政風險的理論解析〉，《改革》，頁52～60。

對外貿易的重要因素。此外，新一輪外商投資高潮的到來和對外貿易中高科技產業所占比例的增長，都將帶來中國大陸出口的增長。在進口方面，由於2002年外貿進口基數較高，預計2003年外貿進口將增長9.5%，增幅比上一年下降8.7%。據估計，2003年中國大陸對外貿易順差將爲360億美元，比2002年提高45億美元。

在利用外資方面，由於加入世界貿易組織因素的影響，將帶來新一輪外商投資的高潮。預計2003年中國大陸實際利用外資的增長速度將達到10%以上，實際外商投資金額將達600億美元。外商投資將呈現發展速度快、投資領域寬、項目規模大的特徵，投資的流向、結構將由傳統產業向服務貿易領域發展，從單純投資加工到同時投資高新技術產業，從主要投入資金到同時投入技術、管理和人才。

特別值得注意的是，隨著加入世界貿易組織及其承諾，中共將逐步開放外商投資的領域，服務業將成爲投資的新熱點，現代物流配送、連鎖經營和旅遊業吸引外資的潛力鉅大，交通運輸、建築、律師、會計師等行業的對外開放將穩步擴大，而金融、保險、電信、證券領域的種種限制將逐步取消，相關法規體系將更加完善。

儘管如此，中國大陸的對外經濟和貿易運行仍然存在若干結構性的矛盾和不確定因素，將影響其對外經貿關係的發展。

從影響中國大陸對外經貿關係的外部環境看，雖然世界經濟出現回升徵兆，但是世界經濟復甦的前景尚存在很多不確定性，形勢似乎有再度逆轉的趨勢。特別是美伊戰爭的爆發以及不穩定的東北亞局勢，其對世界經濟的影響仍有待進一步評估，勢將制約中國大陸對外貿易出口的增長。此外，加入世界貿易組織，外國產品特別是高技術、高附加價值產品可能大量湧入，中國大陸市場的競爭將更加激烈，其外貿進口增長可能快於出口增長。

除了短期因素之外，中國大陸的出口貿易擴張還存在著結構性限制因素。首先，國際上衛生技術標準等非關稅壁壘對中國大陸出口貿易的制約將更加明顯。據中共方面的估測，近年來國際非關稅壁壘使中國大陸出口商品的綜合競爭力下降10%以上。其次，中國大陸出口產品質量不高的問題嚴重限制大陸出口貿易的擴展。中國大陸出口貿易中高科技商品和機電產品的出口比重偏低，而一般出口產品普遍存在性能欠缺、製造工藝落後、加工處理粗糙等質量問題，都將影響中國大陸出口貿易的增長。第三，中國大陸內部存在一些制約對外經貿發展的因素。主要表現於：（1）利用進出口進行騙退稅、走私、逃騙匯等違法違規行爲以及假冒侵權案件還時常發生。（2）出口經營秩序混亂、低價競銷、低價競標、無序競爭，造成國外針對中國大陸提起反傾銷案件不斷增多。

儘管2003年前半年中國大陸經濟雖因「非典」（SARS）蔓延的影響，但是經濟仍然呈現穩定增長的趨勢，不過在經濟運行中部分行業特別是房地產行業和IT行業過熱的跡象都可能引發風險，因此如何擠乾「泡沫」，使其規範性發展正受到中共方面的重視。

西部大開發是新世紀初期中共的主要經濟工作，並投注大量資金從事基礎建設和人才的培育，但是西部開發涉及多層面的問題，特別是經濟體制改革的深層問題，因此，如何進一步改善投資環境、轉變政府職能、減少行政干預，並完善相關法規，確實保護投資者和經營者的權益，將是中共能否順利推動西部地區發展的關鍵，至於大規模的產業投資仍有待時日的發展。

結論——發展策略順利推展的關鍵

「十六大」為中共揭示新世紀初期的綜合性發展目標，要求從目前的低水平的、不全面的、發展很不平衡的「總體小康」轉化到「全面小康」，此一發展目標涉及中國大陸總體社會經濟的各個層面，其中涉及「三農」問題、政府職能的轉變、金融體制改革的深化、以及市場化經濟體制的建立等經濟體制改革的瓶頸，而如何根本解決問題又牽涉到各種發展策略的運用。其中，更需妥善處理農村小康和城鎮化的關係，經濟建設與人口，資源、環境的關係，以及發展、改革穩定之間的關係。[14]

首先，中國大陸是一個農業大國，農業、農村、農民問題應是中國大陸經濟社會發展的核心問題。近年來在城市改革獲得較快發展，相對之下，「三農」問題便顯得更加嚴重。經濟發展的目標是要建設一個惠及十幾億人口的更高水平的小康社會，而這十幾億人口中的大多數，約有八億是在農村的農民，對於「三農」問題的解決，論著認為應從土地制度、戶籍制度、基層政權制度等方面切入，尤其必須跳出傳統的、服從政治需要的計畫經濟思維，而必須從市場經濟發展規律的需要，研究制定符合農民長遠利益的改革方案和策略，才能根本解決問題。[15]然而，在現實環境上，至少在可見的將來，中共加快農村小康建設的策略將是：第一，加強農業的基礎地位，積極推進農村經濟結構的調整。第二，加快推進城鎮化，轉移農業剩餘勞動力和農村人口。其中第

[14]楊春貴，〈協調推進、持續發展——全面建設小康社會需要正確處理的若干重大關係〉，《人民日報》，2003年3月3日，版9。

[15]江濡山，〈中國2005年以前面臨的改革難題〉，《戰略與管理》，2002年第6期，頁1～2。

二種方案將是今後中共縮短城鄉差距的重大戰略選擇。因此，妥善處理城鄉關係問題，處理好農村發展和城鎮化關係問題，是解決「三農」問題的重要途徑。正如「十六大」報告所指明，「農村富餘勞動力向非農產業和城鎮轉移，是工業化和現代化的必然趨勢」，惟有提高城鎮化水平，才能提高農業勞動生產率，才能提高農民的收入，才能加快第二、三產業的發展、促進農村的現代化和全中國大陸的工業化，從根本上解決城鄉二元經濟結構問題。

其次，建設小康社會的發展目標，是要建立「可持續發展能力不斷增強，生態環境得到改善，資源利用效率顯著提高，促進人與自然的和諧，推動整個社會走上生產發展、生活富裕、生態良好的文明發展道路」。因此，如何處理好經濟建設與人口資源、環境的關係，將是中共所將面臨的嚴重挑戰。

對於人口基數龐大的中國大陸而言，生育計畫的實施固然使大陸目前人口生育率達到國際平均水平，但是目前每年新增人口仍然在一千萬左右，自然給就業、提高人民生活水平、節約資源、保護環境帶來鉅大壓力。目前中國大陸人均自然資源占有量只相當於世界平均水平的1/3，各種礦產資源的人均占有量還不到世界平均水平的一半，再加上多年來的過度開發，以及環境保護的技術落後和資金投入不足，使環境和資源問題更形惡化，這是中共當前不容忽視的問題，亦將是經濟工作的重點。生態和環境如無法改善，將成爲中國大陸經濟可持續發展的重要制約因素。

但是，在經濟發展與生態保育平衡的問題之外，如何解決中國大陸能源短缺和經濟安全問題，已成爲不容忽視的重要課題。

據估測，中國大陸煤、石油和天然氣，分別只占世界經濟可採資源量的12%、3%和2%，人均占有量分別爲世界人均占有量的56%、15%和10%。若依今後中國大陸內部需求量預測來生產，五十年後中國大陸化石能源資源將枯竭。中國大陸的能源形勢極爲嚴峻。以石油需求爲例，中國大陸石油產量居世界第五位，由於供求缺口大，十年前中國大陸已從石油出口國成爲淨進口國。2002年中國大陸原油進口已達6,941萬噸，比上年增長15.2%，其中，近60%的進口來自中東地區。據估測，2003年中國大陸油品需求將以3～4%的速度增長，石油產品消費量將達到1.25億噸，中國大陸對國際市場原油依存度將達30%。中共目前正積極致力於石油儲備及建立能源安全預警系統，這反映出能源問題對中國大陸經濟安全問題的嚴重性。

再其次，龐大的人口壓力本身所帶來的嚴重失業問題，亦將是21世紀初期中國大陸經濟發展的嚴重制約因素。據中共方面的統計，2001年中國大陸新增勞動年齡人口一千一百萬人，2002年達到一千四百萬人；社會失業人口增多，2001年中國大陸城鎮登記失業人員（六百八十萬人）和國有企業下崗職工（五百多萬人）爲一千二百萬人，2002年約一千四百萬人左右；農村剩餘勞動力有1億多人。儘管中共積極致力於創造新的就業和失業職工轉業工作，但是卻面臨勞動整體素質不高、經濟結構和就業結構不合理，農村剩餘勞動力的就業壓力日益明顯，以及市場導向的就業機制尚未形成等問題。

以就業工作所面臨的經濟結構問題而論，根據中共的統計，2001年底中國大陸城鄉就業人員中，第一產業占50.0%；第二產業占22.3%；第三產業占27.7%。與一般先進國家農業就業人口5%的比例和第三產業就業人口70%至80%的水平，中國大陸農業勞動力向非農產業轉移的速度過慢，第三產業的就業開發不足，勞動力轉移的任務極爲艱鉅。

最後，經濟發展是每個國家追求的目標，但是若缺乏穩定的環境，就沒有經濟發展的條件；然而，若不進行改革，也無法推動經濟發展，帶來政治和社會的穩定。「十六大」提出全面建設小康社會，不僅是現代化建設發展的新階段，也是完善社會主義市場經濟體制和擴大對外開放的關鍵階段。但是面臨改革開放政策所帶來的社會變遷，以及接踵而來的經濟全球化的壓力，如何維護中國大陸社會經濟的穩定，將是中共新領導班子所將面臨的嚴峻挑戰。

隨著改革開放政策的推展，中國大陸社會經濟確實存在著若干影響穩定的因素，主要反映於：

1.農村和部分城鎮居民收入增長緩慢，失業人員增多，部分民眾生活困難。
2.貧富差距逐漸擴大，影響民眾工作的積極性。
3.市場秩序混亂，社會信用紊亂，造假販假嚴重。
4.部分黨政幹部作風不良，欺上瞞下，官僚主義、形式主義、鋪張浪費盛行，引發民眾的不滿。

「十六大」提出堅持穩定壓倒一切的方針，要求把改革的力度、發展的速度和社會可承受的程度統一起來，把不斷改善人民生活作爲處理改革、發展、穩定關係的重要結合點，在社會穩定中推進改革發展，通過改革發展促進社會穩定。但是，維持社會穩定的工作千頭萬緒，難以著力，而如何從領導幹部著手，做好黨風廉政建設和反腐敗工作，便成爲工作的重點。爲此，2002年12月，胡錦濤在西柏坡學習考察時發表講話，再次強調中共領導人的「兩個務必」（務必繼續地保持謙虛、謹慎、不驕、不躁的作風，務必繼續保持艱苦奮鬥的作風）。很顯然的，排除腐敗對經濟發展的干擾和破壞，以利經濟改革政策的推展，並維持政治和社會的穩定，已是中共當前的重要工作。

問題與討論

一、中國大陸改革開放政策的特點及其經濟影響？

二、中共21世紀經濟發展策略形成的背景及其內涵所在？

三、擴大內需政策形成的原因及其面臨的困難？

四、以發行國債爲主的積極財政政策將面臨那些經濟後果？

五、將來中共經濟發展策略得以順利推展將面臨那些因素的影響？

第三章 農業經濟發展與鄉鎮企業的興起

張弘遠

對於中國大陸而言，農業問題始終是放在國家施政進程的首要，畢竟對於一個農業人口近十億的國家來說，農村經濟問題其實就是整個國家經濟的問題，而經過二十餘年的改革，中國農村經濟出現快速的增長，基本上解決了農民溫飽的問題，更透過農村企業與農村經濟的發展，讓部分農民得以過著較為富裕的生活。

一般而言，農村經濟的增長，除了依靠生產要素的投入、農業生產技術與效率的成長之外，還可以透過對農村勞動力向非農產業進行轉移，以及農業生產結構不斷向高附加價值產品的調整等等的方式達到目的，而這則依賴農業工產業化與工業化的發展，所以當中國大陸農村經濟因為結構限制而無法進一步提升農民所得與農業經濟時，大陸當局就必須思考其他的發展途徑，農村工業化的想法也就應此產生，而在缺乏國家政策規劃與支持的情況下，大陸鄉鎮企業意外的獲得快速發展，而憑藉著靈活的彈性與低廉的生產成本，其進而成為整體經濟成長的動力來源。

面對上述農村經濟的發展與變化，首先，本章便嘗試由大陸農村經濟改革作為觀察重點，透過農村經濟制度的觀察來理解影響其發展的主要因素；其次，說明大陸農村制度變遷對於其鄉鎮企業發展的影響；最後，探討鄉鎮企業運作對於整體經濟的貢獻。

第一節　前言

對於一個農業人口近十億的國家來說，農村經濟問題其實就是整個國家經濟的問題，也因此農業問題始終是大陸當局施政時的首要，大陸農村經濟的發展與整個改革是緊密聯繫。

在大陸改革初期，農村經濟一度曾是整體經濟的支撐，經過二十餘年的改革，大陸基本上解決了農民溫飽的問題，更透過農村企業與農業產業化的發展，讓部分農民得以過著較爲富裕的生活。那麼如何去理解大陸農村經濟發展的過去與現在？本章將對此加以說明。

第二節　中國大陸農村經濟發展的歷史回顧

一、中國大陸農業合作化的緣起

一般以爲，1949年中國共產黨之所以能夠革命成功，主要原因在於取得了廣大農民的支持。在其政權建立之後，農村經濟的發展與農民生活條件的改善也就成爲其施政的重心。若就當時條件來看，大陸農業是處於一種小農經營的生產模式，而小農生產的問題主要是：

1.個人耕地面積過小，缺乏規模效應。

2.農民收入水準低下，缺乏相關投資能力。

3.特定生產要素（如化肥）價格過高，影響農業生產效率。

爲了解決上述問題，中共當局早在國共內戰期間，便開始以強制的手段來進行農村土地改革，使佃農、貧農獲得自耕地，來增加農民從事耕種的誘因，但這樣的改善並不能持續地帶動農業經濟的成長，原因在於農民生產動機只是爲解決自身的溫飽，這使得農業經濟的運作停留在一個低度發展的階段。爲了改變此一情況，當時中共領導人試圖以農業合作化的方式來作爲對策。

所謂農業合作化，即是將農民所擁有之耕種工具與耕地採取合作生產的模式，這種作法一來可以降低農業生產的平均成本與交易成本，另外，由於農業合作化符合共產主義的意識形態，是中共主要領導人的基本信念，故當政權確立之後，中共當局便開始推動農業合作化運動。

首先，中共當局針對農業、手工業與工商業等領域進行「三大改造」，將農業、手工業進行合作化，而工商業予以公營，「三大改造」是一個以政治手段與計畫經濟的方式來消滅市場經濟的過程，藉此，國家掌握了全社會的生產要素與人力資源。[1]

當國家統合了生產要素的管制之後，中共當局提出了「重工業化」爲主的經濟成長策略，具體的政策便是「一五計畫」的執行，然而此時大陸缺乏相關建設所需要的資金，因此除了求助於蘇聯的支持外[2]，大陸也將財政支出結構調整爲重工輕農的模式[3]，自農業部門中進行資源移轉[4]，正因爲如此，使得農業部門生產效率雖略有提升，但卻沒有明顯的進步，此外，導致農業發展

[1]李英明主編，閔琦等著，《轉型期的中國：社會變遷》（台北：時報出版公司，民國84年），頁131～134。

[2]蘇聯陸續支援了一百五十六個項目的建設，一五時期國外貸款僅占總財政收入的2.7%。

[3]一五期間，基本建設總投資爲49.7%，其中重工業爲36.2%，七工業爲6.4%，而農業則爲7.1%。

[4]李英明主編，閔琦等著，《轉型期的中國：社會變遷》，頁108～109。

停滯的原因還有下面幾點：

1.重工業化導致新興城市出現，大量農村人口流入城市，農村勞動人口減少。

2.大量農業資源移轉至工業部門，因而減少農業基礎投資，農業發展速度開始減緩。

3.農業合作化後，因為所得無法由個人獨占，生產工具被歸為公有，再加上「工作制度」的設計不當，導致農民工作意願降低，因而減少農業產出。

上面幾項因素使得大陸糧食總產量開始下降[5]，再加上人口快速增長，糧食供給壓力於是浮現；再者，投資比例失調，重工業投資對農業產生嚴重排擠，為此中共當局開始反省本身作法。[6]

當時整個中國政權的主導者為毛澤東，毛認為有必要調整國家經濟發展模式，毛澤東的對策是：「運用政治和組織的手段來提高農業產量，再將農業剩餘轉移至對重工業的支持上」，不過，以陳雲為代表的經濟官僚卻認為農業與輕工業應該才是主要發展的對象，藉由輕工業所生產的日常消費用品來汲取農業剩餘，以輕工業部門的快速發展作為重工業發展的支援。[7]

按照經濟原理來看，陳雲等人的想法較為合理，但是結果卻是毛的主張獲得採納，原因在於：[8]

---

[5]在1958年大陸糧食生產為二億噸，但是在1959年為一億七千萬噸，1960則為一億四千萬噸左右。見國家統計局國民經濟綜合統計司編，《新中國五十年統計資料匯編》（北京：中國統計出版社，1999），頁33。

[6]具體的反應便是出現在毛澤東「論十大關係」的文件當中，見李英明主編，閔琦等著，《轉型期的中國：社會變遷》，頁140～142。

[7]費正清等主編，《劍橋中華人民共和國史——1949～1965》（上海：上海人民出版社，1990），頁321～323。

[8]同前註，頁323～326。

1.毛澤東等中共領導人擔心本身權力受到官僚系統的分享，因此決意提出自己的政策作爲政府施行的依據。

2.官僚機制力量的弱化，無法抗拒政治領袖對於經濟決策的干預，主要的原因在於「雙百運動」以及1957年所展開的「反右鬥爭」，嚴重的挫傷了技術官僚與知識分子的積極性，並且導致官僚制定的政策受到貶低，經濟發展的責任轉移到黨組織上。

3.反右鬥爭強化了農村集體化的發展，在反右鬥爭當中強化了一種極左的思潮，就是相信只要發揮人的生產力，就能夠完成經濟發展的任務，而1957年至1958年冬春動員群眾大辦水利運動的成功，又強化了這種想法，也因此中共當局著手建立人民公社，試圖透過生產關係的修正來發揚生產力，藉由人民公社等組織來促進生產。

基於上述原因，在1958年中共八屆二次會議上，正式通過「大躍進」的戰略，同時爲了搭配工業發展所需要的農業合作化運動，也在1958年8月的北戴河通過，大致來說，大躍進包括了下列三個關鍵內容：[9]

1.通過發動閒置勞動力的投入以彌補工業和農業方面的資金不足，利用群眾來降低發展所需的勞動開支。

2.以黨爲主的部門制定各種忽視技術限制的計畫，強調「多快好省」，並以意識形態與宣傳工具的配合來提高民眾生產的積極性。

3.利用農業與輕工業等傳統部門來爲重工業部門累積資金等生產要素。

---

[9]同前註，頁328～329。

由於天氣等自然條件的配合與一五計畫各項目之陸續完工生產，使得1958年的經濟大幅成長，結果讓中共當局與老百姓產生錯覺，以為是大躍進政策奏效，更引發黨與群眾狂熱的投入運動，然而此舉卻加速了悲劇的提早上演。[10]

二、農業合作化運動的結果

中共建政之後，在農村採取課徵實物稅來作為取得糧食的主要方式，1953年，將所有糧食徵收與分配納入國家控制之中，開始對糧食與油料作物（食用油）採取統購統銷，利用農業剩餘供給城市部門與外銷換匯來支持重工業發展計畫，而為了確定對農業部門的絕對控制，因此對農村開始採取嚴格的戶籍政策，藉此來掌握農業剩餘產品。[11]

在統購統銷的作法中，政府是在糧食生產季節之前，根據來年計畫內城市消費需要、城市儲備、工業原料與國際貿易等因素來制定全國糧食收購的任務，以指令性定額的方式分派給各級政府，在分派數量定額的過程中，同時也規定了收購的價格，農民必須在完成上繳定額之後，才能夠有權力處分剩餘的部分，而通常完成任務後，農民已經沒有多少的剩餘，由於整個糧食分配體系是在確保城市部門所需，因此政府低價收購的策略，實際上是對農民強制性的稅務負擔，如此勢將引發農民不滿，儘管如此，由於地方官員的升遷依賴著是否能夠順利完成上級任務，再加上農村合作組織與黨政機制此時仍擁有強制執行政策的能力，因此

[10]同前註，頁330。

[11]林毅夫，《再論制度、技術與中國農業發展》（北京：北京大學出版社，2000），頁264～265。

雖有衝突但上級規劃的收購任務往往能夠完成。[12]

但是情況突然出現惡化，一是人謀不臧，另外也因天氣異常，在大躍進中期（1959～1961）發生了大規模自然災害，而這造成農產品供應的嚴重短缺、農業生產率快速下降，1959年，糧食產出下滑了15%，而1960和1961年只達到1958年的70%，這次災害造成了約莫2,300萬人到3,000萬人的死亡。[13]

造成不幸的原因除了天災之外，另外一個原因就是農業生產合作化運動，1952年起，中共發動農業集體化，農業生產制度由家庭生產轉爲互助組、初級合作社，1957年建立高級合作社，1958年則成立了人民公社[14]，在互助組成立初期，由於中共政權經由內戰勝利、韓戰的結果、土地改革與互助組的成功，中共官方的領導權威極高，因此農業合作化的運動進行的十分迅速，然而各地幹部爲求表現，因此加速地成立人民公社，取消「按勞分配」的計算方式，這造成農民生產意願低弱，而地方官員爲了爭取較佳的業績，又盲目制定相關生產計畫與上報的數字，因而導致農村生產體系脫軌[15]，此時又遇天災，農村便自然出現極大的災難。

---

[12]同前註，頁266。

[13]在大陸中央指令計畫分配下，基本上所建構的食物分配體系是偏向於城市，城市居民擁有一定糧食分配的國家保障，但是農民卻沒有這樣的保障，也因此當饑荒發生之後，所有的災難後果便由農民承擔。林毅夫，《再論制度、技術與中國農業發展》，頁263。

[14]林毅夫，前引書，頁268。

[15]陳佩華、趙文詞、安戈，《當代中國農村歷滄桑——毛鄧體制下的陳村》（香港：牛津大學出版，1996），頁21～23。

三、農業合作化的影響

大躍進災難式的後果，使得國家經濟陷於危機，爲了解決問題，因此重新引入技術官僚進入經濟決策體系，而在重建黨的控制與決策效率，同時恢復官僚機制的運作能力之後，中共中央提出了「以農業爲基礎、以工業爲主導」的新施政方針，同時以「調整、鞏固、充實、提高」的原則來取代過去的「多、快、好、省」的口號，同時在1961年11月，周恩來等提出「人民公社十二條」，准許在公社內部下放權力。通過毛澤東負責起草的「農業六十條」，將生產隊確定爲基本的核算單位，並對自留地加以規定，透過提高農民勞動所能獲得的物質報酬，來恢復農民生產的意願。

上述作爲暫時化解了國家的農業經濟危機，但是卻產生了一個嚴重的問題，也就是官僚體系權力的擴充與國家政治管理方式的改變。

大躍進之後，受到戶籍制度約束，農村被孤立於整個社會之外，每個村落由一群地方幹部擔任領導，地方幹部負責當地維持當地政治、經濟與社會的穩定及運作，地方幹部身兼中央政策執行者與地方利益保護者的雙重角色，然而大躍進的經驗使得農村與國家之間產生嚴重疏離，地方幹部在權衡個人得失後，產生了隱藏地方生產眞實訊息的動機。[16]

另外，大躍進失敗之後，北京當局發動了農村的「四清運動」，這主要是對地方官僚進行肅清，中共基本上是想透過對農村幹部的審查，以純潔基層黨組織、鼓舞因大躍進災難所重挫的農

[16] K. Lieberthal 著，楊淑娟譯，《治理中國——從革命到改革》（台北：國立編譯館，1998），頁288。

民士氣、改善農村經濟的活動，並重建上級政府對下級單位的控制管道[17]，其後，由於北京上層的態度轉變，農村的「四清運動」由原先對大躍進失敗的清算，擴大成為「農村社會主義教育運動」。

「農村社會主義教育運動」之目的，是欲再次恢復農民生產的意願與公社的生產力[18]，然而農村幹部或公社幹部在歷經多次的政治運動之後，已經體認到，為了維護自身安全與政治地位[19]，必須在政治思想上與中央保持一致，但是關於地方經濟利益的議題則應與村民站在一起，只要意識形態上不出問題，就算是與上級經濟指示採取不同的立場，因為擁有民眾支持，幹部統治上也不會出現權力危機。[20]

當農村幹部出現上述想法時，便是對上級採取「陰奉陽違」的策略[21]，總而言之，一連串的政治運動與意識形態鬥爭，使得農民對於社會主義烏托邦的激情逐漸消逝，農村的政經結構出現了以利益為思考的理性運作機制，認知改變造成了地方精英行為的修正，並導致國家滲透社會與汲取資源的力量衰退[22]，也為日後經濟制度變遷留下伏筆。

[17]陳佩華、趙文詞、安戈，前引書，頁35。

[18]同前註，頁81。

[19]同前註，頁90。

[20]同前註，頁92。

[21]如在大躍進之後，農村幹部為了要挽救地方農業發展，縱使中央領導人仍堅持農業集體化等左的路線，但有些地方幹部已經偷偷地以生產隊為單位而進行分田單幹，甚至有些地方已經將社隊資源轉移至農村工業的經營，以謀取較穀物生產更多的經濟利益，Dali L. Yang, *Calamity and Reform in China*(Stanford: Stanford University Press, 1996), pp. 240-241。

[22]Dali L. Yang, *Calamity and Reform in China*(Stanford: Stanford University Press, 1996) , pp. 241-242.

第三節　農村經濟的改革與鄉鎮企業的出現

一、農村經濟的改革緣起

農村經濟合作化運動的結果，使得農村經濟出現了以公社爲範疇的「莊園經濟」特色，而整體農業便在這種低投入、低效率的情況下運作，自然這也逐漸引發農民的不滿，不過在共黨統治下，人民公社背後所代表的社會主義意識形態，是任何農民都不敢公開挑戰的禁區，面對現實生活的壓力，「分田單幹」等違反中央路線的想法已成爲農民私下討論或執行的議題。

1978年秋天，因天災而出現糧食供應危機，一群（共計十八戶）屬於安徽省鳳陽縣小岡生產隊的農民，私下簽訂契約，由隊長領頭將原先集體生產的方式改爲「包產到戶」。這種作法是透過契約的方式，將集體生產義務轉由各戶協力完成，將計畫分配的生產指標轉配給各農戶，而超額生產的部分歸農戶所有，由於一方面能完成上級的要求，另外也符合自利的動機，於是迅速提高了農民的生產意願，其後，中共當局經由調查，肯定了此種生產制度所帶來的效益，准許各地加以學習採用，進而開啓了近代中國大陸農業經濟的改革序曲。

然而包產到戶或包幹到戶的作法，導致農業生產土地面積過小的老問題又再次出現，農業生產所需要的基礎投入，也因爲農民缺乏相關認識而逐漸荒廢，進而導致整體農業生產能力下滑。爲此，中共當局開始推動「家庭聯產承包責任制」，也就是透過農戶之間相互合作，擴大耕種面積與降低生產成本，以此來糾正「包產到戶」所引發的弊端，除了制度的改革之外，大陸農業生產上也出現了下面的改變：

1.耕種技術的發展，如由袁隆平教授所開發出的雜交水稻技術，使水稻產量革命性的成長。
2.化學肥料的使用，早期大陸農民大多使用自然肥料，而1970年代開始，大陸各地陸續新建化肥廠，進而導致單位生產面積提升。
3.農業基礎設施的建設逐步出現成效，各地灌溉面積增加，機械化農具也開始引入，對於農業生產力的提升有著明顯的幫助。
4.中共當局大幅提高農副產品收購價，縮小城鄉產品「剪刀差」，如從1979年3月開始，陸續提高十八種農副產品的收購價格[23]，農民所得開始增加，生產的意願也大幅上升。

一方面是生產制度的轉變，另一方面是技術的創新，再加上國家重新檢討對農業發展的資源分配，因而導致「家庭聯產承包責任制」實行之後，大陸農業產值迅速增加，農村經濟開始好轉，進而也為下一個階段的經濟成長累積了相當的資本。

[23]如糧食從夏糧上市起，全國糧食統購價平均提高20%，超購部分在這個基礎上再加價50%；棉花從新棉收購之日起，全國統購價格平均提高15%，北方另加5%的補貼，超購部分再加價30%；食用植物油統購價格全國平均提高27%，超購部分加價50%；生豬收購價格平均提高24.6%，其他產品也分別提高20%～50%。79年11月開始，又對豬肉、牛肉、羊肉、禽、蛋、蔬菜、水產品、牛奶等八種主要副食品提高銷售價格。1980年又先後提高了棉花、羊皮、黃紅麻、木材、生漆、桐油等農副產品的收購價。全國農副產品價格總指數，1979年提高了22.1%，1980年又提高了7.1%。同時，國家對農業生產材料的銷售價格有計畫地下降了10%～15%。

二、農村經濟形態的變化

在實施家庭聯產承包責任制之後，大陸的農業生產又再次地回到以家庭爲核心的方式，這樣的制度安排糾正了過去農村合作化運動下的弊病，進而解決了農民溫飽的問題。[24]

一方面受到土地制度改善的影響，另外一方面由於農業投入的增加與技術的創新，因此使得農產品生產全面增長，在糧食供給方面，80年代全國糧食自給率爲98.1%，而90年代便已達到99.6%，整個大陸農產市場上的短缺情況已經不再，相反的，現階段的問題是買方市場已經形成[25]，民衆用於糧食消費的支出逐漸降低，隨著這個現象的出現，農民自農產品產銷中的收入開始減少，農民福利水準的成長陷於停滯，農村閒置勞動力開始增加，也就是說，大陸整體農業產量雖然增加，但是農民的平均收入的增長卻未同步上升（見表3-1）[26]，因而引發了大陸當局對於農村經濟何去何從的進一步討論。

要怎麼做才能再次提高農民所得，降低農村失業人口，促使農業經濟再一次的成長？爲此，必須先釐清大陸農業的情況，就實際而言，大陸農業的發展正是由傳統農業階段（技術停滯、生產增長主要依靠傳統投入）向低資本技術農業階段（以技術穩定

[24]胡鞍鋼、吳群剛，〈農業企業化：中國農村現代化的重要途徑〉，《農業經濟問題》，第1期，2001年，頁10。

[25]農業部軟科學委員會課題組，〈中國農業進入新階段的特徵和政策研究〉，《農業經濟問題》，第1期，2001年，頁3。

[26]國家統計局農村社會經濟調查總隊，〈2000年農民收入增長速度繼續放慢〉，《農業經濟學》，第6期，2001年，頁131～132。

表3-1 1978～1999年農村居民收入變化情況（億元、%）

年分	總收入	勞動報酬收入占總收入比重（%）	企業勞動收入占總收入比重（%）	鄉鎮企業勞動收入占企業勞動收入比重	家庭經營收入占總收入比重（%）
1988	785.30	6.92		68.77	
1990	990.38	14.01	38.95	77.71	82.37
1995	2337.9	15.13	72.56	43.43	80.38
1996	2806.7	16.06	69.10	41.96	79.58
1997	2999.2	17.89	67.29	40.22	78.24
1998	2995.5	19.1	63.1	38.8	76.34
1999	2987.4	21.1	60.8	37.6	74.02

資料來源：徐連仲，〈農村居民收入變化及影響因素分析〉，《農村經濟問題》，第五期，2001年，頁21。

發展和運用、資本使用量較少為特徵）過渡。[27]

在這樣的轉型中，應設法調整農業生產結構，改變各種農產品的種植數量、種類，以便控制生產的成本與價格[28]，並透過農業產業化來改變家庭經營的方式，加速農產品商品化與專業化生產，以提高農民的收入。

然而這些努力短時間內並無法奏效，因為中國大陸農業生產模式始終存在著下面幾個問題：[29]

[27]如朝著提高農產品收購價格與推廣高經濟價值、優質品種的方向發展，企圖提高資本與技術的投入，同時降低勞動與土地要素的作用，而所謂的傳統農業是指獲得或持有相關生產要素的動機長期不變，同時傳統生產要素的供需基本上是處於均衡，西奧多、舒爾茨，《改造傳統農業》（北京：商務印書館，1999），頁iii。

[28]王萍萍，〈農民收入與農業生產結構調整〉，《戰略與管理》，第1期，2001年，頁85。

[29]胡鞍鋼、吳群剛，〈農業企業化：中國農村現代化的重要途徑〉，《農業經濟問題》，第1期，2001年，頁11～12。

1.耕地規模太小限制了農業勞動生產率和農產品商品化的提升。

2.大陸農業主要是勞動密集型產業，資本相對投入不足。

3.土地轉讓缺乏相關政策與法規，大規模耕種與技術型農業不易出現。

4.農業生產要素的使用數量與價格迅速上漲。

這些因素使得大陸農業經濟的發展逐漸減緩，同時也約束了農民收入的增加[30]，換言之，一方面缺乏規模經濟效應[31]，另外一方面小農經營的形態又增加許多不必要的交易成本，進而降低傳統農業的獲利能力。[32]在這樣的情況下，從事本業所得有限，短期內這個情況又不易改善，那麼農民就必須另尋他法，而這也就成爲中國大陸農村企業快速發展的前提背景。

三、中國大陸農村工業與鄉鎮企業的出現

（一）鄉鎮企業發展的緣起

大陸鄉鎮企業是指農民群衆興辦的各類企業總稱，由所有制

[30]根據研究，由1980到99年以來，農產品市場需求的增長率大約是年均12%，而此需求已逐漸減緩，其次，90年代之後，全國居民人均食品消費支出約爲2%，而農民收入增長率與全國居民人均食品消費支出率基本相近，因此也約2%左右（但是倘若扣除掉通貨膨脹率的話，那麼有些地方的農民收入便有可能是負成長），見王萍萍，〈農民收入與農業生產結構調整〉，《戰略與管理》，第1期，2001年，頁87。

[31]溫鐵軍，〈半個世紀的農村制度變遷〉，《戰略與管理》，六月號，1999年，頁80。

[32]阮文彪、揚名遠，〈合作化、集體化、產業化〉，《中國農村觀察》，一月號，1998年，頁39。

來看，其包括鄉鎮、村、組集體辦的企業和聯戶辦的合作企業與個體辦的私營企業。[33]1984年以前，鄉鎮企業原名社隊企業，指的是人民公社、生產大隊、生產隊在主業以外，所辦的獨立經營、獨立核算的生產經營單位。

中國大陸在1958年農業集體化過程中，爲了支援各地區自身的發展，因此要求在原有的集體副業基礎上，開辦大量的社隊企業如小鋼鐵廠、小電站、小水泥廠等等，其後受到政治運動的影響，社隊企業的發展陷於停頓。

1979年中共十一屆四中全會通過「中共中央關於加快農業發展若干問題的決定」，由於這份文件的頒布，各地社隊企業獲得了發展的契機。蓬勃的鄉鎮企業發展直接推動了經濟的成長，1992年時，當時中共領導人田紀雲曾描述鄉鎮企業的貢獻，其指出：「國營企業在40多年裡用了4～5萬億元，形成了17,000億元的固定資產、20,000億元的產值，吸納了1億多人就業。鄉鎮企業經過十多年的發展，就形成了5,300億元的固定資產，吸納的就業人數也是1億，中國的社會總產值從1,000億元到11,000億元用了31年的時間；而相鄉鎮企業從1,000億元到1991年的11,000億元，僅用了8年的時間。」[34]

爲什麼在經濟結構「調整」的過程當中，鄉鎮企業可以異軍突起？特別當時左傾意識形態仍有一定的影響力，另外也有許多人擔心社隊企業將會對國營企業造成資源排擠的效果。

原因除了是考量提升農民收入、維持農村經濟成長之外，中共當局始終憂慮農村龐大剩餘勞動力的就業問題，爲此，必須要

[33]陳武元、楊俊輝著，《鄉鎮企業與國營企業比較研究》（成都：成都科技大學出版社，1995年12月），頁1。

[34]邱澤奇，〈鄉鎮企業改制與地方權威主義的終結〉，《社會學研究》（北京），1999年第3期，頁82。

利用輕工業與農村產業的發展來解決問題[35]，執政者的這種心態爲鄉鎮企業默默地打開了大門。[36]

此外還有一個問題，爲什麼在鄉鎮企業發展之初，農民敢於承擔政治風險且擁有強烈的創業動機？裴敏欣認爲原因在於：中國農民長期受到國家傾斜政策的影響，在福利待遇、社會流動與生涯發展上都受到壓抑，因此具有較爲強烈的成就動機，在"Nothing to Lose"的情況下反而敢於一搏；另一方面，共黨對農村的組織控制力量較城市來得薄弱，因此農民擁有較大的自主性。[37]

除了行動的自主性外，要發展鄉鎮企業仍需要其他的因素配合，特別是在「起飛」階段所需要的資本，而獲得資本的方式有二：一是藉助外來資本與技術的協助；另一則是依靠自身的積累能力，那麼農村企業發展初期，所需相關的資本又是從何處取得？

大陸1979年開始對農村進行去集體化的改革後，農村所累積的財富使其擁有創業所需資本，而在文革期間，許多國營企業爲了維持生產曾將若干部門與工人遷往鄉村，這個作法增加了農民

[35]在未被執行的「二五計畫」中，中共經濟決策內部其實已有大幅修正蘇聯模式的想法，1957年4月國家計畫委員會以馬寅初爲首的經濟學家發現到「一五計畫」時期重工業化並未解決城鄉失業問題，故在所提出的「初步研究的關於第二個五年計畫的若干問題」一案中，國家計委明顯地放棄了「全力發展重工業、忽視或輕視農業和輕工業」的作法，主張「通過發展農業和輕工業」來支持發展計畫，然而這份計畫的精神卻因爲1958年開始的「大躍進」而被放棄。見費正清編，《中華人民共和國史——1949～1965》（上海：上海人民出版社，1990年），頁193～195。

[36]鄧小平於1987年6月12日接見外賓時說：「我們完全沒有料到的最大收穫，就是鄉鎮企業發展起來了。」轉引自邱澤奇，〈鄉鎮企業改制與地方權威主義的終結〉，頁82。

[37]Minxin Pei, *From Reform to Revolution* (Cambridge: Harvard University Press , 1994), pp. 94-103.

與工人交流的機會，如在上海和廣州地區附近的鄉鎮企業發展，都自60年代和70年代返回農村地區的工人獲得大量的技術與管理條件，此外工人也帶來市場訊息與人際關係網。[38]在外部環境誘因的引導下（主要是看到市場需求），農民便逐漸地取代城市的工人成爲經濟發展的主力。

（二）鄉鎮企業發展的情況

鄉鎮企業發展開始的時候，是一種農民自發性的行爲，雖然政治路線不允許，但地方政府又無法提供生計上的保證，故也只有睜一隻眼、閉一隻眼。其後發現鄉鎮企業對於地方經濟所能夠帶來的好處，官方才開始正視其存在。[39]

二十餘年的改革，中國農村工業化和農村中其他非農產業的發展，我們可以用下列幾個數字來表現：[40]

首先，鄉鎮企業就業人數從1978年的0.22億增加到1997年的1.28億，占1997年全部農村勞動力的28%，全國勞動力的18%。

其次，非農業鄉鎮企業產值占GDP比例由1978年的4%增爲1998年的27%。

再者，鄉鎮工業在全國工業增加值中所占比重達到三分之一，已超過國有工業。

鄉鎮企業的出現若是改革後經濟制度變遷的產出項，鄉鎮企

---

[38]簡・斯維納、潘承芬著，〈四縣鄉鎮企業的發展模式〉，見威廉・伯德、林青松合編，《中國鄉鎮企業的歷史性崛起》（香港：牛津大學出版社，1994年），頁104。

[39]Yia-Ling Liu, "Reform From Below: the Private Economy and Local Politics in the rural Industrialization of Wenzhou," *The China Quarterly* (1992) , pp. 295-314.

[40]王小魯，〈農村工業化對經濟增長的貢獻〉，《見改革》（北京），1999年5月號，頁97。

業高速的發展則受益於改革後所引發的制度變遷，技術、資金與勞動力等生產要素得以流入鄉鎮企業。[41]綜觀鄉鎮企業的發展，似乎正印證了一句俗諺：「有心栽花花不發、無心插柳柳成蔭」，也就是當國營企業體制改革逐漸陷於困境之時，農村鄉鎮企業卻以出乎意料的速度發展，進而成為帶動整體經濟成長的主要動力。[42]

（三）鄉鎮企業快速發展的原因

接下來我們要問的是，何以鄉鎮企業得以迅速地發展？按照新加坡東亞研究所楊沐博士的看法，80年代中國的經濟改革提供了鄉鎮企業發展的主要空間，首先在消費體制上，過去為限制消費行為採用了票證制度，改革後票證制度被逐漸取消，限制條件撤消後，民眾潛在消費能力被釋放出來，但是國營部門卻無法滿足商品需求的增加，使得鄉鎮企業得以藉助生產大眾化消費品來切入市場。[43]

相同的意見也出現在北大邱澤奇教授的分析中，其指出：受到路徑依賴的影響，改革初期社隊企業面臨的是一個極大的市場

---

[41]同前註，頁98。

[42]大陸鄉鎮企業是指農民群眾興辦的各類企業總稱，由所有制來看，其包括鄉鎮、村、組集體辦的企業和聯户辦的合作企業與個體辦的私營企業，1984年以前，鄉鎮企業原名社隊企業，指的是人民公社、生產大隊、生產隊主業以外，所辦的獨立經營、獨立核算的生產經營單位，中國大陸在1958年農業集體化過程中，為了支援各地區自身的發展，因此要求在原有的集體副業基礎上，開辦大量的社隊企業如小鋼鐵廠、小電站、小水泥廠……等，其後受到政治運動的影響，社隊企業的發展陷於停頓，見陳武元、楊俊輝著，《鄉鎮企業與國營企業比較研究》（成都：成都科技大學出版社，1995年12月），頁1～5。

[43]馬戎、黃朝翰、王漢生、楊沐合編，《九十年代中國鄉鎮企業調查》（香港：牛津大學出版社，1994年），頁445。

眞空，因爲國家經濟重心長期集中在重工業部門，日常消費品的生產嚴重短缺；當時普通勞動者的收入水準不高，對基本消費品的需求旺盛，故市場提供了社隊企業發展的因素。[44]

另外，地方政府的投入與鼓勵也促使鄉鎮企業蓬勃的發展，由於社隊企業的產權大多爲集體所有，因此企業營運主要受到地方幹部管制，而在改革初期，除了政府之外，任何個體都無法滿足企業經營對原料、技術、資金和管理條件的需要，必須仰賴政府加以支撐，地方政府可以運用行政能力與官僚組織內的關係，提供企業銀行信貸的保證、賦予技術人員有效的社會身分並爲管理人員承擔政治風險。[45]

再者，較國營企業而言，鄉鎮企業擁有較高的自主性，在生產效率上能夠有較大的提升，也可以運用較爲靈活的市場競爭策略來排擠國營企業[46]，更重要的是鄉鎮企業較國營企業更接近買方市場，由於改革後農民收入增加速度較城市居民來得快，因此農村成爲主要的消費市場，鄉鎮企業的產品可透過地方政府協助或自行發展銷售與服務管道而獲得接近市場的有利位置。[47]

最後，鄉鎮企業由於多爲農民在家鄉集資而成，由於農民可以本業作爲基本收入來源，因此企業無須支付相關福利費用，且勞動供給也較爲彈性，降低鄉鎮企業的生產成本。[48]

[44]邱澤奇，〈鄉鎮企業改制與地方權威主義的終結〉，頁84。

[45]同前註。

[46]馬戎、黃朝翰、王漢生、楊沐合編，《九十年代中國鄉鎮企業調查》（香港：牛津大學出版社，1994年），頁448～449。

[47]見黃樹民著，素蘭譯，《林村的故事》（台北：張老師出版社，民國83年），頁223。

[48]同註[40]，頁104。

(四) 大陸鄉鎮企業快速發展的制度性因素

爲什麼大陸鄉鎮企業能夠這麼快速的發展？特別是在一個集體意識強烈，敵視資本主義的社會當中？此一議題曾引發了學界高度的關注。吳介民經由對大陸改革中路徑依賴因素的分析，提出了「虛假產權關係」（pseudo ownership relations）的概念，進而發展出「非正式私有化」的解釋圖像，並據此說明大陸農村地區快速工業化的緣由。[49]

吳介民指出，在大陸改革初期，農民企業家創業時，沒有產權保障的法律制度，但是政府幹部卻擁有相當的權力與社會關係，爲了適應此種情況並謀取商機，企業主往往會與幹部進行合作以便取得政治奧援，在政商合作的情況下，政企間產生了各種不同形式的產權關係，也就是企業所有權雖屬於集體或國營，但是實際經營權卻是由私人所掌握，這種制度安排一方面能符合當時中共的政治氣氛，另外也能夠幫助企業取得所需要的相關協助，這樣的制度安排在改革初期階段，有助於大陸農村地區的快速工業化。不過吳介民也認爲，這種導致地方經濟快速發展的制度性因素，極有可能會因爲政府與企業間的尋租（rent seeking）行爲，進而爲經濟發展帶來負面的因素。

那麼中國大陸地方政府的表現何以會迥異於改革之前？甚至展現出地方政府主導的發展模式（Local State-Led Development）

[49]所謂的虛假產權關係，主要是意指大陸改革初期，制度條件並不利於農民企業家，但是政府幹部卻擁有相當之權力，受到此種制度限制，只好與幹部進行合作以便得政治奧援，在政商合作的情況下，政企間產生了各種不同形式的產權關係，而此卻能夠協助政府與企業克服改革初期的制度障礙，進而導致了非正式私有化的結果，見吳介民，〈中國鄉村快速工業化的制度動力：地方產權體制與非正式私有化〉，《台灣政治學刊》，第3期，1998年12月，頁8～47。

？對此，美國學者戴慕珍（Jean Oi）的研究則提供說明，其指出：「地方政府受到財政因素的影響，爲擴大收入來源，必須積極介入企業運作，另外一方面地方經濟表現成爲考核官員施政績效的依據，因此必須全力的發展經濟，有時地方官員甚至會直接扮演企業家的角色。」[50]

在鄉鎮企業早期的發展過程中，政府與企業之間的利益結合可能是一種正面的因素，而這種現象發生的原因是，中國大陸經濟改革基本上是一個由社會主義指令計畫經濟體制轉向爲資本主義經濟體制的過程，而在改革的過程中，中國大陸自西方經濟理論中引入「市場機制」作爲補救自身缺陷的對策，但原先舊體制中「政治分配」模式卻依然存在，新舊兩種體制相互結合而並存，對於這種中國經濟改革過渡時期所出現之現象，張弘遠則以「嫁接式市場化」的概念來描述。[51]

在「嫁接式市場化」中，企業交易行爲並非單純地以市場供需法則爲參考，政府仍然保有影響經濟政策執行的能力，企業一方面必須在市場體系中應付各方面的競爭，另外一方面則又必須培養政商間的良好關係，而政府一方面要利用市場化來推動經濟發展，希望企業之間能夠公平競爭，但是另一方面又不願意放棄過去因爲管制經濟所獲得之既得利益。如此一來，大陸地方政府與鄉鎮企業之間，常會依據其所處的經濟環境進行理性選擇，透過雙方相互結盟的作法來尋求一個能使彼此利潤與效用最大化的合作模式。

這種因爲合作所形成的政企共生關係，一方面有助於企業因

---

[50]Jean Oi, *Rural China Takes Off* (Berkeley: Unversity of California Press, 1999), pp. 137-138.

[51]張弘遠，〈中國大陸嫁接式市場化改革：地方政府角色與企業行爲〉，《中國大陸研究》，第44卷第1期，民國90年1月，頁53～55。

應大陸轉型階段的市場競爭，另外一方面也能夠透過政商關係而取得保險，對於這種因地方政府介入而使區域經濟快速發展的作法，張弘遠稱之爲「地方統合主義發展模式」。[52]

四、鄉鎮企業未來發展的前景

二十餘年的改革，中國的農村工業化和農村中其他非農產業快速的發展，帶動了國家整體經濟的成長[53]，也因爲鄉鎮企業的異軍突起，使得改革發展重心由中央轉移至地方，鄉鎮企業的快速發展讓中國經濟體系中產生了一批新的行動者，逐漸在區域經濟體系內部，創造出一個能夠帶動經濟成長的產業經濟部門。

然而鄉鎮企業的發展在市場飽和之後，本身經營能力開始受限於生產規模與技術等條件的約束，近年遂出現競爭力衰退的趨勢，總體而言，目前影響大陸鄉鎮企業成長的主要原因有二：[54]

1.近年市場需求疲軟，縮小了鄉鎮企業的發展空間。
2.隨著部分城市居民收入水準的提高，需求結構發生變化，對於技術密集、等級較高的消費品需求增加，而這類產品並非多數鄉鎮企業所能提供。

那麼，未來鄉鎮企業是否能夠持續擔任經濟火車頭的角色？對此，端賴下列問題是否解決：[55]

[52]同前註，頁56～59。

[53]發展成就如下，首先，鄉鎮企業就業人數從1978年的0.22億增加到1997年的1.28億，占1997年全部農村勞動力的28%，全國勞動力的18%；其次，非農業鄉鎮企業產值占GDP比例由1978年的4%增爲1998年的27%；再者，鄉鎮工業在全國工業增加值中所占比重達到三分之一，已超過國有工業，見王小魯，〈農村工業化對經濟增長的貢獻〉，頁97。

[54]同註[40]，頁103。

[55]同註[40]，頁102。

1.是否依然存有阻礙生產要素在農村各部門之間合理配置的制度障礙？

2.是否還有大量生產要素未得到合理配置？能否經由此部分要素的均衡配置來繼續推動經濟成長？

換言之，一旦生產要素流動的障礙消除，那麼各地要素相對價格差異的幅度縮減，那麼過去鄉鎮企業所享有的優勢就會降低，若加上外資企業或企業體制改制後的國營企業加入競爭，那麼鄉鎮企業作爲大陸經濟成長支柱的作用自然也就會有所變化。

面對未來，鄉鎮企業能否提升自己產品的競爭能力，強化企業的規模效應，同時運用現代化的企業管理體制來增加本身的生產效率，這將會成爲其能否維持成長的主要關鍵。

結論

對於中國大陸而言，農村經濟問題關係到農村社會的穩定與否，而農村社會是否穩定則又直接影響著中共政權的安危，因此，中共歷屆領導人對於農村經濟的問題始終不敢掉以輕心，自從大陸經濟改革以來，其農業生產年均增長率比人口年均增長率高出5.1%，基本解決了糧食供給與農民收入的問題，但是近年來，中國大陸農村經濟的發展卻陷入了瓶頸，「三農問題」（農民、農業、農村）已經成爲其朝野共同關注的對象。

當前中國大陸農業經濟的問題在於，其農民人均純收入增長呈階段性下降趨勢，即從1978～1984年的15.1%，下降到1985～1988年的5%和1990～2000年的4.5%，以往生產要素的限制已不存在，當前的問題在於農產品的需求不足，進而導致價格下滑與農民收入減少，這是20世紀90年代中期以來，大陸農民與農業經濟所面臨的主要問題。由此吾人可知，目前大陸「三農問題」的根本是：「農民所得無法增加與農村經濟成長停滯。」對此一般論者以爲原因在於：

首先，農產品市場中供給與需求關係的變化。由於大陸農民過分著重經濟作物的種植，導致了農產品供過於求，因此本業收入增加的幅度必然下降，而鄉鎮企業面臨市場競爭的劇烈，加上本身產品條件與市場經營能力的不足，所以也無法持續成長，在加入世界貿易組織之後，大陸將逐年開放外國農產品進口，並降低對於本國農產品的保護，如此一來，又將加重農民與農村經濟的壓力。

其次，農村經濟的增長，除了依靠農業生產的不斷增長，更重要的是要藉助農村勞動力向非農產業進行轉移，以及農業生產結構不斷向高附加價值產品的調整。然而，因爲整體產業結構正處於大規模調整之故，目前大陸勞動力普遍供給過剩，勞動工資水準相對降低，連帶影響到農民所得的水準與轉向非農產業的就業機會，而提升農產品附加價值的作法，則又與農業生產結構與技術條件等因素有關，短期內受限於財政能力與技術條件，無法一蹴可幾。

上述因素使得大陸農業經濟面臨嚴重的挑戰，而農業經濟發展低落，自然就會影響到農民生產的積極性，農民收入和農村購買力無法提升，則又間接的造成內需市場無法進一步的擴大，而內需市場無法擴大，則將會影響到整體經濟的穩定與發展。正因爲「三農」問題關係到大陸整體經濟與社會未來的前景，因此中共當局處理的態度與方式，便格外引人注目。對於三農問題，中共國務院副總理溫家寶曾指出：「增加農民收入，要有新思路，採取綜合性的措施，國家要加大對農業的支持和保護，增加農業投入，改善農業和農村經濟發展的條件和環境，但根本途徑是對農業和農村經濟結構進行戰略性調整，提高農業的綜合效益，開闢農業就業和增收的新途徑、新領域。而具體的作法是，提高農產品加工水準；加快發展農村的第二與第三產業；重點發展小城鎮；推進農業科技進步……等，與此同時，要繼續搞好扶貧開發工作，解決農村貧困人口的溫飽。當前重要的工作，則是要加快農村稅費改革，減輕農民負擔。」

那麼除了提高農業生產效率、增加農民本業收入與擴大農村工業、服務業的發展之外，解決大陸農業經濟的問題，還有沒有別的方式？對此，許多大陸的農業專家認爲，目前所採取的家庭聯產承包責任制，對於提高農民生產意願的作用已逐漸降低，必須對現行制度實行再改革。因爲在現行土地制度規範下，大陸農民僅能對土地實施承包權、經營權（使用權），尚不能對土地進行自由交易（比如抵押、入股、讓渡、租賃等），農民對土地的產權並不完整，而這個問題不解決，農業生產力恐怕難以提高，不過此舉牽涉過大，短時間內恐怕仍無法具體落實。

面對大陸農村經濟的發展，由於事關9億人口的福祉，其重要性自然不言可喻，中國大陸經過長期的試驗與修正，逐漸解決了農民溫飽的問題，平心而論，這的確是一個值得肯定的成就，而鄉鎮企業的快速發展則帶動了農民收入的增加與農村經濟的成長，使得當前中國農村的生活情況較過去有了大幅的進步。然而若與大陸城市甚或是已開發國家農村的環境相比較，大陸農村的未來仍有許多改進的空間，這則有賴於中國農民與其執政當局的共同努力。

問題與討論

一、中國大陸農業發展對其整體經濟的影響？

二、中國大陸農業發展中制度變遷的過程？

三、中國大陸農業發展與工業經濟的關聯性？

四、大陸鄉鎮企業發展的原因？

五、大陸鄉鎮企業發展對其經濟改革的影響？

第四章 中國大陸國有企業改革與發展

王信賢

中共建政初期，在蘇聯的支持下快速建立了計畫經濟與重工業體制，而為了在資金、技術、人才與各種生產要素都稀缺的狀況下，推動此種資金密集的重工業發展戰略，國有企業體系的建立便是其中關鍵的一環。然而，中國大陸計畫經濟體制的僵化與無效率在1970年代末期面臨改革，作為計畫經濟「馬前足」的國有企業自然成為經濟改革的核心。從1978年底迄今，中國國有企業改革歷經了放權讓利、兩權分離與建立現代企業制度等三大階段，但由於計畫經濟所遺留的制度遺產，使其無法順利擺脫傳統國有企業的制約，進而建立所謂「現代企業制度」，與此同時，其一方面須面對國內外企業的競爭，另一方面則須承擔企業改革所造成諸如「職工下崗」的社會問題，更使中國大陸國企業改革蒙上一層陰影。

本章將從中國大陸國有工業體系形成的邏輯與運作困境出發，說明其日後改革的歷程，最後並指出國企改革的六大難題：政企難以分離、企業過度負債、「企業辦社會」問題、意識形態合理性問題、企業治理結構的扭曲以及對資本市場的衝擊等。

第一節　前言

企業不僅是一種組織形式也反映了整體環境系絡與制度安排，因此對企業組織變遷與重組的理解，除了市場競爭外，國家與專業（profession）亦是關鍵要素，也就是說政治權力與制度合法性（legitimacy）的問題。[1]就此而言，企業並非在眞空中運作，其組織形式與行爲乃鑲嵌在一組「制度環境」（institutional environment）的脈絡之中。[2]因此，國有企業在中國大陸的廣泛建立與日後的改革，均與特定的經濟發展階段、政治社會體制脫離不了關係。

中共在建政後，在蘇聯的支持下快速地建立了計畫經濟與重工業體制，其爲了在資金、技術、人才與各種生產要素都稀缺的狀況下，推動此種資金密集的重工業發展戰略，因而相繼推出各種配套措施，包括：扭曲產品與生產要素價格的宏觀經濟政策、高度集中資源計畫的配置制度以及沒有自主權的企業經營機制。而國有企業體系的建立便是其中關鍵的一環，即是爲推動「重工業優先」發展戰略的目的而服務的。

中國大陸計畫經濟體制的僵化與無效率在1970年代末期面臨改革，而正因爲並非以「利潤」爲第一考量，國有企業出現了低效率與嚴重虧損的問題，因此，作爲計畫經濟「馬前足」的國有企業自然成爲經濟改革的核心。從1978年底迄今，中國國有企業改革歷經了放權讓利、兩權分離與建立現代企業制度等三大階

[1] DiMaggio, Paul, and Walter Powell, "The Iron Cage Revisited: Institutional Isomorphism and Collective Rationality in Organizational Fields," *American Sociological Review,* Vol.48(April 1983), pp. 147-160.

[2] Richard Scott, *Institutions and Organizations* (Thousand Oaks, California: Sage Publications, 2001), pp. 42-44.

段，但由於計畫經濟所遺留的制度遺產，使其無法順利擺脫傳統國有企業的制約，進而建立所謂「現代企業制度」，與此同時，其一方面須面對國內外企業的競爭，另一方面則須承擔企業改革所造成諸如「職工下崗」的社會問題，更使中國大陸國有企業改革蒙上一層陰影。

中共前總理朱鎔基於1998年上台時意圖「衝關」，使國有企業「三年脫困」，進而「起死回生」，然而，三年早已過去，國有企業顯然還是中國大陸經濟改革中最爲艱難的一步。因此，本章將從中國大陸國有工業體系形成的邏輯與運作困境出發，說明其日後改革的歷程，最後並指出國企改革的六大難題：政企難以分離、企業過度負債、「企業辦社會」問題、意識形態合理性問題、企業治理結構的扭曲以及對資本市場的衝擊等。

第二節　中國國有企業的形成邏輯

在古典「蘇聯體制」中，「列寧主義黨國體制」與「指令性經濟」爲共產統治的兩大支柱，兩者間存在著緊密的邏輯聯繫關係，計畫經濟的運行必須依附於強制的中央權威與行政執行，而計畫經濟則提供了威權政體對資源分配的掌握與對人民的監控[3]，在計畫經濟中，最基本的執行單位則是國有企業，換言之，國有企業是社會主義國家政治經濟運作最具體而微的單位，而國有企業改革則是對以後社會主義國家政經轉型觀察的最佳視角。

[3] Andrew Walder, *The Waning of the Communist State: Economic Origins of Political Decline in China and Hungary* (Berkeley: University of California Press, 1995), pp. 1-8.

中共建政之初在馬列主義意識形態與國際結構的制約以及「蘇聯模式」（Soviet Mode）的示範效應下建立其計畫經濟體制與工業發展戰略。然而，重工業爲一資本密集產業，具有以下特徵：一是建設周期長，投資回收慢；二是在發展初期，大部分設備國內無法生產，需要大量外匯從國外引進；三是初期投資規模巨大，需要大量資金。[4]對照於當時中國大陸的經濟發展狀況，不僅缺乏上述三項特徵，連最基本的技術與人才也缺乏。

因此，中共解決此困難的途徑就不可能是透過市場機制，而是政府強制的制度安排，其接連通過沒收「官僚資本」進行「三大改造」和對蘇聯援建一百五十六項重點工程集中建設，並從第一個五年計畫（一五計畫）推行優先發展重工業戰略，配合「抽農補工」、扭曲產品與要素價格的政策環境、高度集中的資源計畫配置制度以及毫無自主權的企業經營機制，從各項數據看來，此一策略無疑解決了落後國家「工業化」的問題[5]，其藉助國營企業的發展，快速建立了相對完整的工業體系，使中國經濟結構產生極大的變化：1952至1978年間工業產值占國民生產總值的比例由19.5%上升到49.4%，而國營工業又是工業增長的主要泉源，此一時期，國營工業產值由142.6億人民幣增加到3416.4億人民幣，按

[4]馬建堂、劉海泉著，《中國國有企業改革的回顧與展望》（北京：首都經濟貿易大學出版社，2000），頁3。

[5]關於落後國家發展模式的論述，葛紳孔（Alexander Gerschenkron）認爲除了德國以「銀行」爲中心的模式外，便是俄國以「政府」爲核心的發展模式，其強調透過國家發展和保護其大型基本工業，再經由工業化中的向後連鎖（Backward Linkage），以便迎頭趕上先進國家。參見：Alexander Gerschenkron, "Economic Backwardness in Historical Perspective." in Mark Granovetter, and Richard Swedberg, eds. *The Sociology of Economic Life* (Colorado: Westview Press, 1992), pp. 111-130.

可比價格計算，增長了17.15倍，年均增長高達11.55%。[6]

國有企業控制了主要基礎工業、重加工業、大批發流通企業等關乎國民經濟重要命脈的重要部門與領域，國有企業的主導地位因而確立，由表4-1與表4-2都可明顯發現，國有企業所代表的全民所有制，在工業總產值或社會零售商品零售總額均占八成以上，因此，國有企業不論是在總體經濟抑或攸關民生消費的各項指標中皆具絕對優勢。

然而，國有企業在總體經濟中的地位卻是建築在產業結構失衡之上，企業經營機制與治理結構則造成了激勵不足與生產效率

表4-1　各種經濟類型在工業總產值中所占的比重　單位：%

年分	全民所有制企業	集體所有制企業	合營企業	私營企業	個體企業
1957	53.8	19.0	26.3	0.1	0.8
1965	90.1	9.9	0	0	0
1975	83.2	16.8	0	0	0

資料來源：《中國統計年鑑》(1985)。

表4-2　各種經濟類型在社會商品零售總額中所占的比重　單位：%

年分	全民所有制企業	集體所有制企業	合營企業	私營企業	農民對非農業居民零售
1957	62.1	16.4	16.0	2.7	2.8
1965	83.3	12.8	0	1.8	1.9
1975	90.2	7.6	0	0.1	2.0

資料來源：《中國統計年鑑》(1985)。

[6]林毅夫、蔡昉、李周，《中國國有企業改革》(台北：聯經出版社，2000)，頁40。

不佳的弊端，在物資短缺、中央計畫分配再加上各種政治運動的效應下，「產能」成爲考核企業經營績效重要指標，所有企業都把精力花費在爭取資源上，由於「委託—代理」關係鏈過長所造成的資訊不對稱與「內部人控制」（insider control）問題，產生爲了產量目標不計成本的後果，造成了資金利用率逐年下降。[7]由表4-3可知，雖工業產值不斷上升，但固定資金投入所實現的利稅卻是呈現下滑的趨勢。

表4-3　1957～1978年中國國有企業各項經濟指標

年分	百元資金實現利稅	百元工業產值實現利稅	工業產值指數	全員勞工生產率指數
1957	34.6	16.9	100.00	100.00
1965	29.8	21.3	221.65	141.13
1970	30.6	18.2	380.22	159.79
1975	22.7	14.2	556.87	157.73
1978	24.2	15.5	713.86	174.94

資料來源：國務院工業普查領導小組辦公室等編，《中國工業經濟統計資料》（北京：中國統計出版社，1987）。

就此而言，改革前國有企業的經營不善，除了微觀層面的企業缺乏生產誘因使效率低下外，就宏觀層面而言，國家不僅作爲社會資源的分配中心，亦爲社會生產組織者，對日益複雜的社會經濟活動難以做出周密的安排，而導致計畫失靈。傳統國有企業的僵化體制使經濟發展造成以下嚴重的影響，因而產生了改革的急迫性：[8]

[7]林毅夫、蔡昉、李周，前引書，頁42。

[8]謝百三，《中國當代經濟政策及其理論》（北京：北京大學出版社，2001），頁317～318。

1.**傳統國有企業缺乏活力**：政府直接管理甚至經營企業，就爲企業承擔了所有的風險與責任，結果造成「軟預算約束」（soft budgetary constraints）——企業虧損有政府給予補貼，在無自負盈虧的激勵或壓力下，自然企業缺乏活力。

2.**資源配置低效率**：在計畫經濟體制下，社會資源由政府統一進行分配，政府官員爲使企業經營有「立竿見影」的績效，多是「重數量、輕品質；重速度、輕效益；重生產、輕流通」，結果使國有企業運作效率極低。

3.**國有資產嚴重流失**：國有企業由於產權不明、責任權利不清與監控不嚴，使得國有資產不斷流失。

然而，在此必須說明的是，國有企業改革不單單是中國大陸或其他後社會主義國家的問題，也是許多資本主義國家的問題。第二次世界大戰結束後，爲了能充分集中財力與物力，加快經濟的重建，許多國家都將重要工業或企業國有化。而隨著經濟的發展，社會結構愈趨複雜，市場競爭也愈來愈激烈，國有企業的缺點便一一暴露出來，80年代開始，各個國家（包括台灣）也相繼改造國有企業。就中國大陸而言，一方面政府介入企業運作太深，且企業肩負太多非經濟的政策責任，另一方面，其所採取的是「摸著石頭過河」式的漸進改革（gradualism），皆使得中國大陸國有企業改革更形棘手與複雜。

第三節　國有企業改革歷程

中國國有企業缺乏效率在1978年以前早已浮現，就整體環境而言，由於歷經一連串的政治運動以及因檢討「蘇聯模式」而將計畫權力下放[9]，造成國有企業的地區或部門所有制，使各類企業被歸屬於某一地區或部門，甚至同類企業歸屬於不同的部門，這種作法導致許多企業自成體系，其結果造成盲目發展，甚至互相封鎖。[10]而此時期的改革也僅限於行政性的放權與收權中，部門與地方所有權的轉換，並未觸及計畫體制或企業運作的本質。

而始於1978年的改革試圖突破以往行政權的收放循環，基本上，中國大陸國企改革是「摸著石頭過河」分階段實施，而非前蘇聯或部分東歐國家所採取的大規模私有化，故就產權與政企關係的角度而言，二十餘年來，中國國有企業改革總體上可分為「放權讓利」、「兩權分離」與「建立現代企業制度」等三個時期：[11]

一、擴大企業自主權，以放權讓利為特點的時期（1979～1984）

中共十一屆三中全會所開啓的改革開放，其基本方向和原則是在中央計畫的原則與框架下，擴大地方、企業與勞動者的自主性和積極性。通過擴大企業的自主性，實行企業利潤留成制度，

[9]Susan Shirk, *The Political Logic of Economic Reform in China* (Berkeley: Univerity of California Press, 1993), p.13. Jean Oi, "The Role of the Local State in China's Transitional Economy," *The China Quarterly,* No.144(December 1995), pp. 1132-1149. Minxin Pei, "Microfoundations of State-soccialism and patterns of Economic Transformation," *Communist and Post-Communist Studies,* vol.29, no.2 (June 1996), p.142.

[10]曹鳳岐主編，《中國企業股份制改造實務全書》（北京：中國言實出版社，1997），頁567。

[11]周叔蓮，〈二十年來中國國有企業改革的回顧與展望〉，《中國社會科學》（北京），1998年第6期，頁44～48。

使國有企業在生產、營銷、投資與分配均產生變化，但由於放權讓利改革仍是在行政集權下運行，其產權結構與組織體系並未受到觸動。

在此種行政力強勢主導，再輔以市場機制的情況下，行政權與市場力量同時作用的結果，使兩者皆受到扭曲，透過「放權」，企業雖在財務、勞動、人事、物資、計畫、銷售與定價等的自主權都擴大了，但由於不存在競爭市場，企業與政府間依然存在隸屬關係，企業不需自負盈虧，企業所增加的「留利」部分也優先增加內部職工的收入，而非發展生產或提昇技術。[12]因此，給予企業自主權也就意味著給予企業侵害國家權益與資產的機會。[13]

二、實行兩權分離，以承包制為主軸的時期（1985～1992）

傳統國企屬全民所有制，長期以來，企業由國家直接經營、生產靠國家計畫安排、物資靠國家統一調撥、產品靠國家銷售、營利上繳國家、虧損由國家財政補貼，在此種體制下，造成企業吃國家的「大鍋飯」，職工吃企業的「大鍋飯」。1978年以來，「承包制」在農村改革過程中獲得了極大成效，而隨著1984年中共十二屆三中全會《關於經濟體制改革的決定》的頒布，「承包制」也迅速在城市中展開，其具體作法便是「兩權分離」的施行，將企業所有權與經營權分開，所有權是全民的，由政府作爲代表，經營權是企業的，以廠長作爲代表。企業透過承包，按一定基數

[12]國家經貿委企業改革司編，《國有企業改革與建立現代企業制度》（北京：法律出版社，2000），頁2～3。

[13]林毅夫、蔡昉、李周，前引書，頁52。

實行定額或按一定比例上繳，其餘的利潤留在企業使用。

然而，承包制只解決國家與企業間的收益和分配關係，並未眞正觸及財產權制度，由於軟預算約制，使企業負盈不負虧，影響企業經營機制的轉換以及合理企業行爲的形成。[14]此外，避開產權關係的改革，調整企業經營權與改善誘因結構反而使企業行爲出現短期化，出現搶購機器與搶購設備等掠奪式經營。

三、以建立現代企業制度爲核心的改革時期（1992年至今）

承包制的實施證明只改變誘因結構，並無法解決國有企業積重難返的沉痾。1992年中共十四大確認了「社會主義市場經濟」，1993年11月中共十四屆三中全會通過《中共中央關於建立社會主義市場經濟體制若干問題的決定》，1993年12月象徵現代企業制度的《公司法》出爐，規定國有企業改建爲公司，並針對公司的組織、營運與法律責任等做出明確的規範。[15]

目前中國大陸國有企業改革的核心策略爲「建立現代企業制度」，所謂「現代企業制度」是相對於傳統企業制度而來，用中共的話來說，就是「產權清晰、權責分確、政企分開、管理科學」十六個字：

1.**產權清晰**：企業的財產歸屬必須非常明確，以往國有企業屬「全民所有制」，但眞是由誰代表全民行使所有者權益卻一直

[14]國家經貿委企業改革司編，《國有企業改革與建立現代企業制度》（北京：法律出版社，2000），頁1～9。

[15]馬德普、霍海燕、高衛星主編，《變革中的中國公共政策（上）》（北京：中國經濟出版社，1998），頁162～166。

是灰色地帶，因此將企業產權明晰化則成爲改革的首要任務。

2.權責分確：其指的是在產權歸屬釐清後，企業作爲法人實體，依法自主經營、自負盈虧，對自己財產享有控制（control）、收益（income）與轉讓（transfer）的權利。[16]

3.政企分開：企業在產權明晰後，與政府的主管部門不再保留行政隸屬關係，企業經營必須經由市場機制，政府不宜干預企業，企業也不該直接找政府，如此才具眞正意義上的「政企分開」。

4.管理科學：如前所述，在產權清晰、權責分確與政企分開後，建立「現代企業制度」的基礎便集中表現在「企業治理結構」上，即企業組織結構與管理的現代化。

就此而言，國有企業改革眞正進入制度創新時期，亦即觸動了基本的核心——產權制度中轉讓權問題。[17]

另一方面，1995年中共十四屆五中通過《中共中央關於制訂國民經濟和社會發展「九五」計畫和2010年遠景目標建議》，在國有企業改革的政策方面集中在「抓大放小」、「結構調整」與「資產重組」，此種改革以市場和產業政策爲導向，將優化國有資產分布結構、企業組織結構與投資結構結合，擇優扶強、優勝劣汰，

[16]關於社會主義國家產權改革與中國大陸企業產權改革問題，可參閱：David L. Weimer ed., *The Political Economy of Property Rights* (Cambridge: Cambridge University Press, 1997). 與 Jean C. Oi and Andrew Walder eds., *Property rights and Economic Reform in China* (Stanford, CA: Stanford University Press, 1999).

[17]中國企業改革產權問題的相關概念可參閱：Jean C. Oi and Andrew Walder eds., *Property rights and Economic Reform in China* (Stanford, CA: Stanford University Press, 1999).

以大型企業和企業集團爲核心，以資本爲紐帶，連結和帶動企業的改組與發展而形成規模經濟。[18]換言之，就總體市場環境轉變的角度觀察，從80年代的短缺經濟（shortage economy）到90年代的生產過剩，中國國企改革的政策亦從以產權改革爲重心，放權讓利和刺激生產爲手段，轉向透過國有企業的「組織重整」，建立大型企業集團爲主軸的改革方式，以增加企業的競爭力。[19]

第四節　國有企業改革的難題

在傳統計畫經濟體制下，國家權力集中表現在財政體制的高度控制上，其主要是透過對國有企業的控制，1949年以來國有企業一直是中國經濟的支柱，據統計，1978年國有企業占國民經濟生產總值的78%，而90%以上的國家財政收入來自國有企業[20]，相較於80年代鄉鎮企業的蓬勃發展，以及90年代外資、民營企業成爲經濟發展的火車頭，國有企業則明顯滯後，甚至成爲國家整體經濟表現的負擔。目前中國大陸國有企業改革的困境與難題如下：

一、政企難以分離

[18]侯孝國，《所有制革命——推向21世紀的所有制改革》（武漢：湖北人民出版社，1999），頁168～170。

[19]金碚，〈中國大型企業的戰略管理與集團控制〉，《經濟管理》，1998年第12期，頁6～10。

[20]James Laurenceson and J. C. H. Chai, "The Economic Performance of China's State-Owned Industrial Enterprises," *Journal of Contemporary China*, vol. 9(23), (May 2000), pp. 21-39.

就傳統國有企業看來，一方面，政府作爲國有資產所有者的代表，其社會經濟管理者的職能與國有資產所有者的職能界線不清，以致常發生角色錯亂的現象；另一方面，國家缺乏適當的法規約束企業，導致「一放就亂，一亂就收，一收就死，一死就放，一放再亂」的惡性循環。[21]而雖歷經二十餘年的改革，「政企分開」仍然是國有企業改革所必須面對的首要問題。

如前所述，國有企業在計畫經濟體制中不論在經濟、政治或社會面向皆扮演關鍵的角色，而正因結合政經社「三位一體」的功能，其就不可能是一個有嚴格邊界的企業組織，與政府間的關係就不可能清楚劃分，預算約制就不可能被嚴格監督，而「凡走過必留下痕跡」，其所造成的各種負面效應嚴重影響日後的制度建立，其中與政企間千絲萬縷的關係，更成爲中國大陸改革開放最複雜的環節，從圖4-1即可看出，市場化的改革並未使國有企業具

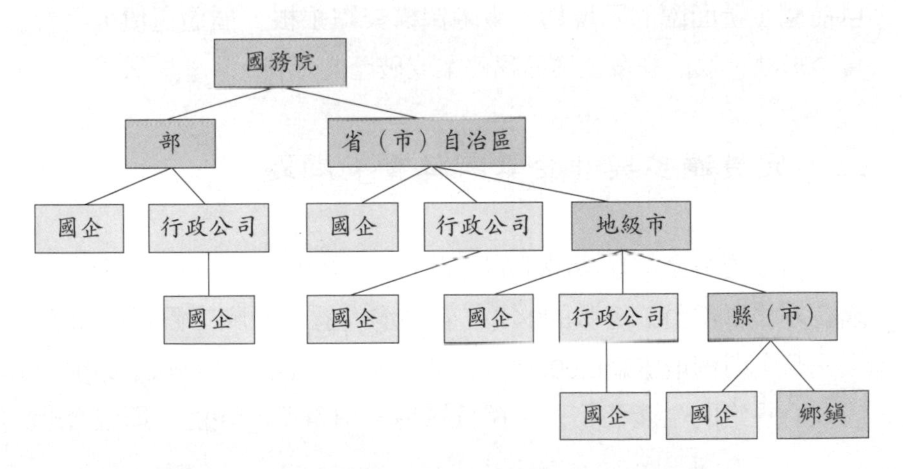

圖4-1　中國大陸行政層級與國有企業組織關係

[21]高尚全，〈九十年代以來國有企業改革的歷程及今後的改革方向〉，收錄於范錦明編，《九十年代中國大陸經濟發展論文集》（台北：大屯出版社，2001），頁252。

有獨立的身分，其目前仍是介於行政科層與市場之間，不論是生產、銷售、研發、財稅與借貸等，都仍與上級政府脫離不了關係，這使得國有企業的改革困難重重。[22]

二、過度負債

國有企業在肩負各種非經濟任務以及經營低效率的情況下，便造成虧損與負債的問題，從國有企業的資產負債來看，80年代國有企業的資產負債率爲18.7%，其中流動資產的負債率爲48.7%，而90年代雖將國有土地與固定資產估入計算，但國有企業的資產負債率仍迅速上升爲67.5%，其中流動資產的負債率爲95.6%[23]，另一方面，90年代中國國有企業的資產盈利率爲6%-7%，貸款的平均利息爲12%，再對比於企業的資產負債率即可知目前國企所面臨的困境爲：金融機構緊縮銀根，催逼還債，經營資金短缺，致使許多企業面臨停業或破產的威脅。

三、冗員過多與「企業辦社會」問題

目前國有企業在職職工的冗員約爲2,400萬人左右，占全中國國有經濟單位員工總數的24%，若平均安置一名職工需花費2.5萬人民幣，則總成本爲6,000億人民幣。另外，國有企業除了必須完成政府規定的生產任務外，還負擔另一項重要的職能，即整合社

[22]Derong Chen, *Chinese Firms Between Hierarchy and Market* (New York: St. Martin's Press, 1995).

[23]劉美平，〈論國有企業與股票市場之間的整合〉，《改革》，2000年第4期，頁41。

會，每個企業必須承擔職工的養老善終、疾病醫療、教育培訓、住房福利、子女上學等事務[24]，此即「企業辦社會」的問題。

改革開放以來，隨著金融體制、政府機構、社會保障體系、戶籍制度以及國有企業本身改革的進行，單位體制功能雖相當程度地受到削弱[25]，但根據中國社科院李培林教授等的研究顯示，從70年代末到90年代末，國有經濟單位的福利保險費用總額從69.1億人民幣增加到2578.8億人民幣，相當於國有經濟單位工資總額的比例從13.7%上升到30.4%，而國有企業與國家控股企業在保險與福利的支出相當高，均占人均工資的五成以上，故長期以來過高的社會成本便是造成國有企業「有增長而無發展」的主因[26]，如「下崗」問題的嚴重性有增無減，均在在證明國有企業承擔社會責任的功能一直持續扮演重要的角色，而此亦正是大陸各級政府在處理國企改革時「投鼠忌器」的關鍵。

四、意識形態合理性問題

意識形態是關於世界觀、歷史觀與道德觀的一套信念，其提供認知圖、評估圖與行動綱領，人們據此對各種事務（包括制度安排）做出判定。而根據馬列意識形態，由國家直接占有生產資料，是由高度發展的資本主義過渡到社會主義社會的一個重要環節，而在此過渡階段中，國有企業是社會主義公有制的實現形

[24]張暉明，《中國國有企業改革的邏輯》（山西：山西經濟出版社，1998），頁6～8。

[25]周翼虎、楊曉民，《中國單位制度》（北京：中國經濟出版社，1999），頁212～293。

[26]李培林、張翼，〈國有企業社會成本分析——對中國10大城市508家企業的調查〉，《中國社會科學》，1999年第5期，頁41～56。

式。雖然目前意識形態功能已漸趨弱化，但國有企業所代表的「公有形式」仍是共產黨執政合法性與合理性的象徵。

然而，隨著改革開放的情勢發展，中共關於姓「資」、姓「社」的爭辯便從無休止，此即爲何中共要一再提出「三個有利於」[27]，並從原來「堅持單一公有制」轉變爲「以公有爲主體、多種經濟成分並存」的格局[28]，換言之，就意識形態而言，雖允許多種所有制並存，但「以公有制爲主體」（不論其內容如何多元）仍是中國共產黨堅守的底線，而此必須透過維持一定比例的國有企業加以實踐。

五、企業治理結構的扭曲

一般關於「企業治理結構」討論的主要觀點是：在契約與資訊不完全下，如何協調企業的實際執行者（經理人）與所有者（股東）間的誘因與動機，使其趨於一致，並在所有權與管理權分離的情況下，形成有效的監督機制。[29]而就傳統的國有企業而言，其之所以被稱爲「國營」企業，也就是企業由國家出資創

[27]所謂「三個有利於」指的是「是否有利於發展生產力」、「是否有利於增強社會主義國家的綜合實力」以及「是否有利於提高生活水平」。見鄧小平，《鄧小平文選第三卷》（北京：人民出版社，1993），頁372。

[28]中共前國家主席江澤民在「十五大」關於國有企業改革的論述即表明：「公有制爲主體、多種所有制經濟共同發展，是我國社會主義初級階段的一項基本經濟制度。…我國爲社會主義國家，必須堅持公有制作爲社會主義經濟制度的基礎。」見江澤民，〈十五大報告中關於公有制多種實現形式、股份制及國有企業改革的重要論述〉，收錄於中市市場經濟研究所主編，《國有企業股份制改組理論與實務（上）》（北京：中國人事出版社，1997），頁2。

[29]譚安傑（On Kit Tam），《中國企業新體制——督導機制與企業現代化》（香港：商務印書館，1998），頁29～32。

辦，企業資產歸國家所有，並由國家直接進行經營管理，政府計畫配置資源，統一組織生產，眞正主導企業治理的是上級政府、黨委與廠長。就理論而言，現代公司制度的治理結構包括股東大會、董事會、監事會以及高級經理人等所組成的分工、協調與權利義務關係[30]，企業的最高權力機構爲股東大會，決策機構爲董事會，監事會爲監督機構，執行機構則是專業經理（見圖4-2）。

根據中國國家統計局的調查，直至2001年爲止，在已改制的二千零一十六家國有企業中，82.2%的企業成立了股東會，95.1%成立了董事會，84.5%成立了監事會，就此看來，國有企業似乎已建立所謂的「現代企業制度」。[31]但實際上企業雖進行「股份化」，但由於股權過於集中於國家股，再加上資訊不對稱上級政府

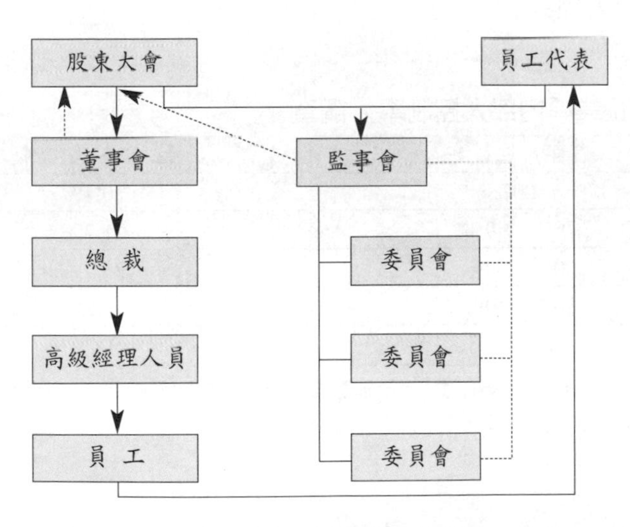

圖4-2　現代公司治理結構「理想」模式

---

[30]相對於「老三會」（黨員大會、職工代表大會與工會），股東大會、董事會、監事會在大陸則稱爲「新三會」。

[31]國家統計局，《2001中國發展報告：中國的「九五」》（北京：中國統計出版社，2001），頁91。

監督不易，使得企業治理產生眞空的狀態，產生所謂的「內部人控制」（insider control）。[32]大陸學者針對五百三十家企業的調查中，每個公司平均有9.7位董事，其中執行董事（董事由經理人兼任）有6.5人，非執行董事有3.2人，平均內部人控制率爲67%[33]，而就公司數而言，有77.3%的企業內部人控制率爲50%以上，其中甚至有二成以上的企業內部人控制率爲100%（見表4-4）。[34]這些企業雖名義上有股東大會和董事會和監事會，但是董事會成員和以總經理爲首的高級經理人員都是交叉任職，大部分的總經理就是董事長，幾乎所有重要的高級經理人員都是董事會成員。[35]此種董事長、總經理和黨委書記三權集於一身，形成一種決策、執行與監督職能的「三合一」，而教練、球員兼裁判的結果便是企業的「內部人控制」。

表4-4　企業「內部人控制率」調查

內部人控制率	占樣本數比例
100%	20.4%
70%—99%	21.2%
50%—69%	35.7%
30%—49%	13.3%
0—30%	9.4%

資料來源：范黎波、李自杰，《企業理論與公司治理》（北京：對外經濟貿易大學出版社，2001），頁244。

[32]World Bank, *China's Management of Enterprise Assets: The State as Sharehoder* (Washington, D. C. : The World Bank, 1997), pp. 50-54.

[33]內部人控制率＝（執行董事÷董事會總人數）×100%。

[34]范黎波、李自杰，《企業理論與公司治理》（北京：對外經濟貿易大學出版社，2001），頁244。

[35]李健，《公司治理論》（北京：經濟科學出版社，1999），頁4。

六、對資本市場的衝擊

就企業「資金來源」的角度觀察可發現，從80年代至今國有企業融資的渠道從政府財政變成銀行貸款到最後變成股票市場。當政府財政不可能對為數衆多的國有企業進行投資或再投資，金融體系便成為下一個「受害者」，國有企業的高負債率不僅使其自身負擔沉重，連帶也使銀行增加大量的不良債務，因此，尋找另一個融資管道則成為解救國有企業的關鍵，「股票市場」從90年代起便繼國家財政與銀行之後成為解救國有企業「資金飢渴」的重要防線。[36]因此，股票市場在90年代以後繼政府財政與銀行貸款成為對國企「資金輸血」的主力，此亦即大陸著名經濟學家吳敬璉所言：「中國股票市場的起步很大程度是由企業融資壓力『逼』出來的。」[37]

就理論而言，證券市場的發展對國有企業改革具有一定的助益，其中包括有利於國有企業籌集資金、優化國有企業的資源配置以及有利於建立現代企業制度等，且中國股票市場也因此呈現蓬勃的發展，上市發行股票的公司數目迅速增加，募集的資金不斷膨脹，股市整體規模包括總市值、流通市值、成交金額等也不斷地擴大，截至2001年6月底為止，在深圳與上海兩個證交所上市的公司已達一千一百二十八家，總股本3943.63億股，預估總市值達53630.58億人民幣。然而，就實際狀況看來，由於中國大陸股市的存在一開始就有行政目的性，也使得其組成結構與運行機制充滿著政治的痕跡，當「上市」成為擺脫資金困境最有效的方法

[36]雖然目前各大銀行都已成立「國有資產管理公司」處理國有企業不良債務，但其成效仍不佳。

[37]吳敬璉等，《國有經濟的戰略性改組》（北京：中國發展出版社，1998），頁77。

時，地方政府與企業便想盡辦法透過擴大企業規模與美化財務報表讓企業上市，而企業上市後，便成爲地方政府與集團母公司的「融資工具」，換言之，企業營運的目的是「集資」而非增加「競爭力」，手段與目的錯置的結果，便是證券市場制度的扭曲以及投機行爲的盛行。[38]

另一問題即是，上市公司缺乏持續發展的能力，根據大陸學者的調查，在1994年以前上市的一百七十七家企業，從1993年以來淨利潤逐年下降，1993年實現淨利總額127.35億人民幣，1996年爲105.22億，1999年爲98億，淨利減少的企業有八十八家，占全部公司的49.7%，虧損企業二十二家，占12.43%（虧損額30.46%），另外還有四十家公司本業虧損，是靠其他業外收入才得以維持帳面的平衡，占22.59%。[39]換言之，一百七十七家公司上市6年後，只剩二十七家公司（占15.25%）本業的淨利總額維持成長。而根據表4-5與圖4-3的資料，更可看出上市公司平均每股收益不斷降低

[38]2001年中，大陸股市爆發了極爲嚴重的「銀廣夏風暴」，上市公司「廣夏（銀川）實業股份有限公司」（簡稱「銀廣夏」，深圳交易所代碼0557）創造了令人瞠目的業績與股價神話，根據其1999與2000年財務報表顯示，其獲利分別爲每股0.51與0.829元人民幣，股價則一年內從13.97元飆漲至75.98元（還原權値後），漲幅爲440%，若從1999年5月算起，則是上漲8倍多；甚至於2001年3月，公司還公告接獲德國某公司60億元的長期訂單，預估全年每股盈餘可達3元人民幣。後經查證，所有的資訊包含獲利能力與接單狀況（該德國公司資本額僅10萬馬克，根本不具如此的「下單」能力）完全是一場騙局。而類似的事件在大陸股市成立11年多以來層出不窮，如「原野事件」、「蘇三山事件」、「瓊民源事件」、「紅光事件」以及「鄭百文事件」等，其中除了暴露出資訊不對稱、中介機構（如會計師事務所與資產評估機構）的共謀外，更突顯出「證監單位」監督的無力。關於「銀廣夏風暴」，詳見：凌華薇、王煉，〈銀廣夏陷阱〉，《財經月刊》（北京），2001年8月，頁18～37。

[39]吳安，〈上市公司結構存在的問題及其優化〉，《經濟理論與經濟管理》，2001年第5期，頁30。

表4-5　深滬兩市整體企業平均獲利（1995～2000）

	上海股市				深圳股市			
年分	最小值	最大值	平均	增長率	最小值	最大值	平均	增長率
1995	0.2699	1.6218	0.6508	—	0.1860	0.7598	0.4729	—
1996	0.1230	1.1655	0.4341	-33.29	0.1500	0.8281	0.4034	-14.7
1997	0.1361	0.9062	0.4277	-1.47	0.1600	0.9000	0.4205	4.23
1998	0.2553	0.8531	0.3947	-0.77	0.2013	1.1362	0.3978	-5.4
1999	0.1743	0.8502	0.3634	-0.79	0.1970	0.6999	0.3700	-6.99
2000	0.1075	0.5844	0.2708	-25.48	0.1440	0.8598	0.3084	-16.6

資料來源：上海證券交易所，〈規模擴大問題尚存——我國股票發行制度的政策效應分析〉，《上市公司》，2001年5月，頁12。

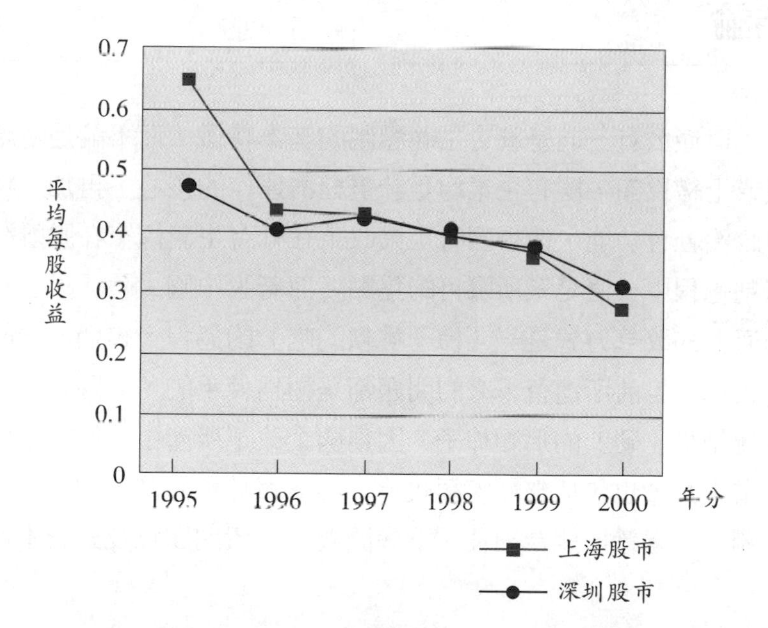

圖4-3　1995～2000深滬兩市平均每股收益

的狀況，2000年上海與深圳股市分別較1995年減少58.39%與34.79%，其中甚至許多公司的收益還是透過集團公司的內部交易而來的，其產品以高於市場的價格出售給集團母公司，因而產生大量無法實現的「利潤」。正因此，大陸遂有如此的順口溜流傳著：「上市第一年績優，第二年虧損，第三年ST，第四年PT。」[40]

就競爭的角度而言，國有企業所要面對的不只是各種形式的國內企業（鄉鎮企業、民營企業與三資企業等），隨著加入WTO後，市場的加速開放，其必須與資本雄厚、技術先進以及管理能力一流的西方跨國企業競爭，但目前看來，中國大陸國企改革仍有極長一段路要走。

結論

財產公有一向是社會主義體制的基本特徵，而不論是生產貢獻或上繳稅額，國有企業均是計畫經濟運作的核心，再加上特有的政治社會功能，使得國有企業改革在社會主義國家在脫離計畫體制過程中一直是衆所矚目的焦點。而若說中國大陸「摸著石頭過河」的改革方式是一「柿子挑軟的吃」的過程，經過二十餘年的改革，目前所遺留下來的問題都是極爲棘手的，而國有企業改革便是最「硬」的那顆柿子。因爲國企改革所產生的衝擊不僅是企業本身，也包括整體宏觀政治、經濟與社會體制，如前述之政企關係、意識形態合理性、下崗問題、負債問題以及對資本市場

[40]ST是指特別處理（Special Treatment），深滬交易所在1988年4月22日同時宣布，針對財務或經營有異常狀況的上市公司，股票交易將進行特別處理者，就會在簡稱前冠上ST。至於PT是指特別轉讓（Particular Transfer），依據中國公司法與證券法規定，上市公司連續三年出現虧損，股票將暫停上市，滬深交易所自1999年7月9日起，對這些企業實施特別轉讓服務，這些股票在簡稱前就冠以PT的稱號。

的衝擊等。就此而言，中國大陸「現代企業制度」的建立是爲了克服國有企業幾十年沿襲的舊體制所形成的經濟關係，但其建立卻也因歷史遺產與諸多現實因素而舉步維艱。

中國大陸國有企業改革涉及到三個重要課題，分別是宏觀的市場化（marketization）、中觀的私有化（privatization）以及微觀的企業治理機制。一個競爭性市場的存在是有效率企業制度的前提條件，有此條件，企業實際獲利的利潤就可作爲反映經營績效的基本指標，另一方面，產權明晰使企業成爲一獨立的法人主體，亦有助於釐清政府與企業間的關係，最後，企業運作必須要落實到最微觀的基礎，即是明確區別企業決策、監督與管理的角色。唯有根據上述三者，從而不斷進行制度創新，中國大陸國有企業才有重生的可能。

問題與討論

一、中國大陸爲何要進行國有企業改革？

二、中國大陸國有企業改革可分爲那三大階段？

三、何謂「現代企業制度」？特徵爲何？

四、中國大陸國有企業改革的難題爲何？

五、何謂「企業治理結構」？中國大陸企業在此方面有何特徵？

第五章 中國大陸金融體制與政策

張弘遠

若將資金比喻為提供養分的血液，則金融體制便是作為輸送血液的循環系統，過去大陸經濟始終為「貧血」症狀所困擾，原因除了是血液數量不足，相關血液循環機制的功能不彰，也是另外一個重要的因素，學理上對於這個現象稱之為「金融抑制」。近年來，大陸經濟能夠快速發展，部分的原因也在於大陸當局推動金融體制改革所產生的「金融深化」效應。若欲瞭解大陸經濟發展，那麼便有必要對中國金融體制與相關政策進行探討。故本章將針對大陸金融體制的改革進行說明，而主要的重點是放在：銀行體系的重建、金融市場的發展與金融政策的完善等三者。

過去大陸由於採行計畫經濟體制，金融體制的功能僅僅是作為資金調撥與交易清算的機制，整個金融體系的功能不彰且風險暗藏。自1978年展開經濟改革之後，中國大陸對於金融體制方面的改革，主要是想建立起一套現代化的金融制度，首先是要重建銀行的金融業務能力，同時建立一個以中央銀行為首、財金監督單位為輔的金融管理體系；其次是完善金融政策的執行體系，效法西方的管理方式，建構出一套完善的貨幣政策系統與金融監督體系；最後，中國大陸想要朝著提升金融中介、強化金融市場功能的方向發展。

目前大陸金融領域正成為整體經濟部門中最具發展潛力的一環，然而在此一圖像的背後，其仍存有許多如銀行呆帳過多、金融機構效率低落等等的問題，若能夠有效改善上述現象，則金融體系的發展將會成為大陸新一波經濟成長的動力來源。

第一節　前言

資本累積與運用被視之爲促使經濟發展的重要因素，若將資金比喻爲提供養分的血液，則金融體制便是作爲輸送血液的循環系統。中國大陸過去曾經一度出現「貧血」的症狀，原因除了是血液數量不足，相關血液循環機制的功能不彰，則是另外一個因素，因爲資金供給失調導致經濟發展受抑，使得大陸出現了「金融抑制」的現象。近年來，大陸經濟得以快速發展，就某個角度來看，也必須歸功於大陸當局推動金融體制改革所產生的「金融深化」效應，因此若欲瞭解大陸經濟，那麼透過金融的脈絡切入，似乎是一個合理的選項。

過去大陸採行計畫經濟體制，所有生產要素受國家直接控管，交易行爲由政府進行調配，如此，金融體制僅僅是資金調撥與交易清算的機制，由於整個金融體制設計的偏差，金融管理與經營職能交錯混雜，缺乏有效的政策執行工具，導致整個大陸的金融功能不振與風險暗藏。

自1978年展開經濟改革之後，各項改革措施無不牽涉到資金調度與債務清償，因此漸漸凸顯出金融體制改革的必要性。

具體來說，中國大陸金融體制的改革，主要是想建立起一套現代化的金融制度，以銀行體系的重建、金融市場的發展與金融政策的完善爲主要的內涵，而本章將對此三者進行深入討論。

第二節　中國大陸銀行體制的變革

一、改革前中國大陸的銀行機構

大陸政權成立之初，由於當時整體經濟環境受到了內戰的影響，通貨膨脹的壓力極大，而是否能夠擺脫通貨膨脹的威脅，重新穩定經濟情勢，便成爲大陸的當務之急，故其施政主要是想建立統一的貨幣制度與銀行體系。

在1949到1952年之間，大陸的金融工作目標是配合計畫型經濟體制，金融體系逐步朝銀行國有化過渡，一方面進行私營銀行、錢莊的裁併，另一方面加強金融業務的全面控制。

在一五時期中，大陸展開了向蘇聯的全面學習，按照蘇聯的銀行模式，引進了若干銀行管理原則：[1]

1. **對資金的來源與運用，嚴格採行「資金分口管理政策」**：將資金來源區分爲固定資金與流動資金，前者來自財政預算的撥款，後者來自銀行信貸。主要是將長期資金與短期周轉資金的流通口徑予以分別管理，以計畫控制來避免擾亂資金流通，並將財政撥款作爲資本分派的主要管道，而以銀行信貸作爲補充財政預算的輔助工具。
2. **嚴格管制商業信用**：一方面是爲了要對金融層面完全管制，另一方面是配合商品層面的管理，大陸全面取消商業信用（如賒購、賒銷、預付款、預收款），僅保存由國家銀行所授

[1]張弘遠，〈中國大陸金融制度改革對其內部流動資金形成之影響〉，政治大學東亞研究所碩士論文，民國86年7月，頁65～66。

予的一年期以內之短期信貸，以此作爲彈性補助的措施。

3.信貸發放採「實物信貸原則」：強調一切貨幣的發行或信貸的擴張都必須要有實體資產作爲擔保，藉助貨幣與物資的比例關係限制貨幣的過度膨脹，以防止通貨膨脹的產生。

1955年信貸改革後的金融體制，最能體現大陸早期金融體制的特色，當時大陸整個金融體系的樞紐是人民銀行，其身負國家銀行職責，擁有貨幣發行、短期信貸和結算的功能，也負責整體國家金融部門的監理工作，此外，其亦經辦財政金庫的業務，充任整個社會的簿記、產品生產和分配的統計機關，是國民經濟各部門資金流動的中心和樞紐。

除了人民銀行之外，當時大陸另外還有三個國營銀行：農業信用銀行（負責農業融資）、中國人民建設銀行（辦理長期工商業融資）、中國銀行（操作外匯業務）。簡言之，當時大陸的金融體制是：人民銀行既是整個金融運作的監督者，也擁有商業銀行的性質，而其他三個國營的專業銀行則是負責政策性貸款的操作。大陸於1955年所建立的銀行體系、銀行管理原則，截至1978年以前，主要結構並未有太大的改變。

二、經改後銀行結構的變化

（一）國營銀行的改革

1978年中國展開經濟改革，而在金融體制改革的動作如下：

首先，調整銀行角色，自1984年1月起，大陸開始首波的大規模金融改革，將人民銀行正式升格爲中央銀行，負責有關法令及政策的推展，發揮總體貨幣的經濟功能，這使得人民銀行可以獨立地執行貨幣政策，並有權對整體金融環境進行監控。在對專業銀行的監督管理上，除了強化金融行政管理之外，在業務上，通過中央銀行再貸款方式與其他信用調控手段，影響專業銀行的貸款規模，但在商業性貸款的分配上，則給予專業銀行更多的自主權。

其次，一般性金融業務及個體財務監督事項則分由中國銀行、中國工商銀行、中國人民建設銀行、中國農民銀行等四大專業銀行負責。[2]此項改革讓大陸金融管理體制開始功能分化，形成以「人民銀行爲領導，專業銀行爲主、商業銀行爲副，其他金融機構爲輔助」的金融結構。

四大專業銀行的出現開始了中國現代金融事業的建設，在此對其簡單加以介紹：[3]

1.中國銀行：該行是大陸過去指定的外匯核銷專業銀行，以國際結算爲主要業務，從事記帳結算、託收結算、匯款結算與信用狀結算等，主要是負責國際貿易的相關業務。
2.中國工商銀行：主要是承辦過去人民銀行業務中的工商信貸與儲蓄業務。
3.中國人民建設銀行：過去大陸基本建設的資金來源，主要是由財政部分撥，而建設銀行便是在財政部的督導下，負責相關基礎建設資金撥派的工作，後來脫離財政部的組織架構，並開辦現金出納等業務，進而成爲掌管大陸基本建設投資的

[2]專業銀行主要是根據不同行業類別與資金需求，所專門成立的負責銀行，是大陸當時在沒有民營銀行或外資銀行的情況下，由政府設立而擔負一般商業銀行職能的特種銀行，其業務包括對政策項目的支持與一般商業經營。

[3]殷乃平，《中國金融體制簡論》（北京：社會科學文獻出版社，2000），頁54～71。

撥貸款的國家專業銀行。

4.中國農業銀行：主要業務是負責大陸農村經濟與金融事業的發展，掌管支援農業資金、農村信貸與管理農村信用合作社等相關業務。

（二）股份制銀行與區域銀行的設置

除了四大專業銀行的改制之外，為了因應經濟發展對於資金需求的提高，同時配合沿海發展政策與經濟特區的運作，大陸官方開放區域銀行的設置，期望透過此一作為能夠帶動區域資金使用的效率，因此在1987年之後，陸續地出現了許多新的銀行如交通銀行（1987）、招商銀行（1987）、中信實業銀行（1987）、深圳發展銀行（1987）、福建興業銀行（1988）、廣東發展銀行（1988）、上海浦東發展銀行（1993）、中國光大銀行（1992）、華夏銀行（1992）、中國民生銀行（1996）……等。[4]

（三）1984年銀行體制改革的影響

1984年銀行體制的改革，主要方向是重建中國大陸經濟體系的金融部門，而具體的內容如下：

首先，對人民銀行進行中央銀行化，使其擁有管理金融體制的超然地位，期能建構良好的金融秩序。

其次，增加國內銀行的數目，期望能夠增加銀行數目來增加資金流動的效率。

這樣的想法雖然能夠解決部分的問題，但是卻無法眞正發揮金融槓桿的作用，原因在於：當時四大商業銀行都背負著計畫經

[4]同前註，頁87～99。

濟時期所產生的企業債務，另外當時大陸當局認爲國營企業的存在，是其社會主義經濟公有制的基本表徵，四大銀行必須加以支持，再加上銀行業務範圍有限與對金融商品種類的限制，以及政府對於存貸利率政策的嚴格控制。導致銀行體制雖有所變革，但是整體營運效果不彰，不過區域銀行與新設立的銀行，由於經營體制較爲靈活，在市場上開始展露頭角。

三、銀行體制的再改革

(一) 銀行體制的再改革

1984年金融改革後的銀行體制一直維持到90年代，隨著整體經濟的發展，企業對於資金需求逐漸增加，金融業彼此競爭也日趨白熱，銀行經營必須要考慮自身的收益，對於政府政策性借款承擔的義務逐漸降低，那麼爲了維持國家相關經濟規劃，同時強化金融中介的效果，於是在1994年前後開始了第二波的金融改革：

首先，在1993年大陸國務院「關於金融體制改革的決定」中，確定其貨幣政策最終目標：「保持貨幣穩定，並以此促進經濟增長」，調整過去實施的「穩定貨幣、發展經濟」之雙目標政策。[5]同時，人民銀行貨幣政策的中介目標由過去對於信貸規模的控制，轉換成爲管理貨幣供給和信用總量。在1995年通過的「中國人民銀行法」中，確定貨幣政策工具爲：存款準備金、中央銀行基準利率、再貼現、中央銀行貸款、公開市場業務操作等方

[5]范錦明編，《九十年代中國大陸經濟發展論文集》（台北：大屯出版社，民國90年），頁164。

式，顯示出人民銀行金融管理策略已進入間接調控的階段。而自1998年底開始，人民銀行按經濟區設置九個跨省市的分行。[6]

其次，增設政策性銀行，過去大陸的政策性銀行只有中國投資銀行，其成立於1981年，目的是爲了管理運用世界銀行對中國大陸的貸款，以及對外籌措相關工業發展所需的資金。在1993年底，大陸當局有鑑於整體經濟發展的需要，因此作出了「建立政策性銀行，實行政策性業務與商業性業務分離」的指示。

在這新的一波銀行體制改革中，大陸建立了國家開發銀行、進出口信貸銀行，同時將中國農業銀行的部分部門加以改組，負擔政策性業務，這些政策性銀行成立的目的，主要是爲了繼續維持國家對於特定產業與部門的資金供給與投資，同時也協助相關產業的快速發展。

在此簡單地介紹政策性銀行的主要業務與功能：[7]

1. 中國進出口銀行：進出口銀行是爲了配合出口擴張政策而成立，以滿足貿易時的資金需求，提供進出口的融資與保險。該行在1994年成立之後，另外，還承做外國政府貸款的轉貸，舉辦銀行團聯貸，承辦BOT業務的財務規劃，以及相關開發及投資等業務。
2. 國家開發銀行：該行成立於1994年，主要功能在支持相關經濟建設的資金，其資金來源是透過發行金融債券、國外資本市場籌措與財政撥付資金而取得。而在貸款撥放的部分，開發銀行主要是參考世界銀行的作法，成立一個貸款委員會，負責評審相關項目的可投資性，透過本身所享有的政策優

[6]同前註，頁164。

[7]殷乃平，《中國金融體制簡論》（北京：社會科學文獻出版社，2000），頁72～85。

勢，開發銀行逐漸成爲大陸重大工程項目與企業大型投資的主要資金供給者。

3.中國農業發展銀行：農業發展銀行成立於1994年，主要是承繼農業銀行對於支持農業發展的政策性任務，其業務主要範疇在於加強農業和農村經濟發展、增加農業信用貸款、管理與提撥糧食、食用油作物政策性收購時所需的資金、支持農業開發與農村扶貧等相關政策。

（二）外商銀行的加入

除了本國銀行的快速發展之外，外商銀行的進入也對中國大陸銀行體系帶來了許多新的影響，在1978年之前，除了英國「渣打銀行」、香港「匯豐銀行」與「東亞銀行」、新加坡「華僑銀行」之外，大陸幾乎沒有其他外商銀行，1979年底，爲了吸引外資與推動外貿體制的發展，因此首先批准了日本輸出入銀行於北京設立辦事處，此一階段，外商銀行大多以辦事處的型態經營外貿融資、國外匯款與業務代理等工作。[8]

1982年中國開始大力推動外向型經濟，爲了加速吸引外資，因此首先批准香港南洋商業銀行之深圳分行經營部分外匯業務，其後開始批准外國金融機構於大陸經濟特區設立獨資或合資的分支機構。1985年4月，大陸國務院發布「中國經濟特區外資銀行、中外合資銀行管理條例」，於是外資金融機構的設立與管理正式擁有法源依據，隨著經濟發展的腳步，大陸官方於1994年發布「中華人民共和國外資金融機構管理條例」，此後外資銀行的家數逐漸增加，1997年3月，又正式批准少數外資銀行經營人民幣業務，使

[8]商景明，《中國大陸金融制度》（台北：商鼎文化出版社，民國91年），頁12-3～12-4。

得過去由大陸商業銀行所壟斷的業務開始出現競爭。[9]

至2001年底，在大陸的外商銀行之代表處共計約二百一十四家，營業機構有一百九十家，外銀總資產爲452億美元，約占中國銀行業總資產的2%，而在2001年底，中國正式加入世界貿易組織，按規定大陸必須在加入WTO之後的五年內開放其銀行業，也因此，未來中國大陸銀行體制的發展將與國際金融趨勢同步，這對其國內銀行的經營勢必會造成新的挑戰與壓力。

（三）商業銀行體制的建構

1994年的金融再次改革，將過去大陸金融體系的主幹——國營銀行進行了大幅度調整，也就是在人民銀行控制下，四大專業銀行演變成具有商業銀行性質的金融機構，而政策性銀行則成爲維持國家管理經濟部門的金融機構。

調整是爲了重新理順政府管轄下金融機構的職能，那麼對於經濟發展中的資金需求，除了加速新銀行的設置外，銀行經營體制也需要更新，於是便出現商業銀行改革的需求。

過去大陸銀行體制的問題除了是受限於官方色彩濃厚之外，另外問題也在於其主要貸款戶多爲國營企業，資金借貸兩造皆受到政府管制，因此在債務清償或資金借貸時會出現許多灰色地帶，如國營企業需要資金以擴大生產，若該項目計畫爲政府批准，則政府通常會要求銀行予以配合，那麼若企業投資成效不彰，則銀行所放出去的借款勢必將成爲呆帳，按照道理，銀行此時成爲企業的債權人，可以進行債權的追索與保全，但國營企業背後有政府撐腰，銀行往往只有莫可奈何，導致了所謂「三角債」

[9]同前註，頁12-3～12-4。

的出現。[10]

嚴重的三角債影響了銀行資金的流動，進而危及銀行的經營，為了去除此一弊端，就必須將銀行借貸行為專業化，而這又必須配合銀行體制的改革，如此一來，只有降低其官方色彩，銀行的經營行為才能夠符合市場競爭的標準，故在1994年後的金融改革中，對於銀行所有權與經營權的改革便成為了一個主要的重點。

（四）1994年以後銀行體制的改革

進一步來看，大陸80年代到90年代的金融機構改革，除了確立人民銀行作為中央銀行的角色、四大專業銀行商業銀行化、專業性政策銀行的建立與開放地方性銀行的設置之外，更重要的是將市場競爭的概念引入金融體制當中。[11]

首先，四大專業銀行的業務範圍逐漸重疊，過去，四大專業銀行各有分工，而在金融體制改革後，四大專業銀行除了原先基本政策任務的執行外，在資金存放與外匯業務等方面開始有所競爭。

其次，是設立其他新的商業銀行，如全國性的交通銀行、中信實業銀行、光大銀行、華夏銀行與民生銀行等，此外還有許多地區性的商業銀行獲准設立，如廣東發展銀行、深圳發展銀行……等，而透過新銀行的設置，使得銀行間金融業務出現競爭。

1998年，大陸官方又對國有商業銀行進行再次的改革，而具

---

[10]張杰，《中國金融制度的結構與變遷》（太原：山西經濟出版社，1998），頁62～64。

[11]N. Lardy著，隆國強等譯，《中國未完成的經濟改革》（北京：中國發展出版社，1999），頁153～156。

體的改革作爲如下：[12]

1.改革和完善國有商業銀行資本金補充機制以及呆帳、壞帳準備金提取和核銷制度。

2.擴大貸款品質五級分類法的改革試點（選擇特定地區或企業，加以試辦）。

3.全面施行資產負債比例和風險管理。

4.加強中央財政對國有商業銀行的支援，通過發行2,700億元特種國債籌措資金，以增加國有商業銀行的資本。

5.對國有商業銀行的某些貸款實際用於財政支出的部分予以補救或改變。

6.將現行金融會計制度中不符合金融業謹慎原則的內容加以修正。

另外，1999年，中國先後組建了中國信達資產管理公司、中國東方資產管理公司、中國華融資產管理公司和中國長城資產管理公司，分別購買或託管中國建設銀行、中國銀行、中國工商銀行和中國農業銀行的不良貸款。這些均具有獨立法人資格的國有獨資金融企業，其主要任務是負責接收、管理、處置相關業務往來銀行之不良貸款，以保全資產，減少損失。[13]

在放寬銀行業務限制與提高金融競爭的作法之下，金融結構的效率逐步提升，而其具體的結果便是金融機構貸款總額快速增加，中國大陸各類金融機構貸款總額由1978年的1,900億元人民幣，到1998年底，便增加爲74,910億元人民幣。

金融機構貸款效率的增加，一方面強化了間接金融對於資金

---

[12]http://202.130.245.40/chinese/zhuanti/305838.htm。

[13]商景明，前引書，頁9-8～9-12。

供需的作用，另外一方面也降低了由政府財政管道進行資金分配的依賴，使得政府財政壓力降低。在這樣的情況下，大陸經濟發展過程中資金抑制的現象開始改變，金融中介的效果也逐步出現，進而提供了經濟成長的部分動力。

四、大陸整體金融機構發展現況

就整體大陸金融機構的發展來看，目前國有獨資商業銀行加快改革步伐，逐步完善管理體制和經營機制，強化統一法人制度，撤併分支機構，精簡人員。為更好地支持中小企業，促進銀行業適度競爭，大陸陸續增設和重組了十家全國性股份制商業銀行。同時將二千二百多家城市信用社組建成一百零九家城市商業銀行。農村信用社與農業銀行進行產權分離，進行農村信用社改革，並組建了三家農村商業銀行，三萬多家農村信用社及其縣市聯社已成為農村金融服務的主力軍。[14]

其次，外資金融機構的成立，促進中國金融業的發展，到2001年底，中國境內外資金融營業性機構共一百六十二家，其中外資銀行六家、合資銀行七家、外資銀行分行一百三十一家、財務公司五家、投資銀行一家以及外資企業集團財務公司一家。外資金融機構總資產451.8億美元。外資金融機構已成為中國金融體系的重要組成部分。[15]

二十多年來，中國銀行業努力改進金融服務，到2001年底，大陸銀行境內本外幣各項貸款餘額11.2萬億元，比1990年增加10.2萬億元，年均增長19.4%。從發展趨勢上看，非國有銀行的作用不

[14] 同註[12]。

[15] 同註[12]。

斷提高，2001年1.26萬億元的新增貸款中，其中四大國有獨資商業銀行占49%，非國有銀行占51%。[16]整體來說，雖然仍有許多困難有待解決，但大陸的銀行體系與功能在改革之後都有了明顯改善。

第三節　金融市場的發展

一般來說，金融市場是金融領域中各種市場的總稱，如外匯市場、資金市場等等，本節中，將把討論重心放在資金市場。

過去大陸資金主要是垂直流通，由專業銀行承包企業所需的資金，但由於銀行借貸效果不彰，所以常常是需要資金的部門無法得到資金，但大量資金卻停滯在銀行部門中，爲了要使資金運轉更爲活絡，必須要在間接金融體系之外，另行發展直接金融體系。

在直接金融體系的發展過程中，金融市場的重要性便逐步浮現，因爲金融市場中資金供需雙方可以自由交易，資金流動的方向是縱橫進行，強化了資金流動的面向，而整體來看，大陸金融市場的改革是想要達成下列目標：

1. **資金流動交由市場調節**：大陸在進行企業體制改革之後，企業競爭的結果使得市場交易逐漸活絡，企業對於資金的需求也跟著增加，對於融資自由化的需求也隨之上升，爲了發展資金自由流動機制，因而將過去「居民儲蓄但由國家運用」的模式轉換爲「居民儲蓄、銀行周轉與市場運用」的模式。
2. **集資工具的多元化**：多樣化的融資形式和多種信用工具，是

[16]同註[12]。

企業在金融市場上進行資金籌集方式選擇的前提，籌集工具與形式的多樣化才能提高資金供給者與需求者的選項，資金使用的效率才能得到提昇。

3.**資金借貸限制的放寬與自主**：資金使用若無自主運用之權，則自然會產生商機延誤的情形，所以必須放寬資金使用部門的限制，尤其自負風險與盈虧，才能使資金得到充分的運用。

4.**降低資金交易成本**：以最小的投入獲得最大的產出，是市場經營機制的基本準則，在過去使用資金的模式中，資金來源大多依賴於銀行貸款，銀行貸款有期限性與有償性的要求，對企業而言，使用銀行貸款的成本較高，並不適合企業進行長期投資時的資金需要，透過直接融資的方式較易控制成本，而發行股票與債券便成爲供給企業長期資金的較佳方式。

對於資金市場的分類有許多不同的方式，本節主要採用時間劃分的定義，即短期資金市場（貨幣市場）與長期資金市場（資本市場），貨幣市場提供一天至一年的資金交易，資本市場則提供一年以上的資金交易，而資本市場中則又再區分爲發行市場（初級市場）與流通市場（二級市場）。

大陸目前金融市場中，較活絡的短期資金市場則有：金融業資金拆借市場、票據貼現市場與企業短期債券市場，而長期資金市場較重要的是債券與證券市場，在此分述如下：

一、短期資金市場的發展狀況

由於大陸逐漸地開放其商業信用，允許票據的使用，同時商

業承兌匯票、銀行承兌匯票、票據貼現與再貼現業務相繼的開辦，使得短期資金市場日漸活絡，而其發展如下：[17]

（一）金融業資金拆借市場

1986年起，大陸開放銀行同業資金拆借市場，主要包括信用拆借市場和債券交易市場。1993年，爲了整頓銀行資金浮濫使用，大陸當局決定成立地區性融資中心，1996年，人民銀行在上海成立了全國銀行間同業拆借中心，並形成統一的拆借利率，並將銀行同業拆借市場建構成二級交易網路[18]，1996年開始，大陸銀行同業拆借利率由原先的上限管制，改爲由拆借雙方按照市場供需來決定利率， 1996年1月大陸銀行同業拆借交易系統在上海正式透過網路連結，1998年人民銀行逐步撤銷區域融資中心，而改以電子交易系統來進行銀行資金調度的運作，同時並推行代理制度，由規模較大的商業銀行代理中小金融機構的融資業務，並允許證券公司、基金管理公司、財務公司、金融租賃公司加入此一市場，使得拆借市場的發展逐步擴大，2001年，大陸銀行同業拆借市場成交額已高達8,082.02億元人民幣。

（二）票據貼現市場

商業信用是市場經濟體制運作的主要交易工具，改革初期中國大陸的商業信用多採用口頭協議與掛帳的形式出現，自1979年

[17]李西成，《中國大陸金融市場發展近況的研究》（台北：兩岸交流遠景基金會，民國91年），頁77～81；易小准、唐小兵主編，《貿易自由化的挑戰：紡織、汽車、金融、農業的風險與對策》（北京：中央編譯出版社，1998），頁123～129。

[18]以就是國有獨資商業銀行、政策性銀行、股份制商業銀行、城市商業銀行與各省融資中心等金融機構組成一級網路，而商業銀行分行和其他金融機構，以地區融資中心爲樞紐，形成了二級網路。

開始隨著商業信用的開放和擴大，大陸方面開始推行商業票據信用，發展銀行票據承兌貼現業務，票據貼現市場也就隨之形成。首先，1981年在上海進行工商業票據承兌貼現的業務，至1985年，全國皆已開辦。1986年，由於各個國營專業銀行相互間已展開商業票據貼現業務，此一市場遂正式成立。

（三）企業短期融資債券市場

隨著經濟快速發展，大陸企業對於資金需求逐漸增加，爲了自行籌集部分資金，便必須透過發行企業債券在市場中進行短期資金的融資。企業債券通常又稱爲公司債券，是企業依照法定程序發行、約定在一定期限內還本付息的債券。1983年後，大陸企業流動資金改由銀行貸款供給，由於信貸規模控制難以滿足企業短期資金的需求，進而導致企業短期融資券市場的產生，1987年大陸國務院頒布實施的「企業債券管理暫行條例」，當時曾先在二十七個城市進行短期債券的試辦發行，而經歷了幾年的快速發展，1993年，大陸當局將「企業債券管理條例」進行了修訂，1996到1998年，大陸當局針對其國家重點建設項目，如鐵路、電力、石化、石油、三峽工程等，分別安排企業債券發行。2000年初，又安排了中國長江三峽工程開發總公司等企業發行企業債券共89億元，2001年12月19日至24日，由中國國際信託投資公司在銀行間債券市場成功發行了35億元中信債券，由此可知，中國大陸企業債券市場已經逐步發展成熟。

二、長期資金市場的發展狀況

長期資金市場目前是以證券市場爲主，而流通的主要工具則是債券與股票，大陸國債市場的發展時間較晚，自1981年以後，才有國庫券的發行，1980年後隨著改革開放，大陸重新恢復國債發行，而發行量逐年增長。1988年4月國家允許1985、1986年發行的國庫券正式上市，基本上國債市場開始出現，1991年起，大陸開始利用市場發行國債，進行承購包銷的試驗，將國債發行由原先的行政分配轉換至市場發售，目前國債發行已經成爲其主要的財政政策操作手段。此外在企業中長期債券發行方面，1987年上海石化總廠發行3年期債券開始，大陸企業中長期債券市場也開始逐步形成。[19]

另外，較重要的是，大陸證券市場的開辦，自1981年起，大陸一部分企業開始採用以發行股票的方式籌集資金；1984年末和1985年初大陸企業的股份制改革開始起步；1987年後企業股份制試點範圍逐步擴大、股票市場也逐步得到發展和完善；而上海、深圳兩家證券交易所成立以及證券登記公司等仲介服務公司的相繼建立後，較規範的二級市場在90年代初也終於形成。到2001年底，大陸境內上市公司總數爲一千一百六十家，上市公司市值爲43522.2億元，流通市值爲14462.17億人民幣，總股本和流通股本分別爲4838.35億股和1480.88億股，證券公司約有一百一十五家。

中國大陸股份有限公司發行股票主要可分爲人民幣普通股票（A股）、人民幣特種股票（B股）及在香港上市的H股，不論是A股、B股或H股，面值皆爲人民幣1元，具有相同的權利及義務但不能互相轉換，茲將各種股票特性分述如下：[20]

1.A股：A股是由中國大陸境內公司發行，提供中國大陸境內機構、組織或個人（不包含台灣、香港及澳門）以人民幣認

[19]謝平，《中國金融制度的選擇》（上海：遠東出版社，1996），頁152～160。

[20]商景明，前引書，頁17-2～17-4。

購和交易之普通股股票，若以投資主體區分，則可分為「國有股」、「法人股」及「社會公眾股」，及特殊原因產生的「職工股」及「轉配股」等。

2.B股：是由中國大陸境內公司發行，於中國大陸上市之股票，投資人則限於外國的自然人、法人及其他組織或香港、澳門、台灣地區的自然人、法人及其他組織，另外，定居在國外的中國公民與中國證監會規定的其他投資人也可投資。上海B股市場以美金為交易結算貨幣，深圳B股市場以港幣為交易結算貨幣。

3.H股：是由中國大陸境內公司發行，於香港聯交所上市之股票，又常稱為「國企股」，此類股票交易方式與香港其他上市公司相同，必須符合香港聯交所的規定，台灣地區投資人可透過在香港有分公司的券商下單買賣。

面對未來，大陸證券市場的發展主要是朝著建立多層次市場體系；成立創業板市場、電子板市場；推動網上證券交易；加強證券期貨業資訊系統建設；對開放型基金的設立、募集收購、贖回、資訊披露、管理人和託管人職責等做出明確規定；發展衍生性金融商品，開放QFII（合格機構投資者）投資A股；期望合格外國機構投資者在大陸以外第三地以投資公司或共同基金方式吸納資金，投入中國股市，增加股市動能。

總結而言，大陸股票市場發展的確產生了以下的積極影響：

1.擴大了資金融通的管道，增加了公眾投資選擇的機會，股票市場吸納了社會閒置資金，引導儲蓄投入生產，解決了資金供需的問題。

2.股份制的實行，協助企業治理結構的轉換，得以將所有權與經營權進行分離，加快了企業體制改革的步伐。

3.股票市場開放吸引了外國投資者的進入，更增加資本市場交易的能力。

但隨著證券市場的發展，其也浮現出許多的問題，而其中最大的隱憂在於上市公司治理機制落後及監管能力的不足，由於大陸上市公司多爲國家企業，而其上市後流通在外的股份不超過35%，換言之，股東無法藉由股權的掌握而介入公司經營，由於這種股權結構的關係，再加上中國大陸證券管理機構經驗不足，內線交易等法規制度也不夠健全，使得上市公司容易發生嚴重的委託人與代理人的代理問題，這些都是目前有待改進之處。

第四節　金融政策的變革

一、貨幣政策

貨幣政策是調控整體經濟的重要手段，貨幣政策的目標應該是與整體經濟發展目標一致，一般來說，貨幣政策通常將穩定物價、充分就業、經濟增長、國際收支平衡四大目標作爲貨幣政策的最終目標。

過去中國大陸爲了發展經濟，對於利率採取管制作爲，以較低的利率貸出資金，以較高的利率吸引資金，同時也以政策性計畫來進行其資金信貸的管理，導致利率槓桿無法運作，也造成貨幣政策失效。

改革後，貨幣政策的重要性逐漸凸顯，其操作目標基本上是以發展經濟和穩定物價爲主。然而雙目標的貨幣政策在執行的過程，經常因為目標性質不同而造成衝突，因此大陸逐漸修正貨幣政策的目標，改以穩定物價，並以此促進經濟發展為主要的政策目標。

過去中國大陸貨幣政策中，並無中介指標，主要是透過對資金信貸規模的控制，來達成貨幣政策的管理目標。改革以後，大陸當局引入了西方的貨幣信用管理辦法，除了以計畫方式控制信貸規模外，並輔以經濟手段控制貨幣供給量，作為目前貨幣政策的中介指標。

大陸開始進行金融改革後，逐漸引入使用西方貨幣政策的政策工具，作為調整金融貨幣環境的運用工具，如於1984年1月1日便引進存款準備金制度，重貼現業務則是於1986年進行試辦，至於西方常見的公開市場操作，則隨著金融工具、市場的發展而日漸產生作用。

隨著貨幣政策工具的逐漸完善，大陸貨幣政策的效果也隨之提升，而為了配合經濟發展，因此其較偏向於採取寬鬆的貨幣政策，但由於1994年到1997年之間，因資金浮濫而導致物價快速上升，故曾一度採取緊縮性貨幣政策，近年來，由於受到其國內生產過剩所導致之通貨緊縮，故又轉而採取寬鬆的貨幣政策，以期刺激居民消費。

二、利率政策

利率政策是貨幣政策操作時的重要工具，在貨幣經濟為主的市場經濟體制中，利率是一個可以反映市場訊息的重要指標，利率可以展現出貨幣市場中資金的供需情況，但是過去大陸金融體制，對於利率的調整並非依據資金供需的情況，而是運用平均利率來作爲利率調整的依據[21]，而在大陸經改過程中，金融部門逐漸負起國家的宏觀經濟中籌集與配置資金的職責，貨幣交易成爲商品經濟運作過程中的主要交易行爲，使得利率槓桿逐漸有了作用的機會。

近年來爲了配合寬鬆貨幣政策的執行，因此大陸利率水平連年下調，而2002年中國各主要利率水平見表5-1。

表5-1 中國主要利率水平（2002年）

項目	一年定存利率	一年貸款利率	準備金利率	一年期再貸款利率	再貼現利率	同業拆借利率（10月）	債券回購利率（10月）
利率（%）	1.98	5.31	1.89	3.24	2.97	2.09	2.25

資料來源：劉國光、王洛林、李京文主編，《中國經濟前景分析：2003年春季報告》（北京：社會科學文獻出版社，2003年），頁103。

目前大陸利率調節的政策操作過程中，仍存有下列問題：[22]

1.大陸以調整儲存利率與一般存款利率作爲影響資金市場供需的主要工具，但甚少以利率來調控投資資金的需求，忽略對資金需求面的管理。

2.大陸目前利率調整幅度與利率政策效力之間並非是等量關係，有流動性陷阱的存在。

3.利率的種類過多，優惠利率的比重過大。銀行間業務的彼此競爭，使得各種利率種類與等級紛紛出爐，同時對於企業優

[21]所謂的平均利率是某一特定時間內，不同時點、不同部門或地區的市場利率的加權平均數，而這種利率制定時，並沒有一個較爲明確的參考指標，僅是單純地依賴行政當局評估資金供需來加以調整。

[22]劉國光、王洛林、李京文主編，《中國經濟前景分析：2003年春季報告》（北京：社會科學文獻出版社，2003），頁103～105。

惠利率的審定缺乏標準，優惠利率的使用過於浮濫，影響了利率對資金環境的調控能力。

4.存貸利差過小，使得銀行效益下降。由於利率差別不大，使得銀行存款與貸款之間的差別減少，而銀行利潤的主要來源便是存貸業務的經營，存貸利差過小，減少了銀行利潤的來源，間接使得銀行資金運用能力減少，降低銀行的效益。

三、匯率政策[23]

匯率是一國貨幣單位與另一國貨幣單位的比價，匯率政策是兩國貨幣兌換比例的定值和調節過程、作用機制的總稱。

1978年以前，大陸實行的是「統收統支」和「行政劃撥」為主要特徵的外匯分配體制，對外匯的分配和使用實行指令性計畫管理，規定所有的外匯收入必須賣給國家，國家將集中的外匯按計畫統一分配，此即為「外匯管制」。

1979年8月，大陸國務院實行外匯留成制，即在外匯由國家集中管理、統一平衡，保證重點使用的同時，給創匯單位一定比例的外匯，創匯單位對留成的外匯使用擁有一定的自主權，並可以參加調劑，外匯留成制提昇了創匯單位增加出口的積極性，並於1980年4月，發行外匯券來吸收、管理外人入境時所攜帶的外匯，配合外匯管制的需求。1980年10月，大陸開始辦理外匯調劑業務，意味著外匯市場的雛形出現。

1985年至1993年底，在此一時期人民幣匯率的內部結算價被取消，除了計畫牌價的匯率外，又出現了市場調劑價與黑市匯價，這是由於計畫外匯供給不能滿足企業與私人部門對外匯的需

[23]范錦明編，前引書，頁170～174。

求，於是交換外匯的黑市市場應運而生，並且不斷地擴大其規模，官方匯率逐漸暴露了過於僵硬和高估人民幣幣值的缺點。爲此，大陸外匯管理局於1985年11月同意少數沿海城市和經濟特區開辦外匯調劑市場，允許國營、中外合資等企業的外匯進場交易，允許交易市場匯率自由浮動，因此再度形成了匯率雙軌機制。1986年外匯調劑業務由中國銀行移交給國家外匯管理局，開辦了外商投資企業間的外匯調劑業務和國內企業留成外匯的額度調劑業務。1988年後各省市都設立了外匯調劑中心，進一步擴大了外匯調劑範圍。

隨著外匯調劑市場的作用與範圍越來越廣，調劑市場匯率與黑市匯率的價格逐漸接近，人們大多以外匯調劑價，作爲人民幣的實際匯率，官方匯率的作用範圍日益狹窄。因此於1991年4月，大陸以「管理浮動制」來取代與一籃子貨幣掛勾的匯率制定方式。

1993年6月1日起，開放外匯調劑市場的匯率限制，將場外交易納入外匯調劑市場管理範疇中，在逐步地消除影響單一匯率形成的結構因素之後，於1993年12月30日正式宣布外匯併軌等一連串外匯體制的改革措施。

大陸人民銀行於1993年12月30日正式對外宣布，人民幣於1994年1月1日起取消兩價制，實行單一浮動匯率制，同時依據大陸人民銀行所公布的「人民銀行關於進一步改革外匯管理體制」的公告，決定建立以外匯指定銀行爲交易主體的外匯交易市場，銀行與客戶關係則實行銀行結匯、售匯制，取消現行的外匯留成制及外匯上繳。

1994年1月1日起執行的匯率體制改革，對於外匯管理體制產生了結構性的影響，取消了外匯收支計畫、外匯上繳、外匯留成等措施，如此使得原先大陸外匯管理方式失去了執行工具，取而代之的是外匯市場的公開操作，外匯管理的主要職能落在外匯指定銀行身上，而外匯管理局則負責對外匯指定銀行的監督與管理，而1994年所設立的銀行間外匯市場，更取代了企業間外匯調劑市場的功能，使外匯市場的功能做更進一步的擴充。

1996年1月實行新的國際收支申報制度；6月對外商投資企業實行意願結售匯，外資銀行同時成爲外匯指定銀行；同年12月實現人民幣經常帳項目的可兌換。其後，1997年先後在上海浦東新區、深圳特區批准少數外資銀行試營人民幣業務。1998年增加試營人民幣業務的外資銀行數量，業務規模也由原來的3千萬元擴大到1億元；1999年取消外資銀行在國內增設分支機構的地域限制。滬、深兩地經營人民幣業務的外資銀行繼續增多，業務規模也進一步擴大。

由外匯管制政策到管理浮動匯率政策，隨著大陸外匯數量的增加，大陸官方操作匯率的政策也漸趨彈性，而1997年亞洲金融風暴之後，人民幣匯價的穩定，已經成爲亞洲經濟恢復的主要因素，然而近年來隨著大陸對外經貿實力的增強，國際間已傳出要求其調整匯率的聲音，面對國際壓力，中國匯率是否仍然能夠維持目前水準，這已成爲目前大陸金融單位主要的挑戰。

結論——中國金融體制未來的發展與挑戰

基本上，中國大陸是屬於資本相對稀少的國家，也因此，如何提高資本使用效率與擴大資本積累速度，便決定了其經濟發展的成效，而這便引導出中國大陸的金融改革。

大陸金融改革主要是朝著提升金融中介、強化金融市場功能與建立金融政策體系的方向發展，一方面由於本身金融體制改革的成效，另外一方面也由於外國金融機構的引入，使得改革迄今，大陸金融體制的發展十分迅速，然而在快速發展的背後，中國金融體系所隱藏的問題是否已經完全解決？

眾所周知，目前大陸金融體系中大部分的商業銀行多少都承受了過去執行政策任務所遺留下的包袱，就四大國有商業銀行為例，其不良資產金額高達17,656億元，占全部貸款的25.37%，根據大陸媒體所公布的數據顯示，過去國有銀行的壞帳總額大約是GDP的26－27%左右。如果加上由銀行轉到資產管理公司的1,400億元資產，壞帳總額大概占GDP的40%，而據亞洲開發銀行估計，若依國際標準衡量，則四大國有商業銀行的不良資產將占GDP的40%。[24]受限於龐大的不良資產，因此國有銀行的角色雖然日趨重要，但是其對整體經濟體系所帶來的不確定因素也逐步升高。[25]

這麼龐大的壞帳一旦引爆，那麼整個中國金融體系將會產生連鎖的崩盤效應，但是為什麼在這樣的情況下，中國大陸不僅沒有出現金融危機，反而國內的儲蓄率與銀行存款數字持續地增長？部分原因是，大陸銀行的壞帳是來自於其所肩負的政策任務──維持國有企業的運轉，因為從80年代中期開始，中國實行金融改革，政府不再對國有企業撥款，投資和補貼等都是經由銀行貸款，銀行債務實際上是有關於國有企業的生計問題，而對此，政府有義務去協助處理，外界也相信中國政府有能力去承擔並逐步解決其金融體系的壞帳問題。

那麼中國政府何以有能力去解決其金融問題？主要是因為其

[24]張兆傑，〈中國金融改革：藉助民間資本改造國有銀行〉，《中國評論》（香港），2002年9月號，頁6。

[25]劉遵義，〈中國的宏觀經濟和銀行業的改革〉，收錄於國際清算銀行主編，《強化中國金融體制：問題與經驗》，第7期，1999年10月，頁56～57。

目前財政情況穩定，根據研究，外債過高是導致一國金融危機的主要緣故，但眼下外債占中國大陸GDP之15%左右，其中多為政府間長期債務，短期商業外債只占GDP的1%，再加上，目前大陸出口順差每年超過200億美元，經常帳始終保持盈餘，資本帳中的國外直接投資不斷增長，讓外匯儲備增加到2,300多億美元，正因為良好的債務結構、穩定的經濟發展與外界樂觀的經濟預期，因此，中國金融體系雖然有壞帳的壓力，卻不會立刻出現大型的金融危機。

然而，大型危機出現的風險雖低，但是龐大的壞帳卻也逐漸形成一些不利經濟發展的因素，由於目前大陸經濟發展已經逐漸起飛，各項產業需要更多的資本投注，而資本市場需要有商業銀行此類的金融法人扮演積極的角色，而本國銀行受到壞帳因素的約束，無法對經濟體系提供即時必要的奧援，如此一來將導致民間投資部門的產出效果受到影響，進而不利於經濟發展。

如何解決銀行融資能力低下的問題？最直接且有效的藥方就是開放民間資本的形成機制，將過去發展民間企業的改革經驗轉化在金融體系，例如，讓金融體系中出現由民間資本所形成的民營商業銀行，藉助民營商業銀行的出現來強化金融體系的競爭，進而透過競爭來改善整體的體質，讓金融資源分配的效率能夠有所提升，此外進一步對外資所扮演的角色予以規範，讓外資除了單純扮演製造資本的角色外，也允許國外金融資本對大陸產業經濟扮演更積極的角色，啓動民間資本並運用國外金融資本，透過雙管齊下的作用，金融體系的改革將會成為大陸新一波經濟成長的動力來源。

問題與討論

一、大陸金融體制的改革對其整體經濟的影響爲何？

二、大陸中央銀行體制的發展過程對其整體金融體制產生什麼樣的影響？

三、大陸國有銀行體制的角色與功能？

四、大陸金融市場發展所產生的作用？

五、大陸當局如何透過金融政策來發揮其金融中介與金融穩定的功能？

第十八章 中國大陸對外貿易體制的改革與發展

張弘遠

本章主要說明中國大陸貿易體制的發展與現況，首先，第一節為前言；在第二節中說明中國大陸對外貿易的現況；第三節則著重在中共建政以來到目前的貿易體制改革，同時兼論其生產要素（主要是指資本變化）貿易的現況；第四節說明對外貿易的政策內涵；第五節則討論對外貿易的未來前景。

簡單來說，中國外貿體制的變化主要是由過去獨立自主的作法轉換成為依循比較利益的概念進行發展，利用本身勞動力稟賦相對豐富的要素條件，吸引外商進入大陸投資設廠或是進行委託加工，然後再將產品出口至國際市場，按照此一策略，大陸逐漸成為勞動密集財出口的大國。而為了進一步的提高自身生產的優勢，大陸官方又透過優惠條件與策略性貿易政策的作法，加速吸引外資進入與產品出口，並對威脅本身產業的進口產品課以高關稅，或採行許多非關稅之貿易障礙來形成保護作用。如此一來，大陸迅速取得並鞏固其在勞動密集財生產上的優勢，進而改變全球商品生產鏈的分工狀態，獲得「世界工廠」的生產地位。而隨著本國居民所得增加與加入WTO後開放國內市場，大陸貿易部門的發展逐漸出現良性的成長。

面對大陸經貿未來的發展，國際間普遍表示樂觀，但是其仍有許多值得擔心之處，如生產過剩、匯率變化、國際保護主義的趨勢與外銷市場過於集中等等的問題，對於一個正在逐步成長的經貿大國而言，中國對外貿易仍有進一步改革的必要。

第一節　前言

中國大陸對外貿易部門由一個中央計畫控制的管制貿易，發展到與全球經濟體系接軌的自由經貿體系，如此大的改變過程究竟是怎麼發生？所產生的影響又是什麼？隨著大陸經貿實力的增強，上述問題的重要性也與日俱增。

若欲理解中國對外貿易體制的演變，必須將其與整個大陸經濟改革的策略加以聯繫，大陸過去是採取獨立自主的發展路線，為此，其很自然的會採取進口替代的貿易策略[1]，再加上當時國際間冷戰氣氛的約束，使得中國大陸相對孤立於世界經濟體系之外，在這樣的情況下，中國貿易發展的情況並不理想。

改革開放之後，大陸為了儘快解決本身失業與所得水準低落的問題，展開對經濟結構重建的工作，由於採取「漸進主義」的改革方式，因此相關體制的變革是以「局部試誤」的方式進行，而在經濟體制調整的過程中，其外貿體制出現了新的變化，而變化的脈絡主要是採取比較利益的方式，利用本身勞動力稟賦相對豐富的要素條件，吸引外商進入大陸投資設廠或是進行委託加工，然後再將產品出口至國際市場，依循此一策略，大陸逐漸成為勞動密集財出口的大國。[2]

為了進一步提高自身生產的優勢，大陸官方又透過優惠條件與策略性貿易政策的作法，加速吸引外資進入與產品出口，並對威脅本身產業的進口產品課以高關稅，或採行許多非關稅之貿易

[1]孫國彬、張秀娥、漆思等主編，《中國對外經濟貿易發展策論》（吉林：吉林人民出版社，1997），頁8。

[2]同前註，頁16～19。

障礙來形成保護作用。如此一來，大陸迅速取得並鞏固其在勞動密集財生產上的優勢，進而改變全球商品生產鏈的分工狀態，獲得「世界工廠」的生產地位。而隨著本國居民所得增加與加入WTO後開放國內市場，大陸貿易部門的發展逐漸出現良性的成長。

上述簡單的說明中國大陸對外貿易體制改革與發展的經過，本章將據此展開探討，另外，由於國際貿易一般可以簡單的區分爲商品貿易與生產要素貿易兩類，本章亦將以此分類進行介紹，首先說明中國大陸對外貿易的現況；其次則著重在中共建政以來到目前的貿易體制改革，同時兼論其生產要素（主要是指資本變化）貿易的現況；再其次說明中國大陸對外貿易的政策內涵；最後則討論中國大陸對外貿易的未來前景。

第二節　對外貿易現況

近年來中國大陸對外貿易發展迅速，2001年中國大陸貿易進出口總值已爲全球第六名，而根據大陸海關統計，其2002年對外貿易進出口總值首次突破6,000億美元（爲6,207.68億美元），外貿成長的貢獻度占當年GDP（該年度大陸經濟成長率爲8%）的0.5%，貿易順差已累積爲303.62億美元（見表6-1）。[3]

由於受到全球外資流入的影響，許多國際大廠紛紛至中國設立生產基地，這使得中國大陸加工貿易快速增長，在2002年大陸加工貿易進出口總值爲3021.7億美元，占當年大陸進出口總值的

[3]劉國光、王洛林、李京文主編，《中國經濟前景分析——2003年春季報告》（北京：社會科學文獻出版社，2003），頁210～220。

48.8%，而一般貿易進出口總值爲2653.3億美元，占當年大陸進出口總值的42.7%。[4]

在貿易快速發展的過程中，外商投資企業或中外合資企業已成爲主要交易的角色，根據2002年的數據顯示，外商投資企業的進出口總值爲3302.2億美元，而同時期大陸的國有企業外貿進出口總值則爲2373.5億美元，而其他集體、私營等類型企業的進出口總值則爲532.2億美元。[5]

目前大陸主要貿易夥伴的前五名分別爲日本、美國、香港、台灣與韓國，其中對日貿雙邊貿易總值爲1019.1億美元，對美雙邊貿易則爲971.8億美元。而出口前五大市場則爲美國、香港、日本、韓國、德國，其中對美貿易順差爲427億美元，對香港貿易順差則爲477億美元，對日、德貿易逆差爲50億美元，對韓國貿易則

表6-1　中國大陸進出口貿易統計　（單位：百萬美元；%）

時間（年/月）	出口	進口	總貿易額（出口+進口）	順（逆）差
1995	148,780	132,084	280,864	16,696
1996	151,048	138,833	289,881	12,215
1997	182,792	142,370	325,162	40,422
1998	183,712	140,237	323,949	43,475
1999	194,931	165,718	360,649	29,213
2000	249,212	225,097	474,308	24,115
2001	266,155	243,613	509,768	22,541
2002	325,565	295,203	620,768	30,362
2003.01	29,776	31,016	60,792	-1,240

資料來源：《中國大陸海關統計月刊》，轉引自http://www.trade.gov.tw/prc&hk/tra_info/9201/C2003JanA02.xls。

[4]同註[3]。

[5]同註[3]。

爲逆差130億美元。[6]

至於出口產品的分析，則機電產品爲大宗，2002年機電產品出口量爲1,570.8億美元，占當年大陸出口總額的48.2%，而在加入世界貿易組織之後，大陸對外傳統產品的出口空間增加，也加速了如服裝、紡織、鞋類、塑膠等產品的出口。[7]

第三節　對外貿易體制的改革

一、外貿體制的改革

隨著經濟體制改革腳步的逐步擴大，中國對外貿易的進程也隨之開始，從一個閉關自守的指令經濟一躍成爲開放型的貿易大國。如今，中國是世界上經濟增長最快的國家之一，其原因就是中國採取逐步放寬和開放對外貿易此一關鍵舉措。

中國對外貿易的大步邁進，主要的原因在於其體制改革所帶來的增長（改革的相關內容參見表6-2），而具體的作法則是：外貿經營權的進一步放開、外貿管理體制和外貿企業制度的變革。[8]外貿體制改革的成效，使得進出口貿易在拉動經濟增長、促進經濟結構調整、增加就業機會、增加財政收入、增加外匯收入等方面發揮著越來越大的作用。

簡要的呈現出中國大陸對外貿易體制改革的歷程之後，在此

[6]同註[3]。

[7]同註[3]。

[8]http://www.people.com.cn。

表6-2　中國貿易體制的轉變

年分	貿易體制轉變的內容
1949	採取三大步驟發展「社會主義對外統制貿易」： 第一步：廢除帝國主義對中國外貿的控制權，沒收外貿中的官僚資本。 第二步：建立國家統一管理的以國營外資企業爲主體的外貿體系。 第三步：對私營進出口商實行社會主義改造。
1956	外貿進出口率先成爲全部實現國家統制的行業之一。
1971	人民共和國取得了在聯合國等主要國際機構中的合法席位，許多西方國家和發展中國家紛紛與中國建交，促進了雙邊經貿關係的發展。
1979	中國開始改革開放，外經貿易是最直接的受益行業，而且由「互通有無，調劑餘缺」的配角變成「參與經濟全球化」的中國改革開放的主角。
1988	外貿行業全面推行經營承包責任制。
1991	調整匯率，統一外匯留成，取消直接的出口財政補貼，外貿企業自負盈虧機制初步形成。
1994	人民幣匯率併軌，取消外匯流程和外貿企業上繳外匯任務，實現結售匯制，促進了中國出口。7月1號，中國大陸頒布「中華人民共和國對外貿易法」。
1999	中國進一步加大外貿管理體制改革。主要有以下措施：對符合條件的國有、集體企業和科研院所自營進出口經營權實現登記備案制；減少實行出口配額許可證管理商品的品種和出口統一聯合經營的限制；出口商品配額向生產名優產品、高創匯產品的企業傾斜。 關稅的調整在關稅結構和水平方面，中國進出口體制的特徵是名義關稅平均水平較高，而且關稅名目繁多及離差寬闊。不過到2000年平均關稅率已降低15%，到2005年工業產品的關稅率將減到10%。
2001	中國加入世界貿易組織。

資料來源：作者整理。

進一步說明其整個改革的經過。

由於受到國際政治冷戰氣氛與本身意識形態的影響，中國大陸於1949年以後，決定採取了獨立自主的經濟發展政策。為了儘快發展經濟，當時的中共領導人採行優先發展重工業的策略，這套計畫體制主要是源自於蘇聯，蘇聯為了取得經濟成長所需要的資本，必須設法開源與節流，由於當時其出口產品多為初級商品，缺乏附加價值，為此只有擴大節流，同時採取進口替代的政策，如此一來，雖然貿易數量減少，但在短期內，國內資本累積的速度卻會開始增加。

在蘇聯模式中，國家所有生產要素或商品必須由中央政府編訂計畫集中分配，整個要素市場與商品市場的功能是由計畫體制所取代，而中國大陸便是按照這樣的模式來規劃整個國家的經濟發展。如此一來，對外貿易也就必須列入國家管制之下，形成一種國家壟斷經營外貿體制的模式，簡單來說，整個大陸外貿體制在1978年之前，可以區分為兩個主要的階段：[9]

（一）1950～1957年

這個階段中，整個大陸對外貿易體制是採取：外貿體系集中管理、外貿企業國家管制的作法。1949年的11月起，當時中共當局設立了貿易部管理整體貿易，而在1952年，則將對內與對外貿易加以區分，對外貿易改由對外貿易部直接管理，1953年將原先中國進口公司和中國進出口公司加以改組，改成直屬於外貿部的

[9]楊聖明主編，《中國對外經貿理論前沿》（北京：社會科學文獻出版社，1999），頁173～174。

十五家外貿專業進出口公司[10]，而在1956年，將所有私人對外貿易企業改制，並交由外貿部所屬專業進出口公司統一管理，進而形成了貿易體制國家化的格局。

（二）1958～1978年

此一時期的大陸對外貿易體制的特質是：統一計畫、集中經營。隨著中共當局所採行的「二五計畫」、「大躍進」等的經濟成長政策，此時整個中國大陸爲了掌握相關生產要素與商品的分配，因而將所有的對外貿易統歸由國家相關單位管理，任何部門或地區都不可以私下進行貿易，而外貿所得則由國家統收統支、統負盈虧。

然而受到國家管制、政企合一與工藝水準較差等多方面因素的影響，中國對外貿易占總體經經濟成長的比重並不高，一直到1970年代左右，中國大陸對外貿易總額占其國民生產總值不到10%[11]，對於整體經濟成長的貢獻程度低落，因而對其產生了改革的必要。

若欲進行外貿部門的改革，則必須要先對整體經濟體制加以改革，特別是商品與生產要素交易與分配的方式進行改革，如此才能夠創造出貿易的比較優勢。若就中國大陸經濟改革的過程來看，我們可以說，必須要先進行市場化的改革，才有可能對外貿部門進行改革。也因此當1978年大陸進行改革之後，其貿易部門的改革作爲相對並不明顯，一直要到1984年之後，才眞正開始有

---

[10]這十五家外貿公司主要是按照各大類商品分類加以分工，而在各大口岸與內地的分公司則由有關的總公司和當地外貿局雙方加以管理，見楊聖明主編，前引書，頁174。

[11]70年代末約有13%左右，見周振華，《體制變革與經濟增長——中國經濟與範式分析》（上海：三聯書店，1999），頁488。

所動作。

中共當局改革貿易部門的原因，除了如前所述，是為了強化貿易對整體經濟成長的貢獻程度之外，大陸推動國際貿易體制改革的原因還有下列幾點：[12]

1.國際貿易可使各國經由分工而專門生產成本最低的商品。
2.國際貿易有助於後發展國家儘速取得先進生產技術與知識，同時透過邊學邊作的方式取得後發優勢。
3.國際貿易有助於推動本國企業參與國際競爭，有利企業經營水準的提升。
4.受到本身製造業整體發展趨勢的影響，隨著鄉鎮企業發展，民生用品與消費財的供給增加，導致大陸本身市場需求趨近飽和，透過國際貿易解決本國生產過剩與財貨需求的問題，便成為一個合理的選項。

整個貿易體制改革首先是針對外貿企業著手，由於各個進出口企業缺乏經營效率，這便成為此一階段改革的重點，基本的作法是：一方面減少中央管制，將權力下放至企業，擴大企業經營的自主權；另外一方面進行價格改革，以利商品貿易的進行。[13]

自1987年開始，為了進一步提升企業的經營效率，大陸方面對於貿易公司開始針對企業治理制度加以改革，引入其他國營企業所採用的企業承包責任制，將相關經營權責下放到外貿公司，具體而言，此一時期大陸對外貿體制改革有著如下的作法：[14]

1.各地向中央承包出口之外匯收入、上繳中央外匯數額與經濟

[12]周振華，前引書，頁466。
[13]中國大陸在過去計畫經濟時期，匯率與商品交易一直存有雙軌制的現象。
[14]羅丙志，《國際貿易政府管理》（上海：立信會計出版社，1999），頁183～195。

效益三項指標，然後再把各項承包指標分派給地方外貿企業。

2.建立新貿易公司與經營外貿之許可權等相關審批權力下放。

3.改革外貿計畫體制和出口經營體制，對於部分重要之進出口商品，官方實行指令計畫，由指定之外貿總公司或其分公司加以經營。

4.對於需求有限、價格敏感或有配額管制之相關商品，制定指導性計畫給予間接規範，其他產品則由市場進行供需調節。

5.改革外匯體制，實行差別外匯留成，建立外匯調劑中心，讓企業能夠藉此中心進行外匯買賣。

外貿企業進行體制改革後，經營能力獲得了改善，而在90年代期間，中共官方又展開了進一步的外貿體制改革，而這主要是在：首先，1992年前後，取消對外貿企業的補貼，並對大部分進出口貿易，改以指導性的計畫進行總量管理，此外，也開始降低商品的進口稅率，並組建大型的外貿企業集團。隨著改革的持續進行，1994年之後，中共當局決定以「開放經營、平等競爭、自負盈虧、工貿結合、推行代理制」，作爲未來外貿體系發展的方向。

綜觀上述整個中國大陸貿易體制改革的路程，基本上可以劃分五個不同階段：

1.是在1979～1980年之間，在1978年年底，中共中央向各省、區、市與工業部門下放外貿經營權，擴大省一級外貿活動，因此增加了地方推動貿易的意願與能力。

2.在1984～1985年之間，在這一時期內，由於實行了外匯留成制度和下放審批進口許可證的權力，因而強化了地方政府與外貿企業經營的誘因。

3.在1988年左右，於當年大陸全面推行外貿經營責任制，由於企業管理體制的調整，因而使得企業經營效率提高。

4.1990到1995年的「八五」計畫期間，隨著外商直接投資到位，再加上自身代工能力增強，大陸對外出口貿易開始擴張。

5.2001年加入世界貿易組織前後，由於對外貿易體制逐漸透明化，因而增加外商直接投資的增加。

二、加入世界貿易組織對於中國外貿體制的影響

對於中國外貿體制的改革而言，加入世界貿易組織無疑是一個重要的分水嶺，爲了與國際貿易體系相接，中國官方持續對其外貿體制進行市場化的改革，在此則討論加入世界貿易組織後，對整個中國對外貿易體制所帶來的影響：[15]

（一）進出口貿易的自由化

1.關稅稅率不斷降低：關稅稅率的高低，反映了一國外貿體制自由化的程度，過去中國曾經針對其關稅稅率進行多次調整（見表6-3）。從1992年到2001年，中國平均稅率標準差從32.1%下降到8.37%。加入世界貿易組織之後，中國將進一步降低進口關稅稅率，2003年，中國將進一步降低進口關

表6-3　中國關稅稅率調整一覽表

時間（年）	1992	1993	1995	1997	2001
平均關稅率（%）	43.2	36.4	23.0	17.0	15.3

[15]相關討論參見http://202.130.245.40/chinese/zhuanti/305906.htm。

稅，關稅平均水準將由12%降至11%，其中農產品平均稅率由18.1%降低到16.8%，降幅爲7.2%；工業品平均稅率由11.4%降低到10.3%，降幅9.6%。根據大陸官方的宣示，在2005年，中國整體平均關稅稅率將會降至10%，其中汽車關稅2006年7月1日降至25%，零組件關稅2006年7月1日降至10%。

2.進出口商品數量限制措施的減少：在中國加入WTO雙邊協定中，減少數量限制是一個重要組成部分，一般來說，中國進出口商品的數量限制措施包括：配額管理、許可證管理、國營貿易等措施，根據WTO規則中取消數量限制的原則，中國將經過5年的過渡期，逐步減少直至取消進口商品的配額、許可證和特定招標數量限制，同時中國還承諾了二十四類產品的基期配額和過渡期內每年的配額增長率。[16]而目前其具體作法如下：

（1）減少實行出口配額許可證管理商品的種類，1992年，中國實行出口主動配額管理的商品共二百二十七種，出口發證金額約412億美元，占當年全國出口總金額的48%，2001年，出口配額許可證管理商品已減少到六十六種，據海關統計出口金額爲204億美元，占當年全國外貿出口總額2661億美元的7.7%，到2002年，出口許可證管理商品將減少爲五十三種。

[16]2003年，將取消發動機、照相機等三十一種商品的進口配額管理；取消船舶等十九種商品特定進口管理措施；提高成品油、天然橡膠、汽車輪胎等商品的進口配額增長率到15%。到2004年，將取消對成品油、汽車輪胎、天然橡膠的進口數量限制。到2005年，將取消所有機電產品的進口數量限制。與此同時，糧食（小麥、大米、玉米）、棉花、植物油、食糖、羊毛五種農產品和化肥共六種商品，由絕對配額管理改爲關稅配額管理。

（2）不斷放寬進口數量限制。自1992年以來，中國不斷減少進口配額許可證管理商品品種。1995年，實行進口配額許可證管理商品品種由五十三種減少爲三十六種，稅目由七百四十二個減少到三百五十四個，進口發證金額爲211億美元，占當年全國進口總額的24%。2001年減至三十三種，據海關統計進口金額爲198億美元，占當年全國外貿進口總額的8%。2002年減至十二種，一百七十個8位元商品編碼（類似於台灣的進出口貨品分類）。

（3）指定經營產品數量不斷減少。過去中國對指定經營產品的進出口實行國營貿易管理措施，而按照對世界貿易組織的承諾，中國將改變以前的作法，2002年，中國對糧食、棉花、植物油、食糖、原油、成品油、化肥和煙草等八種商品改爲實行國營貿易管理，同時允許非國營貿易企業展開一定數量的進口業務，而鋼材、羊毛、天然橡膠、脂綸和膠合板等則實行指定經營管理。

3.外貿依存度不斷提高：1978年以來，中國外貿進出口額快速增長，外貿進出口增長率一直高於國內生產總值的增長率（見表6-4），這也顯示外貿部門在整體經濟表現中的作用也持續增加。

表6-4　中國外貿進出口增長率與GDP增長率的比較　（單位：%）

	1978	1992	1999	2000	2001
外貿進出口增長率	39.4	22.0	11.3	31.5	7.5
GDP增長率	12.0	14.2	7.1	8.0	7.3

資料來源：《中國統計年鑑》（2002）、《中華人民共和國統計公報》各年分。

（二）對外貿易經營者的多元化

在大陸過去的貿易體制改革中，大批生產企業開始擁有了進出口的經營權，改變由少數外貿專業公司壟斷的情況，在2001年，國有企業、外商投資企業、集體企業及其他企業出口分別爲1,132.34億美元、1,332.36億美元、142.23億美元和54.62億美元。其中，國有企業在出口中所占比例下降程度很快，而外商投資企業則快速增加，這個趨勢說明了外商投資企業在大陸對外貿易中所扮演的重要角色。貿易經營者的多元化，代表著中共當局對外貿法人控制的放寬，而加入世界貿易組織之後，中國將推動由進出口經營權過渡到登記制的管理方式，也就是未來對於外貿企業的規定，大陸將開始採取國際通行規範，對於相關行業採行登記制，一旦企業依法註冊後，便可獲得國內市場的銷售權與進出口權。

（三）服務貿易的自由化趨勢

過去大陸服務貿易的部分基本上並未對外開放，而在加入WTO後，中國大陸則對此有相當大的改變，如外國服務提供者可以自由選擇中方合資夥伴，包括行業外的夥伴；對外資進人中國主要敏感服務行業不能有數量限制；在審批過程中，只要外方符合行業的審愼原則，即應給予批准；不能以防止重複建設或以需要試點爲由拒絕批准外資進入服務業。中國將允許外商進入銀行、保險、分銷、電信、運輸、法律諮詢和會計等服務行業。

2003年，在零售分銷服務方面，允許在指定城市設立規定數量的合資企業，允許外資擁有多數股權，允許合資企業從事書報雜誌的零售；在金融服務方面，逐步開放人民幣業務，除已承諾開放的上海、深圳、天津、大連、廣州、珠海、南京和武漢外，繼續開放濟南、福州、成都和重慶，允許外資金融機構向中國企業提供本幣服務；允許外國非壽險公司設立外資獨資子公司，取消企業形式限制。

(四) 中國對外貿易政策透明化及貿易管理的法制化

爲了符合國際貿易規範，加入世界貿易組織之後，中國將承諾履行世貿組織透明度的規定，通過完善相關制度，確保透明度原則的實施，具體的作法是：整個中國關稅領土內將統一實施貿易政策，逐步統一內外資貿易權政策，並制定符合世貿規則的國營貿易制度，建立規範的國營貿易產品定價機制及企業資格認定制度，推進國營貿易企業制度改革；制定非國營貿易企業從事國營貿易產品的比例、數量和資格條件的相關規定；完善以出口信貸和出口信用保險爲重點的外經貿支援體系；改革進口許可流程及進口配額的發放、產品的指定經營制度，簡化出口手續，推行自營生產企業進出口登記制和外貿流通企業進出口經營核准制，加快建立符合多邊貿易體制規範和中國國情的外經貿新體制。

在管理方面，加入世貿組織後，中國將不斷加強對外經濟法制建設，儘快建立健全服務貿易領域和智慧財產權領域的立法，避免和減少行政糾紛和貿易爭端。同時中國將進一步完善符合市場經濟的外貿管理手段，健全出口退稅制度，完善金融和出口保險等貿易服務體系；推進人民幣結售匯體制的改革，擴大經常項目可自由兌換的幅度，完善人民幣匯率形成機制，提高運用市場手段管理外貿的水準和能力。

三、外商直接投資體制的變革

（一）中國大陸外資體制的演變

除了上述對商品貿易範疇的討論之外，生產要素貿易（特別是資本流動）也成爲大陸貿易體制改革中的一個重要面向（對於歷年外資的統計，見表6-5）。由於大陸經濟發展對於資本與技術的需要，因此如何引入國外資本進行短、長期投資，便成爲中國大陸外貿改革過程中的重要一環。

中共外資引進始自1950年代，主要是爲了配合當時的一五計畫，其後外資的流入情況便開始減少，一直到1979年進行經濟改革之後，情況才開始有所轉變，大致上中國大陸對於外資引入的作法可以區分爲五個階段：[17]

1.1979～1984年：這一時期主要的作法是利用經濟特區的方式興辦加工產業，1979年以前，中國並未開放外國的直接投資，各種生產技術大多來自於蘇聯的整廠輸出與技術援助，而在1979年7月，中國頒布了「中外合資經營企業辦法」，開始允許外商投資，1980年開始，爲了配合吸引外資政策，中國官方批准成立深圳、珠海、汕頭、廈門等四個經濟特區，以此來吸引外商投資。

2.1984～1989年：這一時期主要是進一步開放沿海城市，允許進行對外貿易與外資引入，如1984年批准十四個沿海城市與所屬的十三個經濟技術開發區得以引入外資，1988年更進一步的允許遼東半島、山東半島與沿海等其他地區內開放城

[17]馬德普、霍海燕、高衛星主編，《變革中的中國公共政策》（北京：中國經濟出版社，1998），頁233。

表6-5　1979～2000年大陸利用外商直接投資的情況

年分	項目數（個）	合同金額（億美元）	項目平均額（萬美元）	實際利用金額（億美元）	人均GNP（美元）
1979-1983	1,392	77.42	111.24	18.02	—
1984	1,856	26.51	142.83	12.58	297
1985	3,073	59.32	193.04	16.61	290.14
1986	1,498	28.34	189.19	18.74	277.1
1987	2,233	37.09	166.1	23.14	296.77
1988	5,945	52.97	89.1	31.94	364.25
1989	5,779	56	96.9	33.93	401.06
1990	7,273	65.96	90.69	34.87	341.84
1991	12,978	119.77	92.29	43.66	353.2
1992	48,764	581.24	119.19	110.07	415.06
1993	83,437	1,114.36	133.56	275.15	510.24
1994	47,549	826.8	173.88	337.67	455.1
1995	37,011	912.82	246.63	375.21	581.32
1996	24,556	732.76	298.4	417.26	671
1997	21,001	510.04	242.86	452.26	730.16
1998	19,799	521.02	263.15	454.63	761.71
1999	16,918	412.23	243.66	403.19	789.13
2000	22,347	623.8	278.89	407.15	854.83
2001	26,616	694.46	260.92	468.78	
合計	390,025	7,452.91	191.01	3952.2	
2002		827.68		527.43	

註：2002年數字則參考自劉國光、王洛林、李京文主編，《中國經濟前景分析——2003年春季報告》（北京：社會科學文獻出版社，2003年），頁210～213。

資料來源：http://www.future-china.org.tw/csipf/activity/mt910815-1.htm。

市、重點縣與城關區引入外資，同時並擬具「獨資法」與「獎勵外資投資條例」等辦法，吸引外商資金投入，其後雖因1989年的天安門事件引發外商憂心中國改革倒退，因此外資流出增加。

3.1990～1992年：此一時期中國雖然仍在社會主義與資本主義的道路上擺盪，但隨著1990年上海浦東新區的設立，將上海納入對外開放城市的序列，其後又按照沿邊、沿江、內陸開放的思維，陸續地擴大外商投資的範疇，而1992年更批准海南省的對外開放，帶動了外商投資中國大陸的熱潮，整個中國對外資吸引的工作進入了一個新的階段，而1992年的鄧小平的南巡講話，更使得中國對外開放與經濟改革的路線再次獲得確定，此後，大陸吸引外資的步伐也就加快。

4.1993～2001年：此一時期的中國持續穩定的經濟成長，逐步地吸引全球資本湧入，而中國國內市場的漸進開放，也使許多國際企業紛紛前往大陸設廠，這期間雖曾受到1997年的亞洲金融風暴影響，但是整體而言，外商投資的腳步並未停止。

5.2001年以後：由於中國於2001年年底加入WTO，意味著其跨入了全球貿易體系的平台之中，由於各項規定必須與國際接軌，因此中共當局開始著手逐步調整其相關貿易政策，如調降關稅、逐漸取消優惠待遇等作法，隨著貿易環境的透明化與貿易管理機制的進步，中國大陸逐漸成爲外人投資的理想選擇，而目前大陸已是全球最大的外資引進國。

（二）中國大陸外資運用的發展

按照外資引進的地區來看，若參考2002年的數字，則對大陸投資前十位的國家或地區爲：香港（178.61億美元）、維京群島

（61.17億美元）、美國（52.24億美元）、日本（41.90億美元）、台灣（39.71億美元）、韓國（27.21億美元）、新加坡（23.37億美元）、開曼群島（11.80億美元）、德國（9.28億美元）和英國（8.96億美元），前十名國家的實際投入外資金額占全大陸實際使用外資金額的86.50%。[18]

經由簡單的說明，我們不難發現，由於中國大陸在經濟改革的過程中，因爲本身資金稀少、技術不足，再加上自身企業經營技術與體質落後，因此中共當局迫切希望能夠藉助外資來改善本身的困境，而利用外資來引導自身經濟成長，也成爲90年代以來，中共當局推動其經濟成長的主要策略之一，由外資投注或中外合資的企業調查來看，外資主要是以大陸製造業爲投資項目，而由中央到地方，大陸各級政府無不積極的招商引資，希望藉此能夠帶動本地經濟發展，而此舉也使得大陸超越美國成爲全球最大的外資接受國。

四、中國大陸間接投資體制的改變與發展

除了吸引外商的直接投資之外，中國大陸爲了加強吸引外商的間接投資，也開始改變對於國際收支的操作方式，過去中國採取獨立自主的經濟發展政策，較少利用對外借款來擴大本國經濟投資的作法，而在1979年以後，這樣的情況才開始有所轉變，基本上，早期對外借款主要是透過大陸金融機構或相關部門的仲介來進行[19]，如今由於對外經濟發展迅速，因此一般大型金融機構

[18]2002年數字則參考自劉國光、王洛林、李京文主編，前引書，頁238。

[19]如政府借款的管道主要是由過去的經貿部、財政部、人民銀行、中國銀行等官方單位負責進行，其後隨著對外借款權的調整，目前大型金融機構也可直接進行對外借款。

都可以對外進行借貸，進而直接加速了整體經濟的發展。

而於1992年鄧小平南巡講話之後，整個中國經濟改革朝向「社會主義市場經濟體制」的方向，據此，中國大陸開始縮小政府對於生產要素與產品價格的管制，轉由供需法則來決定市場商品的價格，至1994年，商品價格大致已可由市場機制所決定，同時也將匯率管制轉變為有管理的浮動匯率體制，並於當年正式公布並實行「中華人民共和國對外貿易法」，1996年底，大陸經常帳項目也正式可進行兌換，其後2001年因加入貿易組織，放寬許多對於外資的限制，進而更增加了短期資本的流動性。

過去中國利用外資的形式比較單一，主要是以直接投資為主，對外貸款由於受到人民幣資本項目不可兌換的影響，再加上股票市場中存在著A股和B股之間的區分，使得外資無法直接參與中國國內企業的資本借貸，加入WTO後將可擴大外資參與中國經濟的程度，同時，根據中國加入WTO在證券業方面的承諾，外國證券機構可以直接從事B股交易，所以外資將可獲得進入中國資本市場的機會，國際資本流動與中國經濟發展的關聯性將會增加，進而有助於大陸經濟的發展。

五、目前大陸對外貿易的政府管理部門與執掌

由於國際貿易在整體經濟中的重要性逐漸增加，大陸官方體制也開始了一連串的改革，其中最重要的便是在2003年對於整個外貿部門事權的重新釐清與界定，過去大陸貿易相關執掌分散在外經貿部、國家經貿委與各涉外經貿單位之中，如今則是由商務部來負責整個對外經貿部門的管理與相關貿易政策的操作，而關於商務部的組織與職掌（見表6-6）。

表6-6　中華人民共和國商務部組織與職掌

部機構	職掌
亞洲司	1.擬定和執行對主管地區的經貿政策。 2.協調部內外關於雙邊經貿關係的立場，處理雙邊經貿關係中的重要事務，推動雙邊經濟貿易發展。 3.參加主管地區區域性外經貿活動，擬定有關協定。
西亞非洲司	1.擬定和執行對主管地區的經貿政策。 2.組織政府間的經貿談判和雙邊混合委員會。 3.負責對主管地區市場多元化戰略的貫徹實施。
歐洲司	1.擬定和執行此一地區的經貿政策。 2.組織政府間的經貿談判和雙邊混合委員會。 3.管理同未建交國家的經貿活動。
美洲大洋洲司	1.擬定和執行此一地區的經貿政策。 2.組織進行雙邊重大談判。 3.負責確定主管地區貿易中心的設立與協調。
台港澳司	1.掌握對台港澳地區的經貿情況和資訊。 2.根據「一國兩制」總方針和形勢需要，研究和提出台港澳地區的經貿發展戰略和建議。 3.負責協調赴台參加有關國際會議的政策和協調有關國際經濟組織國際會議中的涉台問題。
國際經貿關係司	1.代表政府參加國際經濟貿易組織的活動。 2.負責其他多邊對外經貿談判，包括與各國際經濟貿易組織的談判。
世界貿易組織司	代表參加WTO的活動，處理有關WTO體制下的相關事宜。
對外貿易司	1.外貿管理體制改革和貨物進出口發展戰略。 2.研究推廣各種新的國際貿易方式。 3.制訂且實施市場多元化戰略；指導和管理境內外對外經濟技術貿易展覽會等貿易促進活動。
機電產品進出口司	研究並組織實施發展機電產品進出口的戰略方針。
科技發展和技術貿易司	擬定並執行科技興貿及出口管制、技術性貿易措施的規劃、方針和政策等事務。
外國投資管理司	指導、管理和協調全國外商投資工作。分析、研究全國外商投資情況並執行各項方針政策、法規、規章。

（續）表6-6　中華人民共和國商務部組織與職掌

部機構	職掌
對外援助司	擬定並執行對外援助政策、規章和方案。
對外經濟合作司	加強對外經濟合作，促進共同發展，多元化的對外經營。
進出口公平貿易局	制定和實施進出口公平貿易相關的政策和規章。
產業損害調查局	研究擬定反傾銷、反補貼、保障措施的法律規範；負責反傾銷、反補貼、保障措施案件的產業損害調查與裁決。
辦公廳	負責處理部門、機關日常政務、新聞公布及公文文書處理等事宜。
人事教育勞動司	負責處理教育培訓、勞動工資福利保障等事務。
政策研究室	研究國際、國內經貿的發展趨勢且提出對外經貿發展戰略和重大政策。
條約法律司	擬訂經貿法律規章，協調參與重大經貿協議，並參與涉及貿易爭端在訴諸於世貿組織爭端解決機制前的對外磋商工作。
規劃財務司	制訂國家年度計畫，擬訂關稅相關等事宜。
市場體系建設司	處理市場體系建設事宜。
商業改革發展司	處理商業改革發展事宜。
市場運行調節司	處理市場運行並調節市場事宜。
資訊化司	處理資訊服務相關事宜。
外事司	處理外國事宜。

資料來源：作者自行整理。

第四節　對外貿易政策

說明大陸整個外貿體制的改革與現況之後，在此進一步說明大陸方面是如何運用其貿易政策來協助其對外貿易的發展。就基本政策目標來看，中共當局試圖藉由貿易政策來協助本國產業取得必要的技術與資金，那麼在相關貿易政策的操作上，又該採取什麼樣的方式呢？

中共自從1979年採取門戶開放政策以來，貿易政策一直是其發展策略重要工具之一，而最初其外貿政策操作目的是欲解決外匯短缺的困境，中國大陸過去主要是透過高關稅、非關稅障礙、貿易權的限制來限制進口，而在關稅與非關稅障礙的使用之間，基本上呈現出緊鬆交替的趨勢，其中關鍵在於外匯存底之多寡，也就是利用貿易政策來擴大貿易餘額，活絡經常帳的資金調度，而這則反映在行政指令之控制（如禁止進口）、外匯資源分配之控制、輸出入許可證之控制、關稅及附加稅，以及其他差別待遇，如出口退稅、出口補貼、出口優惠貸款等。[20]

在改革初期，其中行政指令的功效最大，外匯分配及許可證的功效次之，而關稅及其他附加稅的功能似乎不大，因而在改革初期，中國大陸對外貿易政策偏重於數量控制，價格控制的能力則較爲薄弱。

然而80年代中期之後，隨著市場價格秩序的逐漸形成，價格管制政策的效度開始產生，關稅政策的作用也就凸顯出來，而大陸關稅明顯具有傾斜關稅的特色，也就是最終商品的進口關稅，

[20]張佩珍，〈中共門户開放後貿易政策之演變——1979～1986〉，見 http://www.cier.edu.tw/HTML/0104113.HTM。

明顯地大於中間財與原料的關稅。

藉由傾斜關稅的操作，大陸一方面提升了本國生產者生產的意願，另外一方面也產生了支出移轉政策的效果，進而導致大陸出口貿易在90年代中期後快速增加，爲了避免貿易對手國的反彈，大陸方面開始著手調降其進口關稅稅率，大陸的平均關稅已從1992年的43.2%至1997年的17%，隨著加入世界貿易組織之後，根據大陸入會的承諾，中國大陸的平均關稅應由15%降至12%左右，而目前（2003年）已爲11%。

一般來說，當平均關稅逐步下降，那麼對於貿易政策中非關稅障礙（NTMs）的依賴將會增加，中國大陸入會後，依其承諾將逐步廢除進口許可證、配額及標售進口權利金等非關稅措施及限制部分產品之進口權，不過按照美國貿易代表署「2002對外貿易障礙評估報告」的看法，大陸當局雖然在檢驗與許可管理體制之透明度有所改進，且修正了對自製率的規定，但是在品質和標準檢驗程序仍存有一定程度技術性犯規的問題，而這些非關稅障礙的產生大多來自於官方經貿執掌單位的政策規定。[21]

總而言之，大陸對外貿易政策的操作已逐漸趨向國際規範，但受限於其經濟制度運作的成熟度不足，因此出現了許多非關稅的障礙，而這種人爲或政策操作上的問題，在短時間恐怕仍會繼續存在。

---

[21]張幼文等著，《外貿政策與經濟發展》（上海：立信會計出版社，1997），頁278～290。

第五節　中國大陸對外貿易的未來發展

面對大陸經貿未來的發展，國際間普遍對其表示樂觀，如在2002年5月間，日本「經濟新聞」於東京針對「改變的中國、改變的亞洲」舉行研討會，會議邀請亞太十二國、地區的政府元首、財經領袖與專家學者，而在會議中表示：雖然中國成長可能將會造成亞太各國產業空洞化，但面對此一趨勢最佳的態度應視中國爲競爭夥伴，利用中國經濟的成長來促進區域經濟發展。[22]

一方面是因爲其他國家調整對中國經濟角色的態度；另外一方面則由於中國經濟的快速發展，導致了其進出口貿易快速的成長，而加入世界貿易組織所進行的制度調整，使得大陸貿易環境更加透明，也提高外商赴大陸設廠與採購的意願。在這樣的趨勢下，大陸貿易未來應該會有更爲樂觀的發展成果。

不過，前途並非毫無阻礙，若干結構性的問題和不確定因素，也有可能會影響大陸對外經貿關係的發展，而其主要的挑戰如下：

1.加入世界貿易組織和世界經濟貿易的發展趨勢，將是影響中國大陸對外貿易的重要因素，過去大陸貿易政策爲了配合其出口擴張與保護本國相關產業的策略，往往會對最終商品進口課徵高關稅，同時依賴提高出口退稅率，此外，爲了吸引外資引入，也大幅度利用差別待遇策略，而這些作法在加入WTO後，都必須加以調整，這對於其貿易商或進出口產業

[22]《中國時報》，2002年5月22號，第二版。

而言，將會產生許多深遠的影響。[23]

2.由於和全球經濟體系間的關係日趨緊密，那麼世界經濟景氣循環對於大陸產品出口的需求自然也就會出現影響，由於大陸內需市場的潛力尚有待開發，當前大陸產業的成長仍需要世界市場的支撐，在這樣的情況下，大陸貿易成長與世界經濟景氣的關聯性增加，自然就會深受世界市場景氣好壞的影響，這將成為大陸貿易發展中的不確定因素。

3.由於大陸出口能力的增加，且其產品大多以價格調整作為競爭策略，這使得相關出口國對於大陸產品的限制逐漸嚴格，近年來大陸屢次遭遇其他國家的傾銷調查與反傾銷制裁，正說明了此一現象。

4.中國大陸出口產品品質不高的問題嚴重限制大陸出口貿易的擴展。中國大陸出口貿易中高科技商品和機電產品的出口比重仍然偏低，而一般出口產品普遍存在性能欠缺、製造工藝落後、加工處理粗糙等品質問題，另外，大陸對外貿易中的違規行為如仿冒、走私等，使得大陸商品負面形象日增，不利於大陸貿易的發展。

5.外貿市場過分集中，目前大陸雙邊貿易主要是發生在歐日等先進國家，由於市場過分集中，若不儘快分散市場，則將會面臨貿易成長的瓶頸。

[23]Milton Mueller著，〈中國加入WTO與開放電信市場〉，見陳永全、蕭崴主編，《國外專家談中國經濟問題》（北京：經濟日報出版社，2000），頁187～193。

問題與討論

一、影響大陸對外貿易的因素有那些？

二、大陸當局具體的貿易政策作爲是什麼？

三、外商對於大陸直接投資的考量及其影響爲何？

四、大陸貿易能力的提升對於全球經濟影響爲何？

五、加入世界貿易組織對於大陸貿易有何影響？

第七章 區域經濟發展

王信賢

世界上幾乎沒有一個國家像中國大陸一樣，同時面臨如此多關於政治、經濟、社會與文化轉型等各方面的問題，深究其中可發現兩個主因：大陸一方面是開發中的大國，另一方面則是受其之前社會主義計畫經濟實踐制度遺產的影響。因此，與其稱大陸為「大國家」，不如稱其為「小社會」。

影響中國大陸區域經濟發展的因素，除了自然條件與歷史因素外，關鍵點乃在政府政策，尤其是改革開放政策開啓後，中國大陸區域發展策略從毛澤東時期的「平均主義」到鄧小平時期的「讓一部分人、一部分地區富起來」，亦即歷經了從「均衡」發展到「傾斜」發展的轉變，通過國家力量實施由沿海向內陸進行「梯度轉移」的政策，其雖使東部沿海地區迅速發展，但也使得東、中、西部間的區域差距急遽擴大。本章將從中國大陸發展策略出發，說明其區域劃分與發展差距以及各地區經濟發展的現況，尤其是90年代以來，東部地區積極與世界體系接軌，形成若干潛力十足的經濟區，以及中共當局於1999年所推動的「西部大開發」政策等，並以中國大陸區域治理機制的建立以及創造永續發展策略作為總結。

第一節　前言

在理解中國大陸區域經濟發展之前，必須正視其特有的「雙重性」（duality）：一方面是幅員廣闊、人口眾多的發展中國家，另一方面又歷經過社會主義實踐，且目前正處市場轉型的過渡時期，這種雙重性使其不論在理論或實際上皆具研究價值，而在諸多的研究議題中，「區域發展」幾乎是重中之重。

中國大陸不論在自然地理、人力素質、經濟社會發展皆存在著巨大的差異，而在經濟轉型過程中，區域發展不平衡亦是其最大的特點，就此看來，與其將中國視爲一個「大國家」，不如將其視爲「小世界」。影響中國大陸區域經濟發展的因素，除了自然條件與歷史因素外[1]，關鍵點乃在政府政策，尤其是改革開放政策開啓後，中國大陸區域發展策略從毛澤東時期的「平均主義」到鄧小平時期的「讓一部分人、一部分地區富起來」，亦即歷經了從「均衡」發展到「傾斜」發展的轉變，通過國家力量實施由沿海向內陸進行「梯度轉移」的政策，其雖使東部沿海地區迅速發展，但也使得東、中、西部間的區域差距急遽擴大。

本章將從中國大陸發展策略出發，說明其區域劃分與發展差距以及各地區經濟發展的現況，尤其是90年代以來，東部地區積極與世界體系接軌，形成若干潛力十足的經濟區，以及中共當局於1999年所推動的「西部大開發」政策等，並以中國大陸區域治理機制的建立以及創造永續發展策略作爲總結。

[1] 1949年中共建政前，70%以上的工業集中在面積不到12%的東部沿海地區；國土面積占五分之三的西南與西北地區，鐵路網與公路建設只分別占全國的5.4%與4.6%。見張慕津、程建國，《中國地帶差距與中西部開發》（北京：清華大學出版社，2000），頁70～72。

第二節　中國大陸區域經濟發展策略演變

一、區域經濟發展戰略：由「平衡」到「傾斜」

中共建政初期，選擇以「蘇聯模式」爲主的重工業發展策略，沿襲蘇聯「區域經濟均衡配置論」平均分布生產力，除強化原本沿海的工業基地外，爲了實現生產力均衡配置和消除區域差別，採取「劫富濟貧」、「爲平衡而平衡」的區域經濟發展策略，以維持區域間的平衡發展，而將投資重心移往中西部。1956年毛澤東在其〈論十大關係〉中提出「沿海工業與內地工業的關係」以及「漢族與少數民族間的關係」[2]，一方面企圖利用與發展沿海工業以支持內地工業，另一方面則將新的工業建設大部分擺在內地，使工業布局逐步平衡，並進一步減輕民族矛盾。60年代，由於國際情勢的變化以及與前蘇聯關係的破裂，毛澤東主觀認爲第三次世界大戰必將爆發，中國大陸爲「備戰與備荒」，整體區域發展亦服膺於國防戰略之下，爲免被突發戰爭所摧毀，將區域發展的平衡布局轉向戰略布局，開啓了所謂的「三線建設」[3]，從而使位於「第三線」的西部（尤其是西南地區）成爲國家投資的重心，其雖更進一步平衡沿海、內陸的區域發展，但此種透過國家

[2]毛澤東，〈論十大關係〉，《毛澤東選集（第五卷）》（北京：人民出版社，1977），頁267～288。

[3]第一線指的是沿海地區和中俄邊境，第三線指的是長城以南，平綏鐵路以西的內陸地區，第二線則是指位於一、三線間的地區，三線建設的原則爲「分散、靠山、隱蔽與進洞」。關於「三線建設」請參考：耿曙，〈「三線」建設始末：大陸西部大開發的前驅〉，《中國大陸研究》，2001年12月，第44卷第12期，頁1～20。

力量嚴重違逆自然經濟規律的發展策略也使中國整體經濟蒙受巨大的損失。

1978年底中共正式揭櫫了改革開放，也宣示鄧小平時代的來臨，爲誘發地方的積極性，在區域發展策略上，從毛澤東時期的「平均主義」變成「讓一部分地區先富起來」，根據鄧小平的說法：「我們的政策是讓一部分人、一部分地區先富起來，以帶動和幫助落後的地區，先進地區幫助落後地區是一個義務。我們堅持走社會主義道路，根本目標是實現共同富裕，然而平均發展是不可能的。過去搞平均主義，吃『大鍋飯』，實際上是共同落後，共同貧窮，我們就是吃了這個虧。」[4]而此種轉變一方面爲區域經濟發展創造出良性的政策氛圍，提高區域經濟發展的效率，另一方面，區域布局與產業結構亦發生了改變，各種生產要素向效率高的沿海地區流動，優化了資源配置，進而提升中國大陸的綜合國力。

改革開放以來，中國大陸區域經濟政策由平衡到傾斜，由追求公平到追求效率的轉變，調動了地方經濟發展的積極性，增強區域經濟自我增強的能力，提高宏觀經濟的整體效益，但與此同時，也出現了一系列的問題，包括：加劇區域經濟發展的不平衡、區際間產業結構趨同、以貿易封鎖和資源爭奪爲特徵的「諸侯經濟」形成並不斷強化。換言之，歷經二十餘年的實踐，此種非均衡發展策略雖造就了高度成長的奇蹟，但亦因此加大了區域發展差距，造成東西部間十分嚴重的發展失衡。

而根據鄧小平「兩個大局」的說法：「沿海地區要加快對外開放，使這個擁有兩億人口的廣大地帶較快地先發展起來，從而帶動內地更好地發展，這是一個事關大局的問題，內地要顧全這

[4]鄧小平，《鄧小平文選（第三卷）》（北京：人民出版社，1993），頁155。

個大局。反過來，發展到一定的時候，又要求沿海拿出更多力量來幫助內地發展，這也是個大局，那時沿海也要服從這個大局。」[5]而此種「兩個大局」的構想則成爲90年代末期中共提出「西部大開發」的理論依據。[6]

因此，中共建政以來，從毛澤東時期、鄧小平時期到後鄧時期所推出的「西部大開發」看來，所謂「一、二、三代領導人」在區域經濟發展策略基本上具有「平衡－傾斜－協調」的特徵。而由表7-1所羅列出關於中國大陸各時期經濟計畫亦可觀察出此種發展策略的演變。

二、區域經濟發展政策的理論與實際

就理論而言，中國大陸區域經濟發展模式主要有二：「梯度推移發展模式」與「點軸開發模式」，前者認爲經濟發展不平衡是一種客觀現象，其自然形成「經濟技術梯度差」，而有梯度就有空間推移。此一理論的根據是工業生命循環論，各工業部門、甚至各種產品都經歷了創新、發展、成熟與衰退四個階段，首先是讓有條件的高梯度地區掌握新技術，先行一步，然後逐步依次向處於二、三級梯度推進，隨著經濟不斷發展，推移的速度亦加快，就可逐步縮小地區差距，達到區域經濟發展的相對均衡。

「點軸開發模式」的理論基礎則是「中心地理論」與「成長極理論」（growth pole theory），成長極理論是由法國經濟學家佩魯（Francois Perroux）所提出，其旨在反駁古典經濟學家的均衡觀

[5]鄧小平，〈中央要有權威〉，《鄧小平文選（第三卷）》（北京：人民出版社，1993），頁277～278。

[6]中共黨史出版社編寫組，《「十五」計畫詳說：九屆人大四次會議檔學習讀本》（北京：中共黨史出版社，2001），頁83。

表7-1　中國大陸經濟計畫中之區域發展政策

階段	時間	主要區域發展政策
一五計畫	1953～1957	平衡內陸和沿海的區域發展差距。
二五計畫	1958～1962	將中國大陸劃分爲東北、華北、西北、華中、華南、西南、西南等七大經濟協作區（1961年）。
三五計畫	1966～1970	依國防戰略考量進行「三線建設」。
四五計畫	1971～1975	將六大經濟協作區重新規劃成爲西南、西北、中原、華南、華東、東北、山東、福建與江西、新疆等十個經濟協作區。
五五計畫	1976～1980	由「均衡模式」轉向「傾斜模式」向東部傾斜。
六五計畫	1981～1985	實施「地區傾斜」和「區域補償」的雙向調節政策，並發展外向型經濟。
七五計畫	1986～1990	梯度發展策略。
八五計畫	1991～1995	1.打破地區封鎖，加強區域經濟合作。 2.改善東西交通聯繫及西部投資環境。 3.實行區域「扶貧政策」。
九五計畫	1996～2000	促進區域經濟的協調發展，將中國大陸劃分爲長江三角洲及沿江地區、環渤海地區、東南沿海地區（主要指珠江三角洲與福建廈、漳、泉）、西南和華南部分省區、東北地區、中部五省區和西北地區七個跨省市的經濟區域。
十五計畫	2001～2005	實施西部大開發，促進地區協調發展。

資料來源：1.中山大學，《中國大陸區域經濟的整合與產業發展》（台北：行政院大陸委員會，1999）。
2.《中共中央關於制定國民經濟和社會發展第十個五年計畫的建議》，人民網，http://www.peopledaily.com.cn/GB/channel1/10/20001018/276781.html。

點，而強調經濟空間存在著「不均衡」，經濟空間猶如「力場」般有若干的中心（或極），其會產生「磁極」作用，無論在大經濟單元或是小經濟單元均存在著不平等的「支配」（dominance），進而產生「極化效應」（polarization）——生產要素向增長極集中，包括：資金、物資、資訊與人才等。成長極理論主張等到發達地區經濟實力增強後，各種生產要素將會由磁極往外圍擴散(diffuse)。「點軸開發模式」不同於「梯度模式」強調「成片」的推移發展，「點軸模式」主張空間上聚集成點，發揮各級中心城市的作用，進而實現生產力布局與線狀基礎設施的空間結合，有利於城市間與區域間便捷的聯繫。因此，「點軸模式」不僅強調「點」的開發，還強調連接「點」和「點」的交通動脈，即「軸」的開發，進而形成「點－軸－網絡」的開發。[7]

就鄧小平的「兩個大局」與上述理論觀察中共改革開放以來的區域發展，可發現其通過一系列「梯度傾斜」的沿海開放政策：從點（規劃深圳、珠海、汕頭、廈門四個經濟特區）、線（開放上海、天津、大連等十四個沿海開放城市）到面，將海南升格為省並成為全中國大陸第五個經濟特區，緊接著又開放上海浦東，之後又提出開放沿海、沿江與沿邊的「三沿」經濟戰略（見表7-2），使大陸地區成為「經濟特區－沿海開放城市－沿海經濟技術開發區－內地」階梯式的格局。[8]而由於此種改革開放政策，導致產業經濟部門的制度變遷與外資直接投入，從而提升區域經濟發展效率。[9]

總體而言，改革開放以來中共試圖透過各種軸線的開發以帶動區域或全國的發展，而中國大陸不論產、官、或學界均曾對區域發展布局提出主張，其中最具代表性的有以下四個：[10]

---

[7]關於「點－軸」模式可參考：陸大道，〈關於「點－軸」空間結構系統的形成機理分析〉，《地理科學》，第22卷第1期（2002年2月），頁1～6。

[8]高長，《大陸經改與兩岸經貿關係》（台北：五南圖書公司，2002），頁58。

[9]郭騰雲、陸大道、甘國輝，〈中國開放政策對區域發展的作用〉，《地理學報》，第56卷第5期（2001年9月），頁581～589。

[10]徐國弟，〈關於我國宏觀經濟布局和建立網絡型經濟體系的基本構想〉，收錄於中國區域經濟學會編，《跨世紀的中國區域發展》（北京：經濟管理出版社，1999），頁53。

表7-2　改革開放後中共主要區域發展與開放政策

時間	政策內容
1978.12	確立「對內搞活經濟，對外實施開放」政策方針。
1980.07	批准「廣東經濟特區條例」，開闢深圳、珠海、汕頭三個經濟特區。
1980.10	開闢廈門經濟特區。
1984.04	開放大連、秦皇島、天津、煙台、青島、連雲港、南通、上海、寧波、溫州、福州、 廣州、湛江、北海等十四個沿海開放城市和海南島，與上述四個經濟特區連成一線。
1985.02	開放長江與珠江三角洲以及閩南廈、漳、泉三角地帶。
1988.04	海南升格爲省，成爲全中國第五個經濟特區。
1990.04	宣布開發上海浦東，建設上海成爲長江流域甚至全中國的經濟龍頭。
1992.05	提出沿海、沿江與沿邊的「三沿」經濟戰略。
1999.06	首次提出「西部大開發」戰略，2000年10月國務院頒布《關於實施西部大開發若干政策措施的通知》。

1.「T」字型態勢：沿海與長江結合。

2.「π」字型態勢：沿海、長江再加上「隴海－蘭新」鐵路。

3.「开」[11]字型態勢：在「π」字型基礎上再加上「京廣」鐵路。

4.弓箭型態勢：即沿海是弓，京廣線是弦，長江是箭，上海是箭頭。

而根據80年代由中共國家計畫委員會所編制的《全國國家總體規劃綱要》（草案）以及目前中國大陸的實踐看來，以上海「一個龍頭，三個中心」的發展，帶動長江與沿海的「T」字型發展策略的受認同的程度較高。不可諱言，中國大陸經濟發展固然造就高速的經濟成長，然而深究其中，由於對毛澤東時代平均主義

[11]此爲簡體的「開」字，其與「T」、「π」和「开」皆必須順時針倒轉90°，以「T」字型爲例，則成爲「┤」。

的矯枉過正，使得過於注重「效率」而偏廢了區域發展的「公平」原則，換言之，只成就了鄧小平的「第一大局」，其結果便是東西差距的加劇。

第三節　中國大陸經濟區域劃分與發展差距

一、中國大陸經濟區域劃分

經濟區域是指在經濟上有密切相關性的地理區域範圍，此一範圍中的經濟行爲具有較高的共同性與關聯性，包括：一、區內地理環境相近、自然資源蘊藏相當、人文社會與經濟發展程度近似；二、區內的經濟活動、交通運輸及資訊交流、生產要素、產品與服務交換均較區外密切；三、區域經濟（產業與市場）結構的相對完整。因此，經濟地理學而言，經濟區域所指涉的不只是地緣上的接近，還包括行政區域、經濟發展程度、產業結構、資源狀況、市場交易特性以及人文社會的親近性。

經濟區域劃分對於一個國家經濟發展具有指標性的意義，其不僅呈現出國家內部發展的現況與差異，而且還會對未來經濟活動與政策產生影響，但經濟區域劃分又是個十分複雜的課題，因爲側重的原則不一，劃分的結果也會有所不同，關於中國大陸經濟區域發展各種劃分方式諸如「沿海與內陸」、「東中西部」、「六大區」、「十大片」、「七大經濟區」、「九大經濟區」等[12]，

[12]耿慶武，〈中國大陸經濟區域的劃分及發展趨勢〉，《中國大陸研究》，第43卷第6期（2000年6月），頁55。

但按照各地發展條件與現況大致上可劃分爲以下八大區塊：東北地區、環渤海經濟區、黃河中游區、長江三角洲、長江中游區、東南沿海地區、西北地區、西南地區（見表7-3），但一般討論中國大陸區域發展，尤其是區域發展差距時，仍多以省一級行政區或東中西三大地帶作爲劃分（見表7-4）。

表7-3　中國大陸經濟區域劃分

經濟區	涵蓋範圍
東北地區	黑龍江、吉林、遼寧、內蒙東部
環渤海經濟區	北京、天津、河北、山東
黃河中游區	山西、河南、陝西、內蒙中西部
長江三角洲	上海、江蘇、浙江
長江中游區	湖北、湖南、江西、安徽
東南沿海地區	福建、廣東、廣西、海南
西北地區	甘肅、青海、寧夏、新疆
西南地區	四川、重慶、雲南、貴州、西藏

資料來源：1.中共國務院發展研究中心，《中國區域發展協調戰略》（北京：中國經濟出版社，1994），頁32～42。
2.魏後凱，《區域經濟發展的新格局》（雲南：雲南人民出版社，1995），頁71。
3.耿慶武，〈中國大陸經濟區域的劃分及發展趨勢〉，《中國大陸研究》，第43卷第6期（2000年6月），頁66。

表7-4　中國大陸東中西三大地帶

地區別	涵蓋範圍
東部地區	遼寧省、河北省、北京市、天津市、山東省、江蘇省、上海市、浙江省、福建省、廣東省、海南省、廣西壯族自治區
中部地區	黑龍江省、吉林省、內蒙古自治區、山西省、河南省、湖北省、湖南省、江西省、安徽省
西部地區	四川省、貴州省、雲南省、陝西省、甘肅省、青海省、重慶市，以及西藏自治區、新疆維吾爾自治區、寧夏回族自治區

二、區域經濟發展差距的因素與影響

中國大陸經濟改革的確獲得極大的成就，然而在此制度轉換的過程中，顯然亦出現一些改革的「副產品」，其中最明顯且影響最為深遠的就是收入分配的急遽惡化，即所謂的「三差」現象——城鄉差距、貧富差距與區域差距，根據大陸學者的研究，此種收入差異的擴大有64%是由東西區域差距擴大所引起。[13]而王紹光、胡鞍鋼於90年代初期提出《中國國家能力報告》，其論述隨著沿海地區經濟因中央的優惠政策而蓬勃發展之時，出現了兩個威脅國家總體發展的危機，一是中央財政汲取能力下降，另一則是區域發展不平衡。[14]可見東西區域差距為中國大陸改革開放歷程中不可輕忽的一環。

就行政區劃的分類來看，人均GDP最高的為上海市（3,284美元），最低的是貴州省，僅為341美元，差距將近十倍，排名前十位中，東部地區即占了前九名，排名後十位中，西部地區占了七位，「東富西窮」的格局相當明顯（見表7-5）。

若就東中西三大地帶觀察可發現，1978年中國東部地區與中、西部地區間人均GDP的絕對差距分別為153.6與212.9人民幣，到1990年分別擴大到700.1和885.8人民幣，1999年又分別擴大到

[13]魏後凱，〈當前區域經濟研究的理論前沿〉，收錄於中國區域經濟學會編，《跨世紀的中國區域發展》（北京：經濟管理出版社，1999），頁16。當然，東部地區省際差距（如上海市與海南省之間）與單一省內部的差距（如蘇南與蘇北、膠東與膠西或深圳與廣東省其他地區等）亦是影響因素，但此不在本文討論範圍內。

[14]王紹光、胡鞍鋼，《中國國家能力報告》（香港：牛津大學出版社，1994）。

表7-5　中國大陸行政區劃與經濟發展差距比較（2000年）

排名	地區	人均GDP（美元）	人均GDP（人民幣）	GDP（億人民幣）	人口（萬人）
1	上海市	3,284	27,187	4,551.15	1,674
2	北京市	2,167	17,936	2,478.76	1,382
3	天津市	1,978	16,337	1,639.36	1,001
4	浙江省	1,559	12,906	6,036.34	4,677
5	江蘇省	1,394	11,539	8,582.73	7,438
6	福建省	1,364	11,294	3,932.07	3,471
7	廣東省	1,358	11,180	9,662.23	8,642
8	遼寧省	1,331	11,017	4,669.06	4,238
9	山東省	1,137	9,409	8,542.44	9,079
10	黑龍江省	1,065	8,818	3,253.00	3,689
11	河北省	912	7,546	5,088.96	6,744
12	湖北省	857	7,094	4,276.32	6,028
13	新疆維族自治區	856	7,088	1,346.36	1,925
14	吉林省	806	6,676	1,824.19	2,728
15	海南省	796	6,588	518.48	787
16	內蒙古自治區	712	5,897	1,401.01	2,376
17	湖南省	693	5,733	3,691.88	6,440
18	河南省	671	5,551	5,137.66	9,256
19	重慶市	621	5,144	1,589.34	3,090
20	青海省	615	5,089	263.59	518
21	安徽省	613	5,076	3,038.24	5,986
22	山西省	606	5,016	1,643.81	3,297
23	江西省	584	4,838	2,003.07	4,140
24	四川省	582	4,815	4,010.25	8,329
25	寧夏回族自治區	571	4,725	265.57	562
26	陝西省	557	4,067	1,660.92	3,605
27	廣西壯族自治區	552	4,567	2,050.14	4,489
28	雲南省	551	4,559	1,955.09	4,288
29	西藏藏族自治區	542	4,483	117.46	262
30	甘肅省	464	3,838	983.36	2,562
31	貴州省	341	2,819	993.53	3,525
	中國大陸全國	834	6,902	8,9403.60	126,583

資料來源：《中國統計年鑑》（2001）。

4,643與5,930元人民幣，再從相對差距來看，到1999年東西部間人均GDP已擴大到58.7%（見表7-6）。

表7-6　「三大地帶」人均GDP差距

年分	絕對差距（人民幣）		相對差距（%）	
	東部－中部	東部－西部	東部－中部	東部－西部
1978	153.6	212.9	33.1	45.9
1980	183.1	255.4	32.2	44.9
1985	341.0	474.1	32.6	45.4
1990	700.1	885.8	35.6	45.1
1992	1320.5	1514.2	43.5	49.9
1995	3086.7	3832.1	45.5	56.5
1997	3897.4	5057.6	44.0	57.2
1999	4643.0	5930.3	46.0	58.7

資料來源：黃速建、魏後凱，《西部大開發與東中部地區發展》（北京：知識管理出版社，2001），頁20。

一般而言，影響區域發展不平衡的因素可歸納爲三大類：一是對生產效率產生明顯影響的因素，主要有制度因素和人力資源因素；二是對生產要素投入（資本與勞動）產生明顯影響的因素，主要是政策因素與區位因素；三則是歷史文化因素。就此而言，影響中國大陸區域經濟發展的因素可歸納如下：[15]

1. 制度因素：主要是指區域內經濟「非國有化」的程度，如80年代到90年代初期的鄉鎮企業以及90年代的外資投入等，均創造出較國有企業爲佳的成效。
2. 人力資本因素：區域內勞動者素質是直接影響區域經濟生產高低的重要因素，如專業技術人員、大中專學歷人員於各地

[15]曾坤生等，《區域經濟論：市場經濟與中國區域經濟發展》（湖南：湖南人民出版社，1998），頁36～46。

的比重。

3.政策因素：包含總體經濟政策或投資政策等，如前文所提出「梯度推移」政策，「三線建設」或中央給予東部沿海各種優惠政策等。

4.區位因素：如沿海地區易與世界經濟接軌，而中部地區雖有大城市作爲依託，西部地區亦有些沿邊貿易口岸，但顯然不如沿海之區位優勢。

5.歷史因素：意指區域經濟發展程度的歷史差異，此種差異則成爲整體區域發展的初始條件，尤其是區域經濟結構中的人力、物力與財力的空間分布。

6.區域文化：文化對經濟的影響愈來愈受重視[16]，其雖不若其他物質因素般顯而易見，但其對人們經濟行爲的影響卻是極大的，包括對商品經濟的接受程度、創業動機、風險承受能力、創新能力、獨立性與主動性等，而以上所述亦都呈現在中國大陸各地人民的經濟行爲差異上。

7.財政制度：與前述「政策因素」密切相關的即是財政制度，因爲其所涉及的即是落後地區與富裕地區財源分配與再分配的問題。

8.市場化程度：中國大陸進行了以「市場化」爲主的改革開放，使生產要素、商品與服務得以自由流動，但在國家的約制下，各地市場化程度不一，因而出現了地區發展間富者愈

[16] 從韋伯（Marx Weber）提出其《新教倫理與資本主義精神》後，文化與經濟的關係逐漸成爲學者關注的焦點。福山（Francis Fukuyama）即從文化的角度認爲在社會經濟運作過程中「信任」（trust）是經濟學者所無法解釋的那「20%」。見：Francis Fukuyama, *Trust: The Social Virtues and The Creation of Prosperity* (New York: Free Press, 1995).

富、貧者愈貧的「馬太效應」。[17]

雖然區域差距是多因素疊加的結果，但無疑地，改革開放以來東西差距的急遽擴大是「傾斜發展」政策使然，根據胡鞍鋼的說法，中央政府的政策是爲富裕地區「錦上添花」，而沒做到爲中西部地區「雪中送炭」。[18]深究其中的原因，包括以下：[19]

1.**投資傾斜**：雖然中國大陸在中西部地區亦興建一些重點投資項目，如90年代初期的京九鐵路、南昆鐵路以及三峽大壩工程，以及近年的西部開發各項重大工程，但沿海地區仍是中央投資的重點地區，尤其隨著2008年北京奧林匹克運動會與2010年上海世界博覽會的到來，此種傾斜依然不會改變。

2.**政策傾斜**：對沿海地區發展幫助最大的不僅僅是政府「給投資」，最重要的是「給政策」，如前所述，沿海經濟特區與開發區，享有各種稅收、審批權等優惠政策。而隨著對外開放的推展，外資不斷地湧入中國大陸，2002年中國大陸甚至超越美國成爲世界吸引外資的首位，但外商對大陸的投資多集中在東部沿海地區，截至1999年爲止，東部地區不論是項目數額、合同外資與實際投資額，皆占全國80%以上（見表7-7）。

3.**財政轉移支付**：東部沿海地區的發展對中國大陸整體經濟確

---

[17]關於中國大陸東西發展差距的擴大究竟是淵源於「國家政策」或是「市場驅力」的精彩論述，請詳見：耿曙，〈東西不平等的起源：國家、市場、區域開發〉，收錄於宋國誠編，《21世紀中國——西部大開發》（台北：國立政治大學國際關係研究中心，2002），頁3～35。

[18]胡鞍鋼，〈中國地區間的不平衡格局及影響〉，《經濟學消息報》，1994年12月22日。

[19]徐滇慶、李瑞，《中國大陸政府政策與經濟發展》（台北：大屯出版社，1999），頁275～278。

表7-7　截至1999年「三大地帶」利用外資情況

地區別	項目數（次）	比例（%）	合同外資（億美元）	比例（%）	實際投資（億美元）	比例（%）
總計	341,538	100.00	6,137.17	100.00	3,076.31	100.00
東部地區	273,760	80.16	5,281.89	86.06	2,638.10	85.76
中部地區	42,496	12.44	476.71	7.77	269.67	8.77
西部地區	25,282	7.40	378.57	6.17	168.54	5.48

資料來源：《中國統計年鑑》。

實有正面的助益，但就社會公平的角度，因應財富分配不均的最直接而顯著的方法就是透過「國家再分配」，即財政制度予以解決，讓富裕地區多交些稅，但由於中央財政能力下降，而富裕省分對中央議價能力（bargaining power）愈來愈強，導致中央欲透過財政轉移支付以達稅賦公平的難度增高。[20]

綜觀古今中外之區域經濟發展，無論是國際或國內的社會經濟發展，因為資源稟賦條件不一，區域發展差距始終是一存在的客觀事實，然而，其對國家整體發展的影響卻是不容小覷。一般而言，「適度的」區域差距是社會經濟發展的動力，也是區域間競爭與合作的基礎，然而，區域差距過大將會對國民經濟與社會生活產生不利的影響，不僅會使區域間形成「中心——邊陲」的依賴與被依賴關係，亦可能引發一系列的政治社會危機，甚至激化民族矛盾。[21]就此而言，區域差距乃是中國大陸邁向新世紀所需面對的首要課題。

[20]胡鞍鋼、王紹光、康曉光，《中國地區差距報告》（台北：致良出版社，1996），頁286～296。

[21]韋偉，《中國區域發展中的區域差異與區域協調》（安徽：安徽人民出版社，1995），頁90。

第四節　中國大陸經濟區域發展現況

經過二十餘年改革開放，中國大陸經濟實力迅速增強，經濟發展模式也由封閉型向開放型轉變，然而，東西「二元結構」的特徵仍十分明顯，故為平衡區域發展差距，除東部沿海地區持續迎向世界外，中共中央亦於1999年正式提出開發西部的構想。

一、東部地區：迎向世界

東部沿海地區目前明顯地形成三個經濟圈，分別是東南沿海經濟圈（包括以廣州、深圳為中心的珠江三角洲，以及以福州、廈門為中心的閩南三角地帶）、以上海為中心的長江三角洲經濟圈，和以北京、天津、大連、青島為中心的環渤海灣經濟圈等。

（一）東南沿海經濟圈

「東南沿海經濟圈」包括廣東省與福建省，面積29.93萬方公里，人口1.2億人。其中珠江三角洲是華南沿海開放和發展最快速的經濟核心區，與港澳經濟密不可分，香港不僅是華南地區最重要的貿易樞紐，其作為國際金融與服務業中心，也彌補了此一區域的不足；此區域以廣州和深圳為中心，透過鐵公路將海南、廣西、福建、江西與湖南結成網狀結構。另外，福州、廈門、泉州與漳州直接面對台灣海峽，則成為吸引台商的重要據點，也直接促進經濟快速發展。此一區域一方面依託香港與台灣的投資，另一方面，則成為中國大陸面對東南亞國協（ASEAN）的重要地區。

（二）長江三角洲經濟圈

「長江三角洲經濟圈」包括江蘇省、浙江省與上海市，面積33萬平方公里，人口1.4億人。此區域以上海爲中心，1990年中共宣布將推動上海浦東的開發與開放，上海建設成爲長江三角洲、長江流域，乃至整個中國大陸經濟發展的「龍頭」，將上海發展爲國際經濟、金融、貿易等三個中心。

江蘇省與浙江省則致力於提高輕工業的產品品質，發展附加價值高的輕紡產品。

目前從上海經無錫至南京，以及從上海經杭州到寧波的鐵路沿線，已有一系列大中小城市形成，目前正在興建的交通重大工程，將進一步加強此一地區的互動，使本區域城市發展的空間格局由軸線型向網絡型轉化。[22]值得一提的是，此地區已取代珠江三角洲，成爲外資的最愛，而其中蘇南地區目前已成爲台資企業投資最爲密集的區域。

（三）環渤海灣經濟圈

「環渤海灣經濟圈」指的是沿渤海周邊的遼寧省、河北省、山東省、天津市和北京市等，面積爲112萬平方公里，人口約2.4億人。此一地區具有優越的區位條件：

1.陸海空的交通發達。

2.通訊設施良好，爲大陸通訊最發達之地區。

3.工業部門齊全，石油、煤炭、化工、冶金、機械、電子、建材、紡織等產業皆具基礎與實力。

---

[22]中山大學，《中國大陸區域經濟的整合與產業發展》（台北：行政院大陸委員會，1999），頁22。

4.北京與天津地區人才集中。

5.商業與服務業發達。

另外，此區域亦是中國大陸參與「東北亞經貿圈」的重要地區，與其他國家在經濟資源上擁有絕佳的互補性，「環渤海灣經濟圈」具有價廉質優的勞動力，日韓具有資本與技術優勢，而俄羅斯的自然資源也是本區域繁榮不可或缺的要件。

許多大陸學者皆認爲，80年代東南沿海地區的改革開放推動了華南經濟快速成長，成爲中國大陸經濟起飛的「第一引擎」；90年代長江三角洲全面崛起帶動華東地區與長江流域的振興，成爲中國大陸經濟起飛的「第二引擎」；而時序進入新的世紀，環渤海灣經濟圈將肩負起促進華北與東北地區經濟發展的重要使命，成爲中國大陸經濟起飛的「第三引擎」。[23]

二、西部地區：大開發

1999年6月，中共領導人江澤民正式提出了「西部大開發」的政策宣示，2000年3月，象徵政策啓動的組織──「國務院西部開發領導小組辦公室」正式成立，同年10月，中共國務院頒布《關於實施西部大開發若干政策措施的通知》（以下簡稱《西部開發通知》），也標示「西部大開發」正式運行。依據《西部開發通知》，西部開發所適用的範圍合計六省、一市及五個自治區，包括四川、貴州、雲南、陝西、甘肅、青海、重慶市，以及西藏自治區、新疆維吾爾自治區、內蒙古自治區、寧夏回族自治區與廣西壯族自治區，面積685萬方公里，占全大陸總面積71%，人口3.65

[23]厲以寧，《區域發展新思路》（北京：經濟日報出版社，2000），頁285。

億，占總人口之29%，國民生產總值15.38億元人民幣，占大陸全國不及20%。而西部大開發的政策目標如下：

1. **縮小東西區域發展差距**：區域發展失衡不僅成爲中國大陸整體經濟之制約因素，也是導致社會不安及分離主義的根源之一。
2. **開發西部資源**：西部地域廣大，自然資源豐富，擁有巨大的發展潛力，是一個龐大的潛在市場，加速西部開發可以促進各種資源的合理配置與流動，以因應加入世界貿易組織的經濟情勢，提供促進國民經濟發展所需要的市場空間與推動力量。
3. **改善生態環境**：加速西部開發可以改善目前此一地區生態環境破壞的情況，以避免整體國家生態環境的持續惡化。
4. **加強對少數民族有效掌控**：中國大陸共計五十五個少數民族，其中八成以上集中在西部地區，而近年來「疆獨」、「藏獨」擾攘不安，「西部大開發」目的之一即在爭取少數民族的向心力。
5. **國際戰略思維**：爲因應區域經濟整合趨勢，開發西部可增加與鄰近國家的經貿關係，創造穩定的周邊環境。另外，面對來自太平洋的美國威脅，爲防範未然，西部開發亦可增加戰略縱深。

按照中共官方所宣示的，西部開發的目標是在二十一世紀中葉「將西部建成一個經濟繁榮、社會進步、生活安定、民族團結、山川秀美的新西部。」[24]目前其具體建設情況如下：

[24]請參閱〈國務院關於實施西部大開發若干政策措施的通知〉，收錄於《中華人民共和國國務院公報》，第1期，2001年，頁19。

1.**公共投資與經濟增長**：2000年中共對西部基礎設施建設投資七百億人民幣，重點工程投入1,000億元，2001年對西部基礎設施建設投資800億人民幣，重點工程投入3,000億元，2000年與2001年西部地區國內生產總值分別增長8.5%與8.7%。

2.**環境保護工程**：改革開放二十餘年來，大陸經濟以驚人的速度成長，但生態環境以更驚人的速度惡化，目前困擾西部地區主要的生態環境問題有四：

（1）「土地荒漠化」日趨嚴重。

（2）水土流失難以遏止。

（3）水資源與生態遭受嚴重破壞。

（4）森林與草原生態壞嚴重。[25]

其所產生的結果就是威脅大陸北方、東北甚至是鄰國韓國、日本的「沙塵暴」。因此，中共積極推動「退耕還林」與「退耕還草」等生態建設。

3.**啓動重大基礎建設**：及至2002年底，大陸西部地區新開工三十六項重點工程，總投資規模達6,000億人民幣，其中較重大者如下：

（1）青藏鐵路：2001年7月正式開工，由青海格爾木至西藏拉薩，全長1,142公里。

（2）西氣東輸：工程西起新疆輪南，東至上海，全長4,000公里，經過對外招商，由英荷殼牌、埃克森美孚、俄羅斯天然氣公司等組成的投資集團和中國石油天然氣股份有限公司共同投資興建，建成後將利用新疆、陝西等地

[25]江振昌，〈西部大開發中的生態環保問題〉，收錄於宋國誠編，《21世紀中國——西部大開發》（台北：國立政治大學國際關係研究中心，2002），頁394。

之天然氣，支援東部工業、民生發電之用。

(3) 西電東送：加緊於四川、雲南、貴州等地區興建水、火力發電，向華南與華東地區輸送電力。

(4) 南水北調：主要工程分別為從長江下游、中游與上游調水的東、中、西等三條路線，以解決長江淹水、黃河斷流的問題。

4.**各地區發展特色產業**：在各地區自然資源（如石油天然氣、有色金屬、煙草、中草藥）的基礎上，提升各項資源的附加價值，逐步提高西部地區自我發展能力；另外，依託西部旅遊資源，帶動第三產業發展。

受到過去經濟發展的制度遺產與市場條件等因素的約束，中共當局企圖再次透過政策傾斜來促動西部發展。就此而言，面對東部沿海地區迎向世界的策略以及西部地區的大開發戰略，中部地區雖已形成以武漢為中心的經濟圈與都市群，但若向西傾斜政策持續發酵，則整體發展將呈現如「啞鈴式」（東、西兩邊重，而中部發展相對較弱）的經濟體系，不僅中部地區受到政策歧視（此亦即中部地區常自嘆「不是東西」的緣故），整體市場格局的割裂程度恐怕將會加深。[26]

[26]相關論述見：張弘遠，〈從國家能力觀點看當前大陸「西部大開發」戰略的設計與執行〉，《共黨問題研究》，第27卷第8期（2001年8月），頁29～49。

結論——區域治理與永續發展

世界上幾乎沒有一個國家像中國大陸一樣，同時面臨如此多關於政治、經濟、社會與文化轉型等各方面的問題，當然這涉及到其一方面是開發中的大國，另一方面則是其之前社會主義計畫經濟實踐的制度遺產。

作爲一「後社會主義國家」，其制度建構確實有其難處，猶如在波濤洶湧的海上重新造船般困難。[27]而二十餘年來中國大陸的經濟表現確實有令人激賞之處，其經濟成長率雖因統計方法差異或地方政府「灌水」虛報而有高估之議，但改革以來均維持高速成長卻是不爭的事實。但長期以來，中共一直認爲「把蛋糕做大」就能解決任何危機，但就目前情況看來，「蛋糕做大」雖有「效用遞增」的效果，但其可能會是「邊際效用遞減」，待到「臨界點」時，更大規模的危機將會出現。就此觀察中國大陸區域發展，則必須要有進一步的制度創新，而其中的關鍵即是區域治理機制的重組以及構思出一條永續發展的道路。

在中國大陸與市場經濟接軌並融入資本主義世界體系之後，政府不應再作爲唯一且主宰的經濟主體，對內而言，企業的角色逐步上升，區域居民的福祉則應擺在首位，對外而言，國際組織、外國政府與企業均將對區域發展與跨區域活動造成影響，因此，任何區域發展方略，都應將各個角色的意見列入。另外，對經濟成長的追逐應重視其「外部成本」，亦即伴隨GDP增長而來的

[27]Elster, Jon, Claus Offe, and Ulrich K. Preuss, eds., *Institutional Design in Post-communist Societies: Rebuilding the Ship at Sea* (Cambridge: University of Cambridge, 1998).

對環境惡化進行治理與恢復的成本，故區域治理除了行爲主體的多元外，亦必須注重人口、資源、環境與發展間的關係，以及社會、經濟、生態目標間的均衡，也更強調發展過程的整體性、長期性、複雜性和漸進性，此即是「區域可持續發展」的意涵。

問題與討論

一、請說明中國大陸區域發展策略的演變。

二、簡單說明中國大陸的區域經濟劃分。

三、影響中國大陸區域發展的因素有那些？而形成東西差距的主因爲何？

四、大陸東部沿海地區目前形成那三個經濟圈？

五、何謂西部大開發？其政策目標爲何？

第八章 全球化與中國大陸經濟發展

江雪秋

基本上，「全球化」不但是經濟概念，更是政治概念，站在國際的角度觀察，其將是國際社會權力再分配的過程。全球化（globalization）的趨勢日益明顯，這種以貿易、資金流動、技術革命與產業分工為特色的全球化潮流，已然穿透各國的邊界，削弱了國與國之間的經濟壁壘，中國與現代世界體系融合時，曾經歷過許多痛苦的歷程，而隨著中國大陸改革開放的情勢發展，2001年12月11日加入世界貿易組織之後，標示著其與世界經濟體制接軌的決心。

大部分研究者均認為，中國大陸加入「世貿」後，意味著其與世界經濟體系接軌，不過當大陸融入全球化體系以後，將會成為整個亞洲市場經濟的模範生，抑或是會因為無法持續變革，而將被重重問題所擊潰？這將完全取決於中共官方未來的作為。

總而言之，全球經濟體系對國內經濟發展為一刀之兩刃，一方面全球化是中共官方邁向強國之路的絕佳機會，另一方面亦是其維繫內部穩定發展的最大挑戰。因此，全球化對大陸未來所可能造成的影響，本章將試圖去說明全球化理論以及中共的觀點，進而論述其加入世界經貿體系的策略選擇與影響。

第一節　前言

80年代後期以來，世界經濟全球化（globalization）日益明顯，經貿無國界的趨勢對生產力的提昇提供了助益，而這又進一步加速了全球範圍的資本流動，擴大了國際市場流通的範疇，從而讓國與國之間的經濟更加開放。此種以貿易、資金流動、技術革命與產業分工爲特色的全球化潮流，已然穿透各國的邊界，削弱了國與國之間的經濟壁壘，在全球範圍內逐漸形成一個相互依存、共同發展的整體。

那麼國家如何調節自身發展與全球經濟體系間的關係？這不僅是學界爭論的焦點，也是諸多發展中國家面臨的難題之一，半個世紀來中國大陸的發展策略在此問題上經歷了許多轉折，從毛澤東時期的對內強調「階級鬥爭」與「政治掛帥」，對外採取「閉關鎖國」政策，到鄧小平時期的「對內經濟搞活」、「對外經濟開放」；從「獨立自主、自力更生」走社會主義道路，到「抓住機遇、加快發展」地與世界體系接軌，中共的經濟發展策略從鐘擺一端擺向另一極端，亦揭示了一個半世紀以來，貫穿中國近現代史的主要課題——現代化。[1]

中國與現代世界體系融合時，曾經歷過許多痛苦的歷程，而隨著中國大陸改革開放的情勢發展，2001年12月11日加入世界貿易組織（World Trade Organization, WTO）之後，標示著其與世界經濟體制接軌的決心，中國大陸的經濟體制勢將更爲深入地融入

[1]在中國現代史中，不論國民黨或共產黨，不論孫中山、蔣中正或毛澤東、鄧小平，皆以「中國如何走向現代化」、「如何理順與資本主義世界體系間的關係」爲國家發展的主要課題，歷史亦證明其爲政權合法性的重要關鍵。

全球經濟體系。但如前所言，全球經濟體系對國內經濟發展為一刀之兩刃，因此，大陸對全球化出現了一種既期待又怕受傷害的特殊複雜心態，一方面全球化是中共官方邁向強國之路的絕佳機會，另一方面亦是其維繫內部穩定發展的最大挑戰。[2]

正因為全球化對大陸未來所可能造成的影響，因而本章將試圖去說明全球化理論以及中共的觀點，進而論述其加入世界經貿體系的策略選擇與影響。

第二節　全球化理論與中國大陸的觀點

一、關於「全球化」

全球化一詞最早是在1910年，由英國經濟學家安吉爾（N. Angell）所提出，而世界上的全球化的系統研究始於80年代；到90年代，隨著蘇聯的解體以及冷戰的結束而達到最高點。此外，赫洛德．詹姆斯（Harold Jammes）將1975年11月15日，六大工業國領袖第一次召開的「朗布伊耶會議」（Rambo-uillet）視為經濟全球化起點。[3]

「全球化」的意義與內容是既多元又複雜，而這主要是因為研究方法與觀察角度不一所致，有的學者從資訊發展的角度提出全

[2]黎安友（Andrew J. Nathan）著，柯洛漪譯，《蛻變中的中國：政經變遷與民主化契機》（台北：麥田出版社，2000年），頁122～123。

[3]因為此次會議率先提出全球性市場活力發揮的概念，見赫洛德．詹姆斯（Harold Jammes）著，朱章才譯，《經濟全球化1975，11，15，朗布伊耶》（台北：麥田出版社，2000年），頁2～10。

球化就是資訊克服空間障礙在全世界自由的傳遞，而提出「全球村」(global village)。有的學者從經濟角度提出全球化是資源在全球範圍內的自由流動和配置，自由主義經濟學即代表此種觀點。有的學者從體制角度把全球化視爲資本主義的全球擴張，許多左派理論如依賴理論（independence theory）與世界體系理論（world system theory）即持此觀點。有的學者從制度角度把全球化看作是現代制度或現代性（modernity）在全球的擴展，英國社會學家吉登斯（Anthony Giddens）認爲全球化即是現代性從西方社會向世界的擴展。還有學者提出全球化就是全球問題意識和全球共識的達成，羅馬俱樂部是這一觀點的知名代表。[4]亦有學者從文化霸權的角度認爲全球化乃西方文化的擴張，後殖民論者即是持此觀點。

雖然關於全球化的定義，研究者持有不同的立場與觀點，但其仍有以下基本特點：[5]

1.經濟方面：爲財貨與勞務的生產、交換、分配與消費所作的社會行動。隨著跨國企業時代的來臨，國際經濟日益相互依存與融合，進而產生經濟全球化。
2.政治方面：全球化的新思維強調互利合作，以對話談判代替對抗與鬥爭，反對以武力解決爭端的霸權主義。爲了維護民主、自由、人權、和平、發展，全球化思維明確聲明人權高於主權，以致逐漸形成政治權力集中與應用的社會行動。
3.科技方面：全球化是現代尖端科技高度發展的結果，特別是

[4]楊雪冬、王列，〈關於全球化與中國研究的對話〉，收錄於胡元梓、薛曉源主編，《全球化與中國》（北京：中央編譯出版社，1998），頁2。

[5]Malcolm Waters著，徐偉傑譯，《全球化》（台北：弘智文化，2000年），頁11～12。

資訊革命以來，促使人類的行動日益超出時空的限制，各國皆成爲世界經濟體系的一個組成部分，互相影響。同時現代尖端武器的發展，使地球一旦發生戰爭便有被毀滅的可能。

4.文化方面：爲某種符號生產交換表達所作的社會行動，吾人不應當將全球化僅侷限在經濟全球化，蓋因經濟全球化只不過是全世界將形成一個全球體系的過程的起點。隨著經濟全球化，政治、社會、文化、思想、安全、環保等方面也跨越國界而相互影響和趨向同一性。[6]

當今之世，傳統民族國家的觀念業已逐漸開始淡化，就理論上來說，全球化的新思維既然肯定並強調人的共同命運，就要強調世界的主體是人，故首要考量與關心的應該是人的共同利益，而不是某一特定國家的利益。索羅斯（George Soros）便以爲全球資本主義體系雖是一種體制（regime），但卻是一種不完整的體制，蓋因此一體制只能統合經濟的功能，不過經濟功能經常會超越其它功能。除此之外，全球資本主義體系的特徵乃是資本的自由流動，以及資訊與企業精神的大整合（integration）。[7]

就此而言，本文認爲全球化的定義，係指「世界被迅速塑造成一個共同的社會空間。」至於比較周延的定義則是「包括各種社會關係與處置措施等空間性組織的轉變（以其擴展範圍、強度、速度與衝擊影響等觀點來評估），而產生跨越洲際或跨越區域

[6]李英明，《全球化時代下的台灣和兩岸關係》（台北：生智文化，2001年），頁93～96。

[7]索羅斯（George Soros）著，聯合報編譯組譯，《全球資本主義危機：岌岌可危的開社會》（*The Crisis of Global Capitalism: Open Society Endangered*）（台北：聯經出版社，1998年），頁109～112。

的行爲，互動與權力運作等交流網絡的一系列過程。」[8]

值得關切的是，並非所有國家皆會敞開雙手來迎接全球化潮流，當全球化在已開發國家之林深受宣揚與鼓吹的同時，部分開發中國家業已表示高度的質疑，甚至還有部分未開發國家的明白表示反對。然而，全球化畢竟是某種生產力與市場經濟發展的結果，亦是人類歷史發展的趨勢之一，若一味採取逃避或抗拒的態度，終究有可能會使本國的經濟體制，陷於孤立無援與落後的處境。因此，在討論全球化與中國經濟發展間關係之前，有必要針對中共官方對全球化的觀點予以說明。

二、中共官方對全球化之觀點

按照傳統共產主義意識形態以及毛澤東時代閉關鎖國的實踐經驗，中共不僅極力反對市場經濟、自由貿易，同時也是跨國公司以及「世界主義」（cosmopolitanism）的反對者。因此，關於全球化本質一度成爲中國大陸產官學界的爭議焦點，多數學者將全球化視爲一種客觀歷史過程，然而部分學者卻將全球化當作是一種由西方主導的現代化工程，簡單而言就是「西化」（westernization），甚至是「美國化」（Americanization）。[9]蓋因中共政權傳統觀念中，認爲全球化爲「世界主義」的另一種形式，由於全球化取消國界，漠視民族傳統與文化，以致可能會讓中國共產黨因此而失去國家主導權，同時全球化亦曾被看作是帝國主義的思想工具。另一方面，中共傳統政權亦曾大力批評所謂跨國

[8]David Held, Anthony McGrew, David Goldbatt, Jonathan Perraton等著，沈宗瑞等譯，《全球化大轉變：對政治經濟及文化的衝擊》（台北：韋伯文化，2001年），頁21。

[9]王逸舟，《國際政治論析》（台北：五南圖書，1998年），頁8～10。

公司，乃是「帝國主義輸出資本，實行對外擴張的一種組織形式。」然而，全球化乃係無法迴避的客觀事實與浪潮，無論中共官方的心態如何，全球化皆按其自身的邏輯向前推進。[10]因此，在改革開放持續深化以及國際經濟發展的客觀形勢下，中共亦逐漸體認到，全球化對中國而言，不但是一個挑戰，也是一個發展的契機。

在中共官方文獻中，「全球化」一詞最早曾在1997年9月，江澤民在中共十五大的報告中出現，他說：「面對經濟、科技全球化趨勢，我們要以更加積極的姿態走向世界。」此外，江澤民在2000年11月某次講話中亦強調：「外交鬥爭必須堅定反霸立場，以靈活策略反對西方對中國的『西化』與『分化』。」至於在具體政治宣傳方面，中共官方學者提出：「全球化不是一體化，而是與世界的多極化相伴隨的」、「世界經濟將是『多體共存、互惠互利』的全球化而不能由某一超強國家主宰世界的一體化」。無可諱言的，中國大陸對全球化的研究業已逐漸受到重視，以下為大陸學者對全球化觀點的綜合論述：[11]

1.全球化係一個衝突的過程，國家、個人、各種團體、文化都被捲入。
2.全球化係指國際化與本土化並存的過程。
3.全球化係指整合與分裂的過程。
4.全球化係指競爭與合作並存的過程。
5.全球化係指共同發展與分配不公並存的過程。

[10]黃亮宜，侯遠長，孫玉杰主編，《當代世界經濟政治文化》（北京：中國經濟出版社，2002年），頁84。

[11]徐斯儉，〈全球化：中國大陸學者的觀點〉，《中國大陸研究》，第43卷，第4期，（2000年4月），頁1～25。

6.全球化係指和平與衝突並存的過程。

7.全球化係指開放互賴與不對稱依賴並存的過程。

總之，目前中國大陸對待全球化是持「區別對待」的基本態度，一方面承認關於經濟全球化的事實，另一方面對政治與文化的全球化則持否定的態度。目前雖反對全球化的情結有所轉緩，但中國大陸在2001年12月11日「入世」（指加入世界貿易組織）時，亦曾受到國內保守派人士不小的反彈。換句話說，大部分擁護全球化的大陸學者皆一致認爲，隨著資訊科技與知識的普及化，非但使已開發與開發中國家從改變生活型態中受益，即便是未發展國家亦可因之減少貧困，進而逐步擺脫長期的文化封閉與落後傳統。同時亦有部分學者認爲經濟全球化，乃係市場經濟高度發展的結果，故稱其爲市場經濟之全球化；抑或是全球化體系下的市場經濟，易言之，中共官方對全球化的經濟自由化深表接受，但對民主化則持保留的態度。[12]

綜合而論，基於全球化大趨勢，加諸資訊化與進入WTO效應影響，中國大陸市場經濟體制的建立與發展，已走上一條不歸路。勢將使大陸經濟體制進一步轉變，社會更趨多元化，民間社會力量要求自由化、民主化的訴求，將會在公共領域發揮其效能，也將會構成政治體制轉變的壓力，而這意味著中共一黨統治的格局將遭到制約與挑戰。至於中共官方對外開放所持的態度，乃是從全面封閉逐步走向局部開放，再從局部開放到全面開放，而對全球化的態度則是從全面抗拒到選擇逃避，再從選擇逃避到部分承認，但如前所述，其承認的乃是經濟全球化的事實。[13]

---

[12]王良能，《中共的世界觀》（台北：唐山出版社，2002年），頁73。

[13]弗朗西斯科．洛佩斯．塞格雷拉著，白風森等譯，《全球化與世界體系》（北京：社會科學文獻出版社，2003年2月），頁167～171。

第三節　全球化對中國大陸經濟之影響

根據世界銀行的報告，在70年代，約有三分之一的人口生活在中央計畫經濟的體制下，而另外三分之一則是生活在保護主義嚴重的國度，而只有30%的世界人口是直接與世界經濟聯繫在一起的。但90年代以來，由於社會主義國家的市場化以及許多第三世界國家降低貿易障礙，後者的數據值已經激增至90%。[14]另一方面，目前全球貿易90%以上都發生在WTO締約國之間，此皆說明了經濟全球化對單一國家的影響力，而中國大陸加入WTO亦可視爲其進一步與世界經濟體系融合的里程碑，也因此本節將視加入WTO爲大陸全球化發展過程中的具體事件來加以討論。

根據國內學者高長教授的看法，中國大陸加入WTO除了可享受多邊且無條件的最惠國待遇、一般優惠關稅待遇及其他給予發展中國家的特殊照顧、充分利用爭端解決機制、獲得在多邊貿易體制中參政議政權等四項權利外，同時也需盡多項義務，其中包括降低關稅、逐步取消非關稅壁壘、取消被禁止的出口補貼、開放服務業市場、擴大智慧財產權的保護範圍、放寬和完善外資政策（特別是指國民待遇方面）以及增加政策的透明度等。[15]換言之，中國大陸加入WTO後，既可享受世貿組織框架下締約國應有的權利，又要履行其應盡的義務，責任與權利是不可分的。以下簡要說明，加入WTO對中國大陸經濟之影響：

[14]Peter A. G. Van Bergeijk and Nico W. Mensink, "Measuring Globalization," *Journal of World Trade,* Vol.3, No.3(June 1997), pp. 159-168.

[15]高長，《大陸經改與兩岸經貿關係》（台北：五南圖書，2002），頁258。

一、對總體經濟的影響

加入WTO不僅意味著大陸與世界經濟的聯繫更趨聯繫，也標誌著其可能在未來新建立的國際經濟秩序中取得更大的發言權與主動權，而其以開發中國家身分加入，可以依開發中國家發展之原則適度保護其幼稚工業。此外，「入世」對中國大陸的其他影響如下：

（一）對經濟增長的影響

根據計算，中國大陸加入WTO後，由於國際貿易增加、外收投資、資本與技術的投入，每年中國大陸實質國民所得將會增加219億美元，對GDP增長率貢獻為0.5～0.6%。

（二）對國際貿易的影響

由於自由貿易與降低關稅的基本原則，大陸對外貿易將會更形活絡，但在外貿體制上，其與WTO的相關規範仍有極大差距，包括：

1.行政審批、外匯管制、許可證、配額管制等非關稅障礙。
2.限制進口管道，外貿權限為國有企業掌控。
3.外貿政策不統一，經濟特區、開發區、沿海開放城市及一般地區優惠措施各不相同，與國民待遇原則相違背。

（三）對國際投資的影響

根據最惠國與國民待遇等非歧視原則，放寬外資對中國大陸市場准入限制，將會刺激國際資本進一步湧入中國大陸。

（四）對市場開放的影響

中國大陸改革迄今二十餘年，以面臨諸多瓶頸，如金融制度、國企改革等，加入WTO的目的之一，即是想藉著市場開放的機會促進經濟體制改革，換言之，中共想利用外部力量突破國內反改革的阻力，加速促進各項改革與市場化建設。[16]

（五）對產業結構的影響

由於計畫經濟的制度遺產，大陸產業結構與國有企業息息相關，而大陸國企長久依賴其政府補貼、壟斷外貿經營權，然而，在加入WTO後，隨著補貼的逐漸取消，部分外貿經營權的外放，國有企業將在外力競爭的衝擊下喪失原有的特權與優勢，其一方面可能因外資挾著資本、技術、管理方式與人才進入大陸，使一部分大陸企業自我調整而使產業結構改善與升級，但另一方面，大部分企業隨著宣告破產與重組而大量釋出剩餘勞動力，若無法及時受到妥善安頓，失業問題將爲大陸社會帶來動盪。

二、對產業發展的影響

（一）第一產業

加入WTO後，中國大陸將在100多個會員國中享受多邊的、無條件的、穩定的非歧視貿易待遇，不僅可擴大大陸農業的出口，亦可優化農業資源配置，並有利於引進先進農業技術與管理經驗，促進農業生產效率。[17]然而，在論述此些的優勢的同時，亦

[16]高長，前引書，頁261。

[17]高曉清，〈加入WTO與中國農業前景〉，收錄於宮占奎，《WTO規則與中國產業命運》（天津：天津人民出版社，2000），頁353～355。

必須要兼顧中國大陸農業發展的現實，因為「門戶洞開」的另一面向則是使中國大陸脆弱的農業結構受到衝擊。

根據大陸知名學者胡鞍鋼的說法，中國大陸加入WTO後，農民是受到衝擊最大的一群，也是維持大陸社會穩定最關鍵的課題，首先，中國大陸農村人口八億人，占總人口數七成，而90年代以來，農業附加值GDP總量比重由1990年的27%下降至2000年的16.5%，農村居民消費額占GDP的比重由1990年的28%下降至2000年的22.6%，這兩個數據在加入WTO後，由於開放農產品市場、逐步增加糧食、棉花、糖類等重要農產品的市場准入量、降低農產品進口關稅稅率、取消農產品出口補貼等，將會下降得更明顯，此將使八億農民處於極其不利的境地。[18]而由於農村、農業與農民等所謂的「三農」問題始終是中國大陸現代化長期發展的核心問題，隨著市場開放的逐漸加溫，將會使得此問題的政治社會效應更加突出。

（二）第二產業

大陸各類製造業發展水準不一，與各國簽訂之議定書中規範亦不同，因此，加入WTO所造成的影響也會有所差異：

1.一般製造業：中國大陸承諾對工業產品進口的關稅將從原本24.6%降低到2005年的9.4%，大陸也承諾有關電子、機械和營建業等支柱產業之政策，將遵守WTO相關規定，如在資訊產業方面，隨著大陸加入資訊技術產品協議（ITA），其將於2005年1月1日前將IT產品的關稅降到零，其中部分產品的關稅將於2003年前降到零。另一方面，除了在入會議定書

[18]胡鞍鋼，〈加入WTO後的中國農業和農民〉，《二十一世紀》，2002年4月，頁17～25。

中明定保留由國有企業和部分保留五年由指定企業貿易之產品項目外，大陸也承諾入會三年內，開放民營企業可擁有進出口經營權。

2.汽車業：在汽車行業方面，大陸將在2005年取消汽車進口配額限制，2006年中期以前，整車關稅從目前的80～100%降至25%左右，到2006年中期，汽車零組件平均關稅水平將降至10%。而外國汽車廠商將獲得全權的分銷和貿易權，向汽車購買行爲所提供的信貸融資也將獲得許可，如此，中國大陸汽車產業將會面臨更嚴苛的競爭，其所引發的效應便是大陸國內汽車廠的整併以及與跨國公司合作。[19]

3.紡織業：大陸加入WTO後，有利紡織業的出口競爭，長期以來，大陸在紡織工業方面即具有原料（尤其是纖維資源）、產業上中下游配套生產、龐大的國內市場以及勞動力的優勢。而加入WTO，一方面，可通過多邊談判及時獲得多邊的優惠待遇，同時可以利用世貿組織解決與有關國家紡織品貿易爭端，爭取正當利益，而2005年取消配額後，大陸服裝對歐美之出口將會大幅成長；另一方面，加入WTO，投資領域逐步開放，外資進入速度加速，大陸紡織工業可望加速改革，引進新的技術和設備。

（三）第三產業

相對於美國、日本以及新興工業國家而言，大陸在服務業方面落後甚多，在加入WTO後，所受到的衝擊將會更大，其中金融與保險業更將是首當其衝，受到的影響也會最嚴重。

---

[19]郎曉龍，〈汽車工業的調整與發展〉，收錄於宮占奎，前引書，頁233～246。

1.金融服務業：大陸銀行體系是以國有銀行爲主體，市場化程度不深，而在加入WTO後，一方面，美資銀行可立即向外國客戶提供所有外匯業務，一年後可向大陸客戶提供外匯業務；另一方面，進入WTO兩年後，外資銀行將獲准對大陸企業經營人民幣有關業務，五年後放寬至可對個人進行人民幣業務，並取消對外資銀行的經營地區限制與量限制。就此而言，引進外資銀行，並逐步開放人民幣業務，是加入WTO後，大陸遵循金融服務業國民待遇原則應盡的義務，其不僅對以國有銀行爲主體的金融體制造成衝擊，也對整體經濟改革產生重大而深遠的影響。

（1）在證券業方面：入世後將允許中外合資企業承銷大陸證券，包括債券與股票及從事基金業務，同時可以進行A股與B股股票的買賣。而開放外資亦將有助於證券市場資金的來源以及對股票市場結構的調整。

（2）在保險業方面：將允許外資企業有效管理控制合資的壽險保險公司，但仍限制外資持股最高50%，三年內逐漸廢止保險業在大陸的地域限制，五年內分階段擴大外國保險公司進入團保、健保、勞保及養老保險，此對中國大陸長期「企業辦社會」的保險制度將造成衝擊，且大陸保險市場在質量皆優的外商保險公司的鯨吞蠶食下，恐將成爲外商的天下。

2.電信業：加入WTO時，大陸必須先開放南北三大城市北京、上海和廣州等地的行動傳呼及其他業務，但外資不得超過合資的30%，二年後得提高到50%，並取消地域限制；三年後完全開放。而二級城市如成都、重慶、大連、福州、杭州、南京、寧波、青島、瀋陽、深圳、廈門、西安、太原、和武漢等城市，加值及傳呼服務將於入會後一年，無線電信服務於入會後三年，國內及國際電信服務於入會後五年開放外資經營。另一方面，允許外商在「中」美合資成立的行動傳呼和其他加值服務的電信公司（含網際網路業務及衛星科技業務在內）擁有49%的股權，進入WTO兩年後，允許外商擁有電信業50%的股權。但基礎電訊方面，外資最高只能擁有49%的股權。而大陸電信服務業由於長期以來受到政府保護，競爭力薄弱、利潤率低、資源未能充分運用，以及電信管理體制與企業經營機制、電信法規皆不符WTO的要求，故加入WTO對其產生的影響是挑戰大於機遇。[20]

3.旅遊業：在旅遊業旅館部分，大陸入會後將允許外資自由進出，並可持有飯店旅館過半數股權，並於三年內全面開放外資擁有其所有權。而在旅行社部分，外資旅行社可提供所有種類及全線的旅遊服務，並可籌辦到國家級的旅遊渡假區以及北京、上海、廣州、西安等城市觀光的旅行團，並於三年內擁有過半數的股權，六年內全面開放外資擁有其所有權，外資旅行社在其母國營業額須達4,000萬美元以上，另在大陸投資登記資本額須登記有400萬元人民幣以上；在入會後三年內上述資本額亦不得少於250萬元人民幣。

4.專業服務業：在加入WTO後，大陸除律師外，允許會計、稅收、管理諮詢、建築、工程、城市規劃、醫療和牙科、及計算機相關服務等業持有過半數股權，會計業將取消強制性本地化要求，允許自由進駐，並在發證上應用國民待遇原則，並實行程序透明化。整體而言，除了農業與工業以外，大陸加入WTO後，由於國內市場的開放，眞正受到最大衝擊的產業應該是服務業。外資勢必挾帶著龐大的資金與優越

[20]高長，前引書，頁271。

的管理經驗，大量投資在大陸的服務業市場，因此，未來幾年大陸服務業必將面臨嚴重的挑戰與考驗，對大陸原有服務業的企業而言，當務之急應該是如何加速調整體質以便與外資企業競爭，以免遭遇到淘汰。對於各地方政府而言，如何建立一個公平的服務業競爭環境，供本國企業與外資企業依循並建立發經策略，則應當是其最主要的施政方針。[21]

第四節　全球化對國家經濟安全的影響

除了上述關於加入WTO對大陸總體經濟與產業的影響外，其所引發的經濟安全顧慮亦值得關注，而經濟安全（economic security）指的是在經濟發展過程中能夠有效消除潛在的風險，抗拒外來衝擊，以確保國民經濟發展、國家經濟主權不受分割的一種經濟狀態。經濟安全是一個國家獨立自主的基礎，一般而言，全球化對國家經濟安全的威脅包括國際支付危機、金融風險以及產業或產品市場受到外國控制等。[22]另外，全球化所造成內部經濟發展的失衡，與所引發的政治社會效應將是不可忽視的。

就此而言，當今國際經濟是無法與政治因素割裂的，「權力」考量依然是至關重要的。[23]就大陸而言，「全球化」概念中的政經邏輯是：「把擴大對外開放與維護國家經濟安全有機結合起來，加入世貿組織，不僅是一個重大的經濟問題，也是一個重大

[21]林祖嘉，〈大陸加入WTO後市場開放所面臨的競爭與挑戰〉，發表於《民國九十年大陸經濟發展研討會》，2001.12.11，中華經濟研究院，台北。

[22]王朝才、傅志華、隆武華，〈世界經濟全球化與中國經濟安全〉，收錄於胡元梓、薛曉源主編，前引書，頁180～182

[23]Robert Keohane and Helen Milner, *Internationalization and Domestic Politics* (N. Y. : Cambridge University Press,1996), p.24.

的政治問題。」[24]故以下將進一步分析經濟全球化對中國大陸經濟安全的影響：

一、外商直接控股與技術壟斷

根據大陸學者的研究，外商直接投資對中國大陸經濟利益與產業安全所形成的威脅來自三個面向：[25]

1.對外商投資的優惠直接壓抑本土企業的發展空間。

2.部分產品的國內市場已被跨國企業所控制，如輕工業中的洗滌用品、飲料業，通訊產品以及汽車業等。

3.合資過程中的國有資產流失現象。

二、金融風險

如同上節所述，大陸金融服務業的開放，將加速外資進入銀行與證券業，增高大陸金融風險。而從90年代金融風暴看來，其除了國家內部體制的因素外，國際投資客的投機行爲亦是關鍵，開發中國家爲了促進經濟快速發展，在擴大利用外資的同時，也放鬆了對本國金融市場的監管，而成爲國際投機客的溫床，進而釀成金融市場的嚴重危機，90年代的墨西哥金融危機與亞洲金融風暴皆是如此，造成匯率與股市的巨幅波動。

[24]石廣生，〈提高應對能力，加快發展自己〉，《求是》，2002年第14期（2002年7月16日），頁6。

[25]王朝才、傅志華、隆武華，前引文，頁184～185。

三、外貿依存度升高

全球化增進各國經濟的相互依存度，相互依存則進一步增加各國的相互瞭解，深切體會各自的利益與理念，同舟而共濟，達成共同的目標，然而，其亦涉及到國家外貿依存度的問題。中國大陸與外部世界經濟的依存度由1981年的18%提高到2001年的50%，而大陸90年代以來，依靠出口和外資拉動經濟成長又特別明顯，就此而言，大陸對外依存度極高。

不同國家由於對外依賴程度的不同，在緊急情況下擺脫依賴的難易程度和承受的代價也不同，敏感性小、內部調控機制健全的國家，在討價還價中擁有的權力就大，國家安全受到的威脅也就輕。反之，維護自身安全的手段有限的國家，其遭受的打擊程度就重。而隨著大陸加入WTO後，資本市場的進一步開放，這種敏感性在短期內會更強。

四、加速區域不均衡發展

進入全球化體系後，中國大陸經濟發展的議題，不僅是能否維持其經濟成長，尤其重要的是如何平均經濟發展與資源分配等問題。根據聯合國在評量一國的經濟發展時，其中有一項議題乃係是否有區域分配不均的情形，十分有趣的是，若以北京與上海兩個大城市來比較分析，就外國直接投資金額與城市發展建設而言，中國大陸堪稱世界前二十五個已發展國家之林；但若以青海為評量標準，則排名落後至一百三十五名，再以西藏為評量標準的話，則排名更會進一步降至一百四十七名。類似此種區域發展不均問題，在因加入WTO後，中國大陸沿海地區進一步與國際經濟接軌，大陸區域經濟中的「東——中——西」格局會更加明顯。

五、政治影響

市場的開放，將使國內市場充滿進口的消費品，而由於外國商品以各種不同形式的包裝上市，再加上傳播資訊的暢通，造成消費習慣的「示範效果」，使得國民有「超前消費」現象，此種追求高消費不僅造成社會風氣敗壞，亦是造成貿易逆差、資本無法累積與經濟發展停滯的原因之一。另一方面，在政治體制上，大陸堅持一黨專政，其雖極力避免政濟全球化可能引發的政治全球化，但資訊的快速傳播，促使中共官方感受到其控制社會的能力大幅度降低，以致各種外來思潮更容易滲透進入社會內部，進而有動搖其一黨專政統治權的基礎。

六、社會危機

中國加入WTO之後，在享有經濟全球化收益的同時，急劇地增長了開放市場的種種風險，這包括現在的社會衝突顯現出來，外部衝擊直接影響宏觀經濟穩定，尚不具備利用經濟全球化的人群，地區邊緣化，尚不具備國際競爭力的企業，行業和部門受到嚴重衝擊，原有的經濟不安全、社會不平等及政治不穩定會隨之被放大或者相互關聯強化，如果不能夠有效地管理社會衝突，就可能由經濟危機引發社會危機，由社會危機引爆政治危機。易言之，雖然大陸改革開放取得亮麗的成績，但其間所引發的諸如分配不均、失業率攀升等社會危機，可能會制約其未來的發展。

「全球化」不但是經濟概念，更是政治概念，站在國際的角度觀察，其將是國際社會權力再分配的過程。[26]回顧中共官方在衡量其是否要積極加入「世貿」時，曾一直存有以下兩點疑慮：首先是擔心國內企業無法承擔加入世貿後，大量外資以及多元商品的衝擊，或因引發嚴重的失業問題而造成社會的動盪。其次是擔心諸如美國的西方國家，藉由軍事實力爲後盾，以世界銀行與跨國企業爲手段，對發展中國家施加巨大影響。因此，如何能相應地不僅進行經濟的、政治的、社會的以至思想文化的更新，才能適應全球化的要求，乃至進行某種程度的趨利避害，俾利取得良好的機遇和更多的成就，即爲中共政權必然面臨的課題。[27]

結論

全球化乃是二十一世紀不可逆轉的大趨勢，而經濟的全球化更是全球化的第一步。蓋因全球化不只是經濟或市場的全球化，它是全方位的全球化，包括資訊、教育、文化、政治、軍事和觀念的全球化。對中共官方而言，過去「本土」是常態，「國際」則是例外，然而到了今天，全球化已不再是理論，它的影響遍及國家、企業、產品、服務、個人，而且全球化所產生的還是一種同步的影響力，因爲全球化的新思維集中到一點，就是承認人類有共同的命運。[28]

[26]戴維·赫爾德等著，楊雪冬等譯，《全球大變革：全球化時代的政治、經濟與文化》（*Global Transformations: Politics, Economics and Culture*）（北京：社會科學文獻出版社，2001年4月），頁259～262。

[27]烏·貝克等著，王學東等譯，《全球化與政治》（北京：中央編譯出版社，2000年3月），頁91～94。

[28]諾德斯壯（Kjell Nordstrom）著，周蔚譯，《放客企業》（*Funky Business: Talent Makes Capital Dance*）（台北：台灣培生教育，2002年12月），頁113。

大部分研究者均認爲，中國大陸加入「世貿」後，意味著其與世界經濟體系接軌，但對於「入世」後所造成的影響卻是人言人殊、莫衷一是，其中最具代表性的便是在大前研一《中華聯邦》[29]與章家敦《中國即將崩潰》[30]兩書中南轅北轍的觀點，前者認爲中國大陸加入WTO後，以經濟爲基礎的「中華聯邦」已然形成，但後者卻認爲中國大陸脆弱的政經體制將會在全球化的浪潮中解體，本文無意加入其中的辯論，但我們卻可從其中發現全球化對一國政經發展的影響猶如銅板之兩面，既有優勢也深具風險。

換言之，中國大陸在未來融入全球化體系以後，是成爲整個亞洲市場經濟的模範生，抑或是會因爲政治方面無法持續地產生變革，終將被重重的問題所擊潰？這將完全取決於中共官方未來的作爲。而我們可從以下兩方面予以觀察：一方面其是否能眞正履行作爲國際社群一分子的義務，另一方面則是中國大陸制度建構的問題，包括司法與行政體系改革、建構與國際相配套的法規體系、解決地方主義等問題。[31]

---

[29]大前研一，《中華聯邦：二○○五年中國台灣統一》（台北：商周出版社，2003）。

[30]章家敦，《中國即將崩潰》（台北：雅言文化，2002）。

[31]Supachai Panitchpakdi and Mark Clifford著，江美滿譯，《中國入世》（*China and the WTO*）（台北：天下，2002）。

問題與討論

一、何謂全球化？其理論要點為何？

二、請說明全球化對中國總體經濟之衝擊。

三、中國大陸官方對全球化思潮之觀點為何？

四、請說明加入WTO對中國大陸產業的影響。

五、請說明全球化與中國大陸經濟安全的關係。

第九章 中國大陸新興產業的發展

舒中興

時序進入二十一世紀，世界各國莫不將掌握下一波文明革命的浪潮變化視為未來國家競爭的重大戰略目標，此一變化最主要、突出的內容即為科技，表現在經濟上即為新興產業的發展。而國家對於高科技與新興產業的支持，係以政策方式投入科研經費、組織科技人才、決定科學研究規模、策略與目標。因此，新興產業在中國大陸的發展，與中國大陸政府的科技政策有著密切的關係，而中國大陸科技政策的演變，則與中國國家發展目標有著緊密的聯繫。在啓動了以發展經濟為主軸的改革開放政策之後，以科學技術發揚經濟生產力的中國大陸科技政策宗旨於焉確立，尤其以科技研發支援並促成新興產業的政策方向，不斷地以各種國家計畫、中央法規等形式頒布執行，更證明了現階段中國大陸新興產業的發展，是與國家科技政策的演變息息相關的。特別值得注意的是，在全球產業分工體系已初步形成的趨勢之下，對於同樣曾以加工出口區以及科學園區等優惠政策吸引大量外資、技術促進經濟發展的台灣而言，中國大陸此一發展所形成的全球競爭態勢，是台灣必須保持關注的焦點。

第一節　新興產業與國家競爭優勢

一、新興產業的理論探討

對於新興產業的理論探討，必須放在人類文明的發展脈絡中來加以觀察，方能掌握產業新興之意義所在。未來學家托佛勒（Alvin Toffler）以生產力作爲理解人類文明發展的核心，認爲人類社會發展迄今，曾經歷過三次重大的革命性改變。[1]他將人類歷史的發展視爲一連串波動變化的浪潮，每一次重大的改變都是由最前緣的波浪開始。因此，人類文明的發展亦復如此，整體文明的進展由小範圍開始，最終影響全世界。首先是將近一萬年前的農業革命，農業耕作形式的出現，改變了以游牧、漁獵、放牧等遷徙生產模式，形成了莊園、部落、以至四大農業古文明的出現。農業革命的影響一直到十七世紀末都尚未結束，但此時發生在歐洲的第二波革命：工業革命已然在歐洲爆發。工業革命以機器取代獸力的生產方式，在領先者如英、法等國的推波助瀾下迅速蔓延至全世界，而此一生產力擴散的政治經濟學形式，即表現爲惡名昭彰的帝國主義（imperialism）。

自十八世紀工業革命濫觴以降，人類文明的進程，已無法擺脫受「科技」制約（domination）以決定優勝劣敗的宿命。換言之，無論是十九世紀的帝國主義，或是二十世紀的霸權主義（hegemonism），基本上都是憑藉著科技所決定的國力強弱來遂行其目標。第三波的資訊革命，從另一角度而言，不過是社會學者

[1]參見：Alvin Toffler，黃明堅譯，《第三波》（台北：時報文化，1994）。

貝爾（Daniel Bell）所謂「後工業社會」（post-industry society）的來臨[2]，並未眞正改變此一優勝劣敗的結構。因此，時序進入二十一世紀，世界各國莫不將掌握下一波革命的浪潮變化視爲未來國家競爭的重大戰略目標，此一變化最主要、突出的內容即爲科技，表現在經濟上即爲新興產業的發展。

在現階段的國際社會中，當全球化浪潮席捲了大部分國家與地區之後，所謂的競爭力，正是指各個國家以何種全球化策略在國際社會中競爭的能力。[3]一般國家競爭力的發展過程通常歷經四個導向階段（參閱圖9-1）：[4]生產因素導向（factor-driven）、投資導向（investment-driven）、創新導向（innovation-driven）以及富裕導向（wealth-driven）等四個階段。國家經濟發展，從仰賴基本生產因素開始，受限於先進國家的科技制約，如果基本生產因素

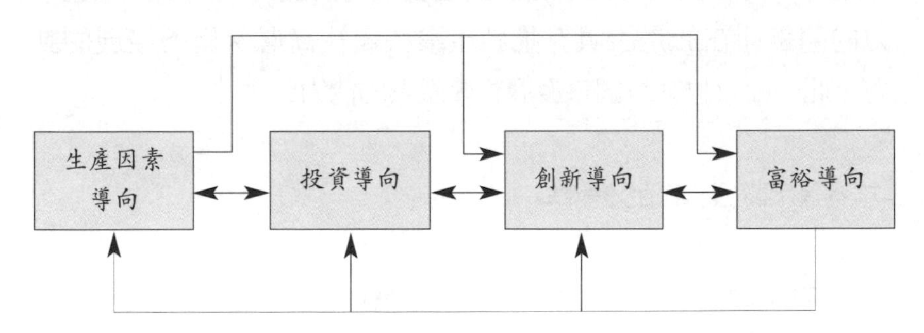

圖9-1　國家競爭力的發展過程

資料來源：Michael E. Porter，李明軒、邱如美譯，《國家競爭優勢》（台北：天下文化，1996年），頁809。

[2]參見：Daniel Bell，高銛等譯，《後工業社會的來臨》（台北：桂冠，1995）。

[3]Michael E. Porter，李明軒、邱如美譯，《國家競爭優勢》（台北：天下文化，1996），頁11～13。

[4]Michael E. Porter，李明軒、邱如美譯，前引書，頁779～806。

喪失價格比較優勢，或受到全球景氣影響，則國家經濟將嚴重受創。進入投資導向階段後，國家或企業將透過投資來實現生產因素的提昇，通常是改良或複製先進國家的成熟科技，以更有效利用本國的基本生產因素，從而實現經濟成長的目的。國家經濟進入創新導向階段後，以基本生產因素形成競爭優勢的成分降低，企業轉而依賴國家所建構的科技研發機制及各種資源的提供，據以開發領先全球的專業創新能力，並且發展出可帶動上中下游產業群聚效應的高生產力競爭優勢。最後是富裕導向階段，由於前三階段所累積的資源與財富超出內部需求，使得投資與經濟創新活動減緩，如果原本具備高生產力的產業無法維持既有優勢時，雖然社會普遍擁有富裕生活，但國家經濟可能出現衰退現象。

換言之，如果投資導向階段是國家經濟穩定發展的門檻，那麼創新導向階段則是國家經濟永續發展的關鍵。因此，國家競爭力的關鍵即在於是否具有推動產業持續往高層次優勢發展的動力，此一動力也就是國家發展新興產業的能力。

二、新興產業的特性

美國爲維繫現階段國際社會的霸權地位，將尖端科技與新興產業視爲國家的重要戰略目標。美國政府對於科技研發與新興產業的重視，可以由主導科技政策方向的「總統科技諮詢委員會」（President's Committee of Advisors on Science and Technology, PCAST）於1995年公布的美國科技政策原則來理解：[5]

第一，科學和技術是推動美國經濟發展和提高人民生活素質

[5]參見：PCAST Statement of Principles, 取自http://www.ostp.gov/PCAST/principless.html。

的主要決定因素，其重要性與日俱增。第二，政府對科學與技術的支持應視爲對未來的必要投資。第三，科學、數學與工程科學方面的教育及培訓工作對於美國的未來極爲重要。第四，聯邦政府應持續支持大學、研究所及國家實驗室等具備一流實力的研究機構，將其視爲國家科技基礎的組成部分。第五，政府應支持對科學技術的基礎研究與應用研究，其中應包含有利於民間部門及國家利益的先驅科技研究。第六，長期的規劃與穩定的經費支持，對於科技研發、科技教育以及國際科技合作等相關工作而言，是聯邦政府投資最有效的運用方式。

從上述我們可以理解美國政府對於科技的重視，同時也突顯了以高科技爲主的新興產業，在發展過程中不僅需要高額資本的持續投入、高素質人才的培養，更由於市場高度的不確定性等因素，即使強大如美國，新興產業往往亦必須藉助國家力量方能完成。一般而言，從產業的生命周期來觀察（參閱圖9-2），以高科技

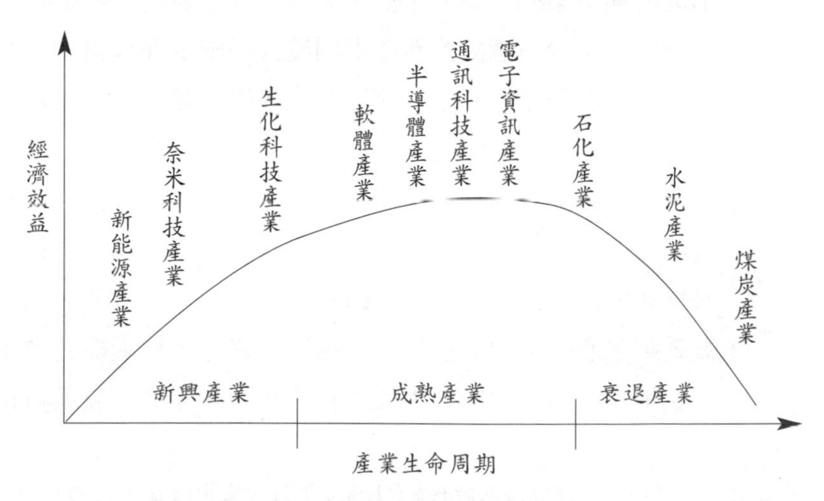

圖9-2　產業生命周期曲線圖

爲主要內容的新興產業，與傳統產業相較具有以下幾個特點：[6]

1.高技術密集：新興產業在本質上即具有知識高度密集的特色，例如，1994年美國高技術新興產業就業人數僅占了全國總製造業的18%，但是卻集中了全國三分之二的科學家及工程師。

2.高資金密集：由於尖端科技的開發一般皆不具備成熟、充分的客觀研發條件，因此在研發（R&D）上都必須投入大量的先期研發資源。包括了研發人才、設備更新、產品試驗、資金等等，非一般企業所能負擔。

3.高附加價值：由於新興產業完全是一種創新技術的經濟活動，除了產品本身的高技術價值之外，亦能透過上中下游的產業鏈帶動整體經濟，從研發到行銷都能帶來相當的經濟效益，具有高附加價值的特色。

4.高風險：由於尖端科技的研發容易出現瓶頸，且技術成熟度有限，加上科技產品技術更新速度快，產品壽命周期有限，形成新興產業的高風險來源。另外一個主要的風險則是來自於市場，由於新產品的新市場開發具不確定性，再加上初期市場規模與接受度有限，無法形成經濟效益，都使得新興產業無法避免高風險因素。

5.高增長速度：以高新技術爲主的新興產業，其增長速度明顯高於一般產業。例如，1960年代出現的電子產業，今日已成長爲與鋼鐵、汽車、石化具備同等經濟規模的產業。

6.高戰略意涵：尖端科技作爲一種戰略資源，是國際社會中國家競爭力的主要判準。因此，科技研發的超前領先與科技成

[6]李京文，《迎接知識經濟新時代》（上海：上海遠東出版社，1999），頁205～207。

果的有效利用，可以拉大與其他國家間的競爭力差距，確保本國在國際社會中的優越戰略地位。

第二節 新興產業與東亞國家發展模式

國家對於高科技與新興產業的支持，係由國家以政策方式投入科研經費、組織科技人才、決定科學研究規模、策略與目標，二次大戰期間美國的「曼哈頓計畫」（Manhattan Project）即為早期著名的例子。[7]

這種以國家力量來推動產業發展的作法，特別是協助經濟產業發展的此一模式，被學界稱之為東亞模式，東亞新興工業國家如台灣、南韓、中國大陸等國，在國家經濟發展進入投資導向階段後，一方面面臨了先進工業國家保護主義的貿易障礙，另一方面則面臨了邊陲的第二波新興工業國家低成本的挑戰。[8]因此，如何加強國家經濟發展創新導向階段的投入，以期縮短與西方先進國家的科技差距，另一方面拉大與其他新興工業國家的領先差距，便成為東亞新興工業國家的重要發展課題。

最早對於東亞模式進行研究的是美國學者C. Johnson，其透過對日本經濟發展中通產省的角色的研究後，提出了「資本主義發展型國家」（capitalist developmental state）的概念，而懷特（G. White）也在研究東亞新興工業國家的經濟發展後，提出了「發展

[7]所謂「曼哈頓計畫」，即二戰期間，由羅斯福總統下達總動員令，為超前納粹德國製造原子彈的計畫，總投入人數近15萬、耗資達20億美元。參見：《清蔚園》取自http://vm.nthu.edu.tw/science/shows/nuclear/nue-his/use.html。

[8]參見：Immanuel Wallerstein，郭方等譯，《近代世界體系》（台北：桂冠，1998）。

型國家」（developmental state）的概念[9]，「發展型國家」也就成為東亞經濟發展研究中最為人熟知的概念。

所謂發展型國家的主要內涵是：「國家以經濟發展為取向，有效地介入市場並透過政策作為來引導私營部門，以國家能力來主導特定產業的發展」，也就是承認後進國家可以透過官僚體系的強力干預來協助國家經濟發展，這個理論基本上是後進工業國家發展歷史的歸納結果。[10]

懷特與韋德兩人以為，東亞經濟成功並非是因為市場訊息引導下的私人企業經營行為，而是政府官員基於本身的理解與國家目標並介入市場運作後所產生的結果。[11]東亞國家中的政府依循「理性規劃體制」擁有明確的發展偏好與方向，同時正確地選擇適當的工業政策以完成目標，此種發展模式是不同於歐美國家將目標放在維持市場秩序所採用的「理性市場體制」。[12]在東亞國家的發展中，由於能夠維持國家的自主性以保持安定，並藉由權力集中的政府體制與私人部門相互影響來維持優越地位以進行開發，因此取得了明顯的經濟成就。[13]

近年來東亞新興工業國家逐漸由過去傳統產業轉型為高科技產業，而在這種轉型的過程中，當地政府又再次地運用過去的發

[9]鄭為元，〈發展型「國家」或發展型國家「理論」的終結？〉，見《台灣社會研究季刊》（台北），第34期，1999年6月，頁4。

[10]同前註。

[11]吳德榮，〈國家，市場，還是經濟管制？從四本東亞研究論著談起〉，《香港社會科學學報》，1993年春季號，頁180～181。

[12]吳德榮，〈國家，市場，還是經濟管制？從四本東亞研究論著談起〉，頁181。

[13]R. Wade著，張宗漢譯，《管理市場——經濟理論與東亞國家由政府主導工業化》（台北：五南圖書，民國83年），頁27。

展模式，成功的協助新興產業的成長。由於在創新導向階段的經濟發展中，高科技新興產業具有重要的地位，這是因爲新興產業不僅本身具有發展遠景，亦可發揮帶動傳統產業升級的火車頭效應。而國家在東亞國家的高科技新興產業發展過程中，就扮演關鍵性的重要角色。因此，對於國家角色與高科技新興產業之間的關係，我們可以透過國家主義（statism）、新古典經濟學（neo-classical economics）以及統合主義（corporatism）等不同理論典範的詮釋與探討來加以掌握（參閱表9-1）。

第三節　中國大陸的科技政策與新興產業政策

基本上，中國大陸產業發展模式十分類似於東亞國家的發展模式，所以新興產業在中國大陸的發展，便與中國大陸政府的科技政策有著密切的關係，而中國大陸科技政策的演變，與中國國家發展目標有著緊密的聯繫。1964年時任國務院總理的周恩來，在第三屆人大會議上，即首次將科技現代化列爲「四個現代化」的國家發展目標。[14]往昔中國大陸的科學研究工作，由於受到中共意識形態的影響下，只有與國防軍事相關的科研工作能夠保持基本穩定，其他的科學研究工作則經常受到政治因素的干擾，難以順利進行，對於科學研究成果的質量不無影響。中共十一屆三中全會確立了改革開放的政策方向之後，對於攸關國家未來競爭力的科技政策也產生了明顯的影響與改變。鄧小平在1978年的全國科學大會上，重新確認了科技現代化作爲國家發展目標的重要

[14]即農業、工業、國防及科技的現代化。見：中共中央黨史研究室，胡繩主編，《中國共產黨的七十年》（北京：中共黨史出版社，1991），頁414。

表9-1　新興工業國家發展高科技新興產業的理論比較

	國家主義	新古典經濟學	統合主義
新興工業國家政府扮演的角色	市場並非完美，國家可藉由公共財的提供與誘因創造引導經濟發展。	支持市場經濟，反對人爲干預，認爲在市場機制運作下自然會出現最適化結果。	尊重市場機制，但也認爲資訊不完全是常態現象，主張以協議方式解決此一問題。
國家與產業關係	國家具有長遠視野與不可取代的利益，因此國家擁有充分的權威，以政策或行政力量來扶植產業發展。	國家是生產因素的提供者，只要能維持經濟穩定、創造需求，便能促進生產。	以國家、資本家、勞工三邊協議的方式來進行決策，並透過各層級組織來執行決策。
高科技新興產業的發展模式	由國家官僚選定策略性科技目標產業，提供充分的產業政策，管制國內市場，以促進高科技新興產業的發展。	國家提供租稅優惠、資金補助以及必要的智慧財產權法律保障環境，由高科技新興產業自行發展。	主要行爲者之間有許多中介機構，構成了綿密的正式及非正式網絡，因而提高了資訊交換的正確性，造成互惠性同意，進而提高決策的可行性。
批評	1.私人資本力量的興起將削弱國家的自主性與職能。 2.國家結構與經濟表現的關係欠缺明顯關聯。	1.對於國家扶植特定產業的原因無法提出有效解釋。 2.忽視歷史背景因素，也忽略不同國家、部門間的發展差異。	1.網絡概念無法解釋劇烈的經濟變動。 2.經過一定時間仍可能出現排他性結盟，並可能出現主從關係。 3.網絡關係與經濟發展關係不明顯。

資料來源：王文岳，《台灣半導體產業的政治經濟分析：國家——產業制度的建立、發展與轉型》（台北：國立政治大學政治研究所，民國89年），頁14。

地位，其次，更標舉了科學技術作爲生產力的意義，最後則爲科學研究人員係合乎中共意識形態的工人階級合法性定調[15]，爲中國大陸現階段的科學技術研究奠定良好而穩定的客觀條件。

一、改革開放前中國大陸科技政策的演變

中國大陸科技政策的演變，可由重要科技政策的提出、重要科技法規的立法以及相關中央主管單位的成立來加以掌握。詳見表9-2中共建政之初，由於受到國際政治環境的影響，關於國家科技發展的規劃，僅能援引同爲社會主義國家的蘇聯經驗，因而採取對於蘇聯一面倒的依附政策，並且模仿蘇聯的科技制度與發展規劃，如同仿自蘇聯的第一個經濟發展五年計畫，本時期的科技發展規劃亦以重工業爲主要特徵。[16]1949年，中國大陸整合了國民政府時代的中央研究院、北平研究院等研究單位，成立了第一個主管科技發展的單位：中國科學院，並且在1955年提出了《中國科學院第一個五年計畫綱要草案》的科技政策，確定原子能、鋼鐵工業以及石油工業等科技研發重點領域。[17]換言之，也就是中共建政之初所選擇的重點新興產業。在科技法規立法方面，1950年中國大陸頒布了《關於獎勵生產的發明、技術改進及合理化建議的決定》、《保障發明權與專利權暫行條例》，1954年《有關生產的發明、技術改進及合理建議的獎勵暫行條例》等科技法規，以法律形式來鼓勵科技研發的進行。

[15]崔祿春，《建國以來中國共產黨科技政策研究》（北京：華夏出版社，2002），頁100～103。

[16]唐彥博，《新世紀中國科技發展策略》（台北：永業出版社，2001），頁58。

[17]崔祿春，前引書，頁11。

表9-2　中國大陸重要科技政策、法規及相關中央組織的演變

時間	重要政策	重要法規	相關中央主管單位
1949			中國科學院
1950		《保障發明權與專利權暫行條例》	
1954		《有關生產的發明、技術改進及合理建議的獎勵暫行條例》	
1955	《中國科學院第一個五年計畫綱要草案》		
1956	《1956～1967年科學技術發展遠景規劃》（簡稱《十二年規劃》）、《建立我國國防航空工業的意見書》（兩彈一星計畫之始）		國務院科學規劃委員會、國家技術委員會
1958			中華人民共和國科學技術委員會（由國家技術委員會及科學規劃委員會合併，簡稱國家科委，1970年撤銷）
1961	《關於自然科學研究機構當前工作的十四條意見（草案）》（簡稱《科研工作十四條》）	《發明獎勵條例》、《技術改進條例》	
1963	《1963～1972年科學技術發展規劃》（簡稱《十年科學規劃》）		
1964		《中華人民共和國科學技術委員會工作條例》	
1977			國家科學技術委員會（恢復）
1978	《1978～1985年全國科學技術發展規劃綱要》（簡稱《八年科學規劃》）		

（續）表9-2　中國大陸重要科技政策、法規及相關中央組織的演變

時間	重要政策	重要法規	相關中央主管單位
1979		《自然科學獎勵條例》	
1981			國務院科技領導小組
1982	《中國共產黨第十二次全國黨代表大會政治報告》（首次將科學技術列爲國家經濟發展重點）、《科技攻關計畫》		
1983	《1986至2000年中國科學技術發展長遠規劃》		
1984	《國家重點實驗室建設計畫》	《科學技術進步獎勵條例》（失效）、《專利法》	
1985	《星火計畫》 《關於科學技術體制改革的決定》		
1986	《高技術研究發展計畫綱要》 （即《863計畫》）		
1987	《關於進一步推進科技體制改革的若干規定》	《技術合同法》（失效）	
1988	《火炬計畫》、《關於深化科技體制改革若干問題的決定》		
1989		《863計畫科技成果管理暫行規定》	
1990	《國家科技成果重點推廣計畫》		
1991	《國家基礎研究重大項目計畫》（即《攀登計畫》）		
1992	《國家中長期科學技術發展綱領》		
1993		《科學技術進步法》	
1995	《關於加速科學技術進步的決定》		

（續）表9-2　中國大陸重要科技政策、法規及相關中央組織的演變

時間	重要政策	重要法規	相關中央主管單位
1996	《關於九五期間深化科技體制改革的決定》 《技術創新工程》	《促進科技成果轉化法》	
1997	《國家重點基礎研究發展規劃》 （即《973計畫》）	《國家重點新產品計畫管理辦法》	科學技術部 （國家科委更名）
1998	《中國農業科學技術政策》 《知識創新工程》		
1999	《關於加強技術創新、發展高科技、實現產業化的決定》	《國家科學技術獎勵條例》	
2001	《科研條件建設「十五」發展綱要》	《集成電路布圖設計保護條例》、《計算機軟件保護條例》、《國家科技計畫管理暫行規定》	
2002		《科學技術普及法》、《國家技術創新計畫管理辦法》、《人類遺傳資源管理暫行辦法》	
2003	《關於深化轉制科研機構產權制度改革的若干意見》	《國家科技攻關計畫管理辦法》	

資料來源：崔祿春，《建國以來中國共產黨科技政策研究》；《中華人民共和國科學技術部》，取自http://www.most.gov.cn/；〈法律文庫〉，《中國法院網》，取自http://www.chinacourt.org/；筆者整理。

值得注意的是，1956年中共公布了《1956～1967年科學技術發展遠景規劃綱要》，這是第一個針對科技發展的全國性計畫綱領。[18]另外，中共著名的航太、導彈之父錢學森，也在同年向中共中央提出了《建立我國國防航空工業的意見書》，這正是著名的《兩彈一星》計畫之始[19]，《兩彈一星》計畫是中共早期投注許多資源而獲致相當成果的軍事科技計畫，也是現階段中共航太工業的奠基石。1957年之後，由於中國大陸一連串政治運動的干擾，除了國防軍事科技方面的研究工作外，其餘科技研究領域的工作都受到了相當程度的影響。例如，作爲中國大陸最高研究機構的中國科學院，在以非理性、浮誇著名的大躍進運動中，受當時氣氛影響亦隨之起舞，甚至公開陳述農田可以畝產萬斤稻米等等非科學的論證。足證當時中國大陸的社會環境，對於科技發展造成了一定的斲害與遲滯。

二、改革開放後中國大陸的主要科技政策與新興產業

在啓動了以發展經濟爲主軸的改革開放政策之後，以科學技術發揚經濟生產力的現階段中國大陸科技政策宗旨於焉確立，尤其以科技研發支援並促成新興產業的政策方向，不斷地以各種國家計畫、中央法規等形式頒布執行，更證明了現階段中國大陸新興產業的發展，是與國家科技政策的演變息息相關（見表9-3）。

[18]崔祿春，前引書，頁20～29。

[19]「兩彈一星」即核彈、導彈與人造衛星。參見〈錢學森〉，《新華網》，取自http://big5.xinhuanet.com/gate/big5/news.xinhuanet.com/ziliao/2003-01/17/content_694723.htm。

表9-3　中國大陸現階段國家重要科技計畫一覽表

	計畫名稱	始於	主要特點	主管部門
1	《科技攻關計畫》（Key Technologies R&D Programme）	1982	屬於國家指令性計畫，以國家編列預算支應爲主。主要針對在國民經濟範疇內，對於國民經濟和社會發展具關鍵的技術研究，並提高相關產業技術水平的科技計畫，例如，交通運輸、消費品工業等。計畫時程配合國家經濟「五年計畫」周期實施，目前已進行至「十五計畫」。	國家發展與改革委員會、科技部
2	《國家重點實驗室建設項目計畫》（State Key Laboratory）	1984	屬於國家指令性計畫，以國家編列預算支應。主要任務在於長期性的科學研究、高階研究人員培養、高層次的基礎研究與應用基礎研究。	科技部
3	《星火計畫》（China Spark Program）	1985	屬於國家指導性計畫，主要以國家引導銀行貸款、企業自行融資等方式支應。是第一個以科技促進農村發展的專項計畫，將先進的科學技術帶入農村，引導鄉鎮企業科技升級，以改善農村經濟。	科技部
4	《高技術研究發展計畫》（863計畫）（Hi-Tech Research and Development Program of China）	1986	屬於國家指令性計畫，以國家編列預算支應。主要針對資訊科技、生物科技、材料科技等國際先進科技領域，進行新世代競爭的國家戰略層級研究計畫。	科技部 國防科工委
5	《火炬計畫》（China Torch Program）	1988	屬於國家指導性計畫，以國家編列部分預算，以銀行貸款及自籌款項，並配合基金方式支應。主要針對中國的高新技術產業，以市場爲導向，促進高新技術成果商品化、高新技術商品產業化和高新技術產業國際化。	科技部

（續）表9-3　中國大陸現階段國家重要科技計畫一覽表

	計畫名稱	始於	主要特點	主管部門
6	《國家科技成果重點推廣計畫》	1990	屬於國家指導性計畫，以國家信貸資金爲主要預算來源。計畫主要目標在於將科研單位的研發成果進行產業化推廣，亦包括軍轉民部分。	科技部
7	《國家基礎研究重大項目計畫》（攀登計畫Climbing Programme）	1991	「八五計畫」期間，主要進行國家所規劃的重點基礎研究計畫，屬於國家指令性與指導性相結合的研究計畫，後被納入中國大陸基礎科學研究計畫的一環。	科技部
8	《國家重點基礎研究發展計畫》（973計畫）	1997	屬於國家指令性計畫，由國家編列預算支應。主要針對中國大陸自身在資訊、能源等科技領域等重大問題進行整合研究，並進行基礎科學領域的前沿研究。	科技部
9	《知識創新工程》	1998	屬於國家指令性計畫，由中國科學院主導，並由國家編列預算支應。主要在建立自然科學、高技術的知識創新基地與研究人才培育中心。	中國科學院
10	《2006～2010年國家科學和技術發展計畫》（即「十一五」科技計畫）	2003	屬於國家指令性計畫，以及中國大陸國家中長期科技發展規劃之一環，主要爲配合「十一五計畫」而規劃之科技發展計畫。	科技部

資料來源：《中華人民共和國科學技術部》、《星火計畫》、《863計畫》、《973計畫》、《火炬計畫》等。取自http://www.most.gov.cn、http://www.973.gov.cn、http://www.863.org.cn、http://www.cnsp.gov.cn、http://www.chinatorch.gov.cn、http://www.gongguan.most.gov.cn；筆者整理。

(一)《科技攻關計畫》、《星火計畫》

1977年主管中國大陸科技政策的國家科學技術委員會恢復設立（簡稱國家科委，1997年更名爲科學技術部），1982年中共召開十二大，在政治報告中首次將科學技術列爲國家經濟的發展重點[20]，當年並配合「六五計畫」制定所謂《科技攻關計畫》，科技攻關的主要對象是以國家力量協助國民經濟範疇內具有顯著經濟效益的關鍵科技進行專案研究，以期獲得突破性成果。目前已配合進行至「十五計畫」，支援新興產業的項目包括了農業（例：農業部之節水農業技術研究與示範）、資訊（吉通通信有限責任公司：金橋工程前期關鍵技術）、自動化（國內貿易局：商業自動化技術集成綜合示範工程）、能源交通（煤炭工業局：高效先進選煤關鍵技術研究）、生物醫藥（中國生物工程開發中心：醫藥生物關鍵技術研究）等八個科技領域。[21]1985年，國科委提出《星火計畫》，取其星星之火可以燎原之意，針對中國大陸農村進行廣泛、常態性科學技術支援，以促進農村經濟發展。[22]

(二)《863計畫》、《火炬計畫》

1986年，中共國務院在幾位科研學者的建議與鄧小平的親自批准下，提出了《高技術研究發展計畫綱要》，也就是著名的《863計畫》。863計畫主要面向國際社會，針對國際間尖端科技領域進行研究，以期縮短與其他先進國家的科技差距，並且集中力量與研究資源在中國較有利的科技研究領域，以取得世界領先的地位。1988年，中共國務院批准了北京高技術產業開發區的設立

[20]崔祿春，前引書，頁111。

[21]參見：《國家科技攻關計畫》，取自http://www.gongguan.most.gov.cn/。

[22]參見：《星火計畫》。

試點，也就是所謂《火炬計畫》的開始。火炬計畫主要目標即在於發揮中國大陸既有科技實力，以市場為導向，促進高新技術成果商品化、高新技術商品產業化和高新技術產業國際化，其中高新技術產業開發區的設立管理是計畫的重點。[23]

(三)《攀登計畫》、《973計畫》

除了面向國民經濟發展和高新技術產業化的科技政策之外，還有針對基礎科學研究的一系列科技政策。1991年，「八五計畫」期間中共提出了《國家基礎研究重大項目計畫》即所謂的《攀登計畫》，以國家計畫的方式針對科學的尖端基礎領域，或是在應用上具有可預期遠景的新興領域進行研究。主要項目包括了高溫超導、高能物理、同步輻射、天文學、核融合等基礎科學領域研究，也包括了CPU運算晶片、基因工程、動物重大疾病免疫防治研究、微電子機械研究等應用科學領域的基礎研究。[24]1997年，國務院國家科技領導小組頒布了《國家重點基礎研究發展計畫》即所謂《973計畫》。計畫主要針對原創性的基礎科學研究，提高中國大陸科學研究的自主創新能力和解決重大問題的能力，並且整合其它基礎科學研究計畫，針對農業、能源、資訊、資源環境、人口與健康、材料等領域進行多元學科的整合性研究，以提供解決問題的理論依據和科學基礎。例如，2003年中國大陸發生「嚴重急性呼吸道症候群SARS（severe acute respiratory syndrome）」（中國大陸稱非典型肺炎），即由《973計畫》主導「SARS防治基礎研究專項計畫」。[25]

[23] 參見：《火炬計畫》。

[24] 參見：《攀登計畫》，取自：http://www.br.gov.cn/jhgh/jhgh_pdjh.htm。

[25] 參見：《973計畫》。

三、中國大陸科技體制的改革與市場化

(一)「所長負責制與兩權分離」

早期中國大陸科技體制在計畫經濟時期與市場幾乎沒有交集，爲解放科學研究作爲發揚生產力的宗旨，中國大陸的科技體制配合市場經濟的發展亦必須進行相關的改革與轉型。1987年，中共國務院頒布了《關於進一步推進科技體制改革若干規定》[26]，對於中國大陸科技體制進行一系列的重大改革。其中最重要的便是將國家對於科研機構的直接管理逐步轉變爲間接管理，一如國有企業的廠長負責制，科研機構也實施「所長負責制」，將所有權與經營管理權進行兩權分離，使得科研活動從計畫束縛中解放出來，能夠貼近市場經濟，將科研成果有效轉化爲經濟效益。

(二)「承包經營責任制與科研機構企業化」

1988年，國務院進一步頒布了《關於深化科技體制改革若干問題的決定》，將資本主義市場競爭機制導入中國大陸科技體制。例如，鼓勵科研機構如同一般企業，採取各種形式的經營承包責任制並且直接進行高新技術產品的生產活動。另外，也鼓勵科技人員組成集體、個體等不同所有制形式的科研機構，以投入市場經濟發展。[27]

(三)科研機構企業法人化、科研成果商品化產業化

1996年，中共國務院頒布了《關於九五期間深化科技體制改

[26]崔祿春，前引書，頁128～129。
[27]崔祿春，前引書，頁129～130。

革的決定》，進一步決定將政府中多數技術開發型以及技術服務型的科研機構，由事業型機構直接轉變爲經營性企業，成爲獨立的企業法人。一方面按照市場競爭機制繼續承擔國家所賦予的研發任務外，另一方面則自主地按照市場需求進行研究開發、技術服務以及高新技術商品化產業化的活動。1999年6月，中國大陸即有二百四十二個國務院所屬的科研機構直接轉型爲獨立的企業法人，其中一百三十一個研究單位成爲中大型企業集團的科研部門，四十個科研機構直接轉型爲科技企業公司，十二個科研機構成爲中央直屬的大型科技企業公司等等[28]，這正是中國大陸科技政策對於將科技成果轉化爲新興產業的重要步驟。

另外，爲配合科技體制的改革，在科技法規方面也進行了相對應的立法工作。例如，提供智慧財產權保護的1984年《專利法》、1990年《著作權法》，而1993年頒布的《科學技術進步法》可被視爲中國大陸的科技基本法，不僅列舉了國家對於協助科技研發的責任外，也包括了鼓勵科技研發，國家應提供的優惠措施，以及關於扶助新興產業、高新技術開發區的法源規定。1996年的《促進科技成果轉化法》則進一步規範了將科技成果轉化爲生產力、並且進行商品化、產業化的程序，以鼓勵並保障科技研發活動的穩定發展。1998年的《人類遺傳資源管理暫行辦法》、1999年以國家獎項的方式鼓勵科技研發工作推展的《國家科學技術獎勵條例》、2001年《集成電路布圖設計保護條例》、《計算機軟件保護條例》等等[29]，都是配合科技體制改革以及新興產業發展的相關立法措施。

---

[28]崔祿春，前引書，頁111。

[29]以上各法規參見：《中國國家法規數據庫》，取自http://140.119.115.253/Eserv/china_law.htm；《中國法院網》，取自：http://www.chinacourt.org/flwk/。

第四節　中國大陸新興產業發展分析：以《火炬計畫》爲例

中國大陸各項主要科技計畫，根據其技術收益與技術潛力來看，各有不同的計畫目的與著重方向（參閱圖9-3），例如，在中國大陸現階段執行的科技計畫中，《863計畫》代表著與國際競爭的國家戰略目標，而《火炬計畫》則是代表著科技成果產業化的經濟發展目標。1986年，國家科委針對全國科技工作區分爲三大層次：首先是面向國民經濟建設和社會發展服務的科技工作，其次是發展高新技術及其新興產業的科技工作，最後則是基礎性研究的科技工作[30]，中國大陸新興產業即是屬於發展高新技術及其新興產業的第二個層次。我們以《火炬計畫》爲例，進一步掌握中國大陸新興產業的發展概況。

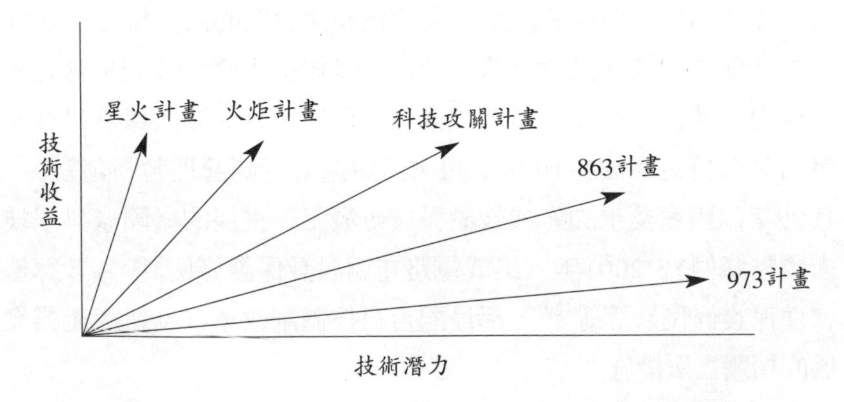

圖9-3　中國大陸科技研發計畫技術收益與技術潛力

[30]崔祿春，前引書，頁116。

一、科技成果產業化的《火炬計畫》

《火炬計畫》雖然亦屬於高科技研發計畫，但不同於與國際先進科技競爭的《863計畫》，亦不同於著重解決國內重大經建科技問題的《科技攻關計畫》，火炬計畫的重點主要在於「科技研發與生產的緊密結合」。換言之，是一個著重於科技成果產業化的國家科技計畫，以高新技術園區的開發，以及協助高新技術企業的科技型中小企業技術創新基金作爲執行計畫的兩大主要手段（參閱圖9-4）。而選定的科技研發策略領域包括了電子與資訊技術、生物工程和新醫藥技術、新材料及應用技術、先進製造技術、航空航太技術、海洋工程技術、核應用技術、新能源與高效節能技術、環境保護新技術、現代農業技術等十項重點領域。[31]

二、高新技術園區的開發

火炬計畫中高新技術園區的開發源自於「科技園區」的概念，與台灣的新竹科學園區相似，其執行計畫的主要機構爲火炬高技術產業開發中心（參閱圖9-4）。從北京市新技術產業開發試驗區開始，中共國務院迄今已經先後批准建立了包括上海張江高新技術園區在內的五十三個國家高新技術產業開發區。除此之外，許多高新技術園區同時兼具其他性質的開發園區，亦即所謂的「一區多園」的多工型態。例如，依其不同目標或產業類別，又可區分爲五大類型：[32]

[31]參見：《火炬計畫》。

[32]參見：《中國高新技術產業開發區》，取自http://gxq.chinatorch.gov.cn/。

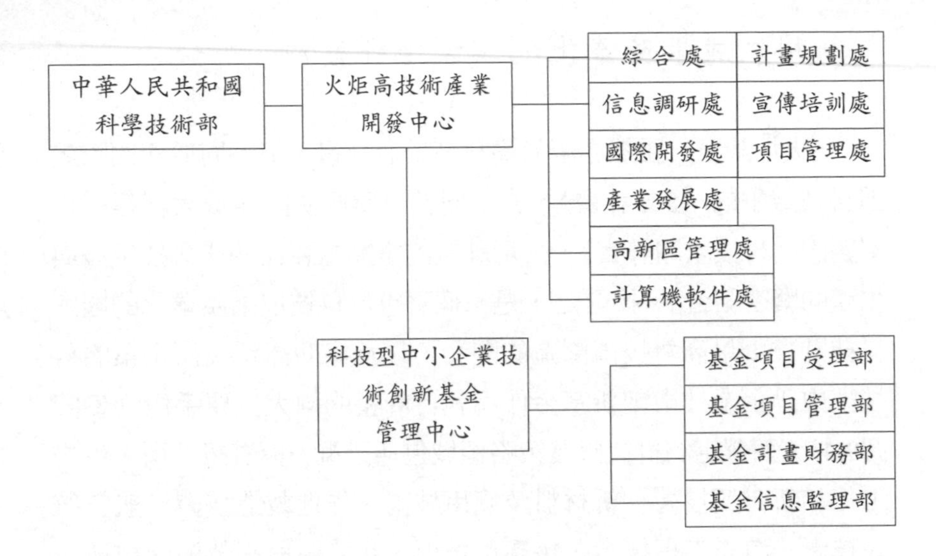

圖9-4 火炬高技術產業開發中心組織

資料來源：《火炬計畫》。

1.大學科技園：與大學研究單位相結合的高新技術產業化園區，例如，清華大學、北京大學國家大學園區等。

2.留學生創業園：係專門針對海外學人返回中國大陸進行高新技術投資的園區，例如，北京豐台科技創業服務中心、上海留學人員嘉定創業園區等。

3.軟件基地：自1995年開始，針對中國大陸軟體產業的規模化發展，籌設的軟體產業園區，目前共有二十二個國家級的軟件基地，例如，北京軟件產業基地、齊魯軟件園區等。

4.出口基地：以提高出口產品科技含量爲導向的高新技術園區，因此，此類園區有許多是屬於以出口業務爲主的三資企業。例如，中關村科技園區、天津新技術產業園區等。

5.APEC園區：專門針對APEC成員國高新技術企業開放的園區，例如，合肥高新技術園區、成都高新技術園區等。

截至2000年止，中國大陸國家級的高新技術園區已有企業二萬零七百九十六家，其中總收入超過人民幣億元以上的企業已達一千二百五十二家，超過十億元企業已有一百四十三家。預計高新技術產業園區的成長將保持在年平均30%的速度，2005年將達到35,000億元，工業產值30,000億元，國家稅收可達到1,500億元，出口創匯600億美元，總收入在人民幣億元以上的高新技術企業達到三千家以上，50億元以上的高新技術企業將可達到二百家以上，百億元以上高新技術企業二十家。[33]中國大陸目前許多知名企業也都是從高新技術園區發展出來的，例如，聯想、方正、海爾、長虹、華為等著名高新技術企業集團皆是。

三、全球化與中國大陸新興產業

事實上，從中國大陸的高新科技產業開發園區的發展來觀察，其以政府介入的手段，提供優惠的租稅、土地等政策方式，吸引外資及先進技術進入中國大陸，達到資金密集與技術密集的經濟發展成效，正符合國家競爭力發展過程中，從投資導向階段轉向創新導向的發展階段。另外，根據統計資料顯示，自1992年至2001年為止，中國大陸國家財政預算中科技預算所占的支出比例，在總金額持續增加的情形下，從5.2%逐年下降至3.7%，而企業自籌科技研發資金的比例卻從同時期的29.15%逐年上升至56.32%[34]，證明在中國大陸新興產業的科技研發中，企業的籌資能力與自主性越來越突出。而在高技術產品的出口統計中，2001年中國大陸的高技術產品出口以計算機與通信技術、電子技術、

[33]參見：《中國高新技術產業開發區》。

[34]國家統計局，《中國科技統計年鑑——2002》（北京：中國統計出版社，2002），頁3～6、415。

生命科學技術以及光電技術等科技領域的產品爲主。在全球產業分工體系已初步形成的趨勢之下，對於同樣曾以加工出口區以及科學園區等優惠政策吸引大量外資、技術促進經濟發展的台灣而言，中國大陸此一發展所形成的全球競爭態勢，特別值得我們注意。

問題與討論

一、新興產業對於人類文明的意義爲何？

二、新興產業的主要特徵爲何？

三、中國大陸政府以何種政策形式協助新興產業的發展？

四、改革開放後中國大陸主要的新興產業科技計畫爲何？

五、台灣應如何因應現階段中國大陸新興產業的發展？

第十章 中國大陸的投資環境與商品行銷

馬浩然

面對中國這樣一個龐大市場，全球的跨國企業無不躍躍欲試。然而由於中國大陸本身的獨特性，加上社會主義國家特殊的發展過程，讓有意在中國大陸求發展的跨國企業不能複製在其他發展中國家的經驗，而必須重新擬定針對中國大陸市場設定的投資與行銷策略。

企業必須先對中國大陸的整體投資環境有概括性的認識，同時因為中國幅員遼闊，且地方殊異性巨大，故還應從區域經濟的角度來理解中國市場。本章分別就中國大陸七大經濟區域的發展現況作概括介紹，然後再以綜合的方式分析對中國大陸整體投資環境的評估。

在對中國市場有具體認識之後，企業可依市場理論及行銷理論擬定合適的策略，但必須注意大陸民眾特殊的消費文化，以及因各地區發展程度及資訊的不同而形成不同的消費心態。最後，則是對有意前進大陸市場的企業提出經營心態上的建議。

第一節　前言

如今，當人們問到全世界最具發展潛力的市場在哪裡時，大多數的人都會毫不遲疑地回答：中國大陸。中國大陸現在不但成爲全世界最大的製造業基地，未來更極有可能逐漸取消各種限制，進一步開放內銷市場。這個改變的趨勢，對全世界產業界而言，都意味著龐大的商機，但相對地，對投資者來說，中國大陸也是一個高風險的市場，這一方面是因爲中國大陸有著「後社會主義國家」的特殊性；另一方面是因爲外來者通常對中國缺乏深入的認識，使得全世界的投資者對中國感到既心醉又陌生。因此，對想要認識或進入中國大陸市場的人而言，對中國市場充分的認識及瞭解，是釐訂正確投資策略的先決條件；在具備對中國大陸總體投資環境的認識之後，才能在參照行銷理論的途徑下，擬定適用於中國大陸此一特殊投資環境的行銷策略。

第二節　中國大陸總體投資環境

中國大陸目前共分爲三十個省級行政區，其人文與地理特性，因地域分布的不同以及山川地形的分割，而呈現很大的差異。近13億的人口，分布在這個種族、地域、語言及風俗互異的環境中，在經濟生產與消費行爲的型態上自然會呈現相當程度的差距。

在經濟發展方面，中央政府擁有資源配置的權力，但是這種中央集權式的經濟體系，卻始終無法解決兩個問題：第一，因地區間條件的不平衡，各地區在執行中央決策時的時效及能力的差距；造成中央統一的經濟政策，在不同的地區，其實行成效有差距；第二，各地方政府參與經濟活動的表現不同；這主要是因為中央政府在政策制定時，由於政治影響與官僚體系的不切實際，以致各地方政府在執行政策時，與政策的原本目標，產生頗大的地區性差異。[1]

這種區域經濟發展不一致的情形，改革開放後愈加顯明。是以在評述中國大陸總體投資環境狀況時，若將其視為一個單一經濟體來敘述或研究，除了過度簡化之外，也根本無法提供給工商業者及投資單位在大陸從事商務活動時作為規劃與評估之用。因此，在評估中國大陸投資環境時，我們建議以區域經濟的角度來檢視。

一、中國大陸七大經濟區域

中國自改革開放以來，政府不斷為市場注入動力，並開放外資進入各種產業。尤其在進入WTO之後，外資進入的動機日益增強。就大環境而言，中國在1998年的國民生產毛額即達9,540億美元，成為全球第六大經濟體；2001年零售市場總銷售額高達4,400億美元[2]，龐大的商機吸引全世界廠商注目，也為中國的經濟發展不斷注入活水（如圖10-1）。

跨國企業在中國大陸投資時，往往複製已開發國家的經驗，以致造成災難。事實上，多元的區域與經濟差異性是中國市場最顯著的特色，必須徹底瞭解區域性差異，方能有效評估市場機會與風險，並訂定有效的行銷策略。以下我們依據中共在「九五」

[1]耿慶武，《中國區域經濟發展》（台北：聯經出版社，2001年），頁166。

[2]葉正綱，《中國消費市場行銷策略》（台北：聯經出版社，2002年），頁19。

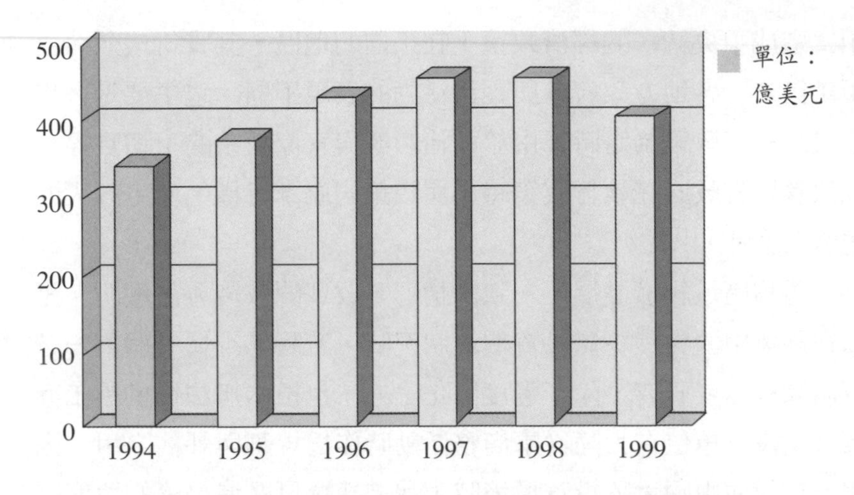

圖10-1　1994～1999年外商在中國大陸直接投資金額

資料來源：《2000年中國對外經濟貿易年鑑》。

計畫與2010年遠景目標綱要中，將中國大陸所區分出的七大經濟區域的投資環境，先進行概括性的描述。[3]

（一）東北經濟區

包括黑龍江、吉林、遼寧三省和內蒙古自治區的東部四盟市，全區面積124萬平方公里，約占全中國的12.9%。本區自然資源豐富，且有良好工業基礎，爲中國大陸的重工業基地。

（二）環渤海經濟區

包括北京、天津兩個直轄市，山東、山西、河北、遼寧四省及內蒙古中、西部七盟市。全區面積112萬平方公里，約占全中國的12%。此一地區具有優越的區位條件，不但陸、海、空交通發

[3]以下資料參見陸委會研究報告，〈中國大陸區域經濟的整合與產業發展〉，民國87年10月，取自http://www.chinabiz.org.tw/study/study-org/home.html。

達，通訊設施良好，工業部門齊全，且京津地區是中國科技人才的集中區，商業和服務業亦十分發達。

（三）長江三角洲經濟區

包括江蘇、浙江兩省和上海市。全區面積約33萬平方公里，占全中國國土面積的3.4%，是大陸經濟最發達和生產效率最高的地區。未來本區將以浦東開發區爲龍頭，以產業升級爲中心，發展外向型經濟。

（四）中部五省經濟區

包括河南、湖北、湖南、安徽、江西五省。全區面積87.1萬平方公里，約占全中國的9.1%，是大陸主要的交通和通訊樞紐。位於長江和京廣鐵路交匯點的武漢，是上海、重慶、廣州、北京四大城市的軸心，本區水、電資源充足，工農業基礎和交通運輸條件完整，而長江三峽工程的動工，也使這一地區的海內外投資異常熱絡。

（五）西南華南經濟區

包括四川、貴州、雲南、廣西、海南和廣東西部。全區面積約274萬平方公里，約占全中國的28.5%。本區雖具有豐富的能源和礦產，但因基礎建設不足，使整體發展相對落後。

（六）西北經濟區

包括陝西、甘肅、青海、寧夏、新疆五省和西藏地區，全區面積303萬平方公里，約占全中國國土面積三分之一。本區經濟發展總體水準仍低，長遠來看，能源、礦產和畜牧業是本區發展方向。

（七）東南沿海經濟區

包括廣東、福建兩省，和珠江三角洲、廈門、漳州和泉州等地區。全區面積29.93萬平方公里，占全中國面積的3.1%。珠江三角洲是中國南部經濟核心區，與港澳聯繫密切。港澳回歸後，經濟一體化的程度愈發加深，有可能成爲世界出口加工製造業最集中的區域之一。

二、七大經濟區域競爭力分析

瑞士洛桑國際管理學院（IMD）在2002年出版的《2002世界競爭力年度報告》（*World Competitiveness Yearbook 2002*）中，以四個項目作爲評估一國整體競爭力的依據：經濟表現（economical performance）、政府效率（government efficiency）、商業效率（business efficiency），及基礎建設（infrastructure），其評估指標及結果，已被國際公認爲最具有公信力的評估指標之一[4]。學者林震岩認爲，將這些指標適度修正，則也可據以衡量各「區域」的競爭力。根據這個計算方法，林震岩及林祖嘉對中國大陸各經濟區域的整體競爭力作出排名（如表10-1）。[5]

依照此一計算方式所得出的各經濟地區總體競爭力排行，依序爲長江三角洲經濟區、環渤海經濟區、中部五省經濟區、東南沿海經濟區、西南華南經濟區、東北經濟區及西北經濟區。根據上述評等，我們可以將七大經濟區分爲三個等級：

---

[4]每個要項下各有五個子項目，總共包括二百八十六個細部評估指標。資料來源：IMD官方網站：http://www.imd.ch/wcy/criteria/criteria.cfm。

[5]台灣區電機電子工業同業公會著，《2002年中國大陸地區投資環境與風險調查》（台北：商業編輯顧問，2002年），頁46。

表10-1　中國大陸各經濟區競爭力分析結果

地區	基礎條件		財政條件		投資條件		經濟條件		就業條件		加權分數	排名
	平均分數	排名	平均分數	排名	平均分數	排名	平均分數	排名	平均分數	排名		
東南沿海	11.11	7	50.00	4	66.67	3	66.67	3	44.44	5	55.27	4
長江三角洲	66.67	3	75.00	2	88.89	1	100.00	1	72.22	1	85.41	1
環渤海	72.22	2	100.00	1	83.33	2	79.16	2	61.11	4	80.14	2
中部五省	50.00	4	66.67	3	55.55	4	50.00	4	61.11	3	55.83	3
東北	72.22	1	16.66	6	27.77	5	37.50	5	11.11	7	30.97	6
西南華南	38.89	5	41.67	5	27.77	5	12.50	6	72.22	1	33.05	5
西北	38.89	6	0.00	7	0.00	7	4.17	7	27.7	6	9.30	7

（一）急速成長的市場

包括長江三角洲經濟區及環渤海經濟區等兩個經濟區域，經濟發展程度最高，消費者較其他內陸區域來得富裕。

長江三角洲及沿江地區近代以來一直為中國最繁榮富庶的區域，全國30%的工業產品來自本區，本區擁有上海市，為全國產業與金融中心。環渤海經濟區向來是中國政治重心，由於密邇中央政府，許多電信、電腦科技及醫藥產業的外商均願在此地投入巨資；也因為聯外交通體系發達，使得本區的經濟發展更能向外幅射。

（二）逐漸成長的市場

包括東南沿海地區及中部五省等兩個經濟區，前者是中國最早吸收外資進入及接受西方文化洗禮的地區，近年來正努力從勞力密集產業轉型為高科技產業。

中部五省素以農業生產為主，部分地區十分貧窮。近年來為拉近與沿海的差距，正以武漢地區的工業為首，積極發展經濟區域。

（三）逐漸起步的市場

包括西南和華南部分省區、東北地區及西北地區等三大區域，開發度雖不如前述四大區域，但目前成爲外資饒富興趣的投資目標。

其中以西南區域最受矚目，最有發展潛力的四川省是西南的工業中心，正形成以重慶市爲首的新興大都會區，正極力發展產業。

東北地區長久以來一直處於低度開發狀態。本區以重工業聞名，區域經濟發展與國營企業的改革速度較慢。

西北區域由於可耕地不多，交通體系不發達，造成工商產業稀少，是中國最貧窮落後的區域。近年來中央政府爲拉近本區與沿海地區的發展差距，進行「西部大開發」計畫，以政策的放寬與優惠吸引外資企業進駐。[6]

三、中國大陸市場特色

中國大陸經濟發展自1993年起，進入一個緩步下滑的景氣低迷期。由於國內消費市場不振、通貨緊縮嚴重、固定資產投資減緩、外商投資衰退及人民消費欲望降低，導致經濟成長持續下滑，到1999年可說是到達谷底。1999年經濟成長率7.1%，創十年來最低。進入2000年後，由於加入世貿組織的帶動，大陸經濟開始逐漸擺脫困境，財政收入成長19.8%，國內生產毛額總計達到1兆388億美元，平均每人生產毛額超過800美元，結束了1993年以

[6]葉正綱，《中國消費市場行銷策略》，頁16～28。

來的景氣低迷期。[7]

雖然經濟數據表現樂觀，但大陸經濟發展仍有其負面因素，包括國企改革困難重重、失業及下崗人口增加等，顯示未來發展仍充滿各種變數。總體來說，中國大陸的經濟發展是同時存在著積極和消極因素的。（如表10-2）

在「採取最適合市場的方式進入」的概念下，想在眾多跨國企業的競爭中獲得優勢，就必須先瞭解大陸市場的特色，大致來說，有如下幾點：

（一）行政配套體系不健全

中國大陸的人治色彩仍濃，這讓廠商的交易成本為之提高。其次，中央與地方的利益衝突，使得上有政策下有對策的狀況層出不窮，廠商很難事先掌握政策走向。第三，想在大陸投資設廠，會發現「主管單位」特別多，無形中讓廠商交易成本大增。

表10-2　1991～2000年中國大陸國內生產毛額及成長率

	GDP金額（億人民幣）	成長率（%）
1991	21,671.8	9.2
1992	26,638.1	14.2
1993	36,634.4	13.5
1994	46,622.3	12.6
1995	58,260.5	10.5
1996	67,795.0	9.7
1997	74,772.0	8.8
1998	79,553.0	7.8
1999	83,190.0	7.1
2000	100,000.0	8.0

資料來源：大陸國家統計局。

[7]吳立民、方文章著，《大陸內銷市場經營策略》（台北：中華民國對外貿易發展協會，2001年），頁13。

更重要的是，大陸各地區的法律規定及優惠條件互不相同，廠商必須「貨比三家」，才能找到最合適的投資地點。

（二）硬體條件勝於軟體條件

改革開放以來，大陸的城市建設已大幅改善，令人刮目相看。以上海爲例，其都會區與住宅區的建築與設施都展現出國際大都會的氣勢；但相對地，在軟體如人才、教育、價值觀等方面，卻非短時間內可改善。

（三）沿海內陸發展不均

大陸幅員廣大，沿海與內陸發展程度大相逕庭，在現階段，廠商若想掌握中國政府政策走向，應將公司設在北京，但另一方面，上海爲大陸內銷市場的中心，對跨國企業的象徵意義大過實質意義，廠商必先立足上海，方能吸引零售、經銷業者自動上門；至於廣東爲出口重鎮；武漢則在「西部大開發」計畫出檯後，成爲發展策略的重心。

（四）物流效率差，行銷成本高

改革開放以來，大陸的基礎建設、公路、水路、航空狀況都已大幅改善。唯物流配送系統仍未現代化，各地本位主義及山頭主義沉痾難除，徒增貨物配送成本。其中各地對道路的管制及巧立名目收費的狀況，是廠商不可忽視的成本。

（五）勞力供應充足，專業人才難求

由於大陸工資上漲幅度溫和，外地到沿海打工的管道越來越暢通，使得到中國大陸設廠的企業在招工方面毫無困難。但大陸高級管理及技術人才難求，形成很高的稀缺性，這也讓這些人才的流動性甚高。

（六）金融制度不健全

大陸融資管道不暢通，對廠商形成重大財務壓力。再加上大陸信用制度不健全，一般人民還未建立信用的概念，以及計畫經濟體制下的「三角債」[8]問題仍未根除，以致於收帳相當困難，買貨欠款的現象十分氾濫。

（七）進口內銷障礙高

由於中共政府規定，只有經國家批准的中外合資企業才有販售進口貨品的權利，一般零售企業並無進口權，使得在大陸經營零售業的業者，其所銷售的產品多爲大陸製造。另外，進口與海關的關係密切，但大陸海關並不遵守法規，常憑個人主觀辦事，且收賄情況嚴重，不但讓企業無所適從，也增加商業活動的不確定性。[9]

第三節　市場與行銷

當廠商具備對中國大陸投資環境的概括認識之後，接下來應該進行具體行銷策略的擬定。在談到中國大陸的市場投資與商品

[8]指中國企業間相互拖欠貸款的債權債務關係。如甲公司欠乙企業一筆錢，乙又欠丙公司一筆錢，丙公司又欠甲的款項，形成了三角債務關係。實際活動中，往往是在許多企業間形成互相交叉、錯綜複雜的債權債務關係，使各企業間相互拖欠，造成連鎖反應，資金流通停滯。資料來源：中國經貿新辭辭典，取自：http://www.tdctrade.com/correspondence/dictionary。

[9]吳立民、方文章著，《大陸內銷市場經營策略》（台北：中華民國對外貿易發展協會，2001年），頁49～54。

行銷之前，首先我們應對「市場」與「行銷」的內容予以說明。

一、市場的定義

「市場」（market）這個名詞意義爲何？如果我們說，經濟學是研究個人理性決策的科學[10]，那麼，這個理性決策的內容，其實是關於資源的配置。資源配置問題的種類雖然繁多，但不論是哪一種資源，其「投入」往往是爲了「產出」一些東西，而「投入」與「產出」進行交換的場所，即是所謂的「市場」，也就是一種交易機制。

經濟學家將市場定義爲一群可相互替代的產品消費者，也就是說，他們具有高度的需求的交叉彈性（cross elasticity of demand）[11]。這種從消費者角度出發的市場概念與從產業出發的角度略有不同，一般來說，後者是將產品按照它們的技術或生產特點，而不是依照消費者的可替代性來進行分類。市場理論（Theory of Market）按照市場的結構特點，特別是涉及賣主和買主的數目來

[10]在經濟學的原始定義中，特別強調「理性」（rational）個人的選擇，強調經濟學是研究理性個人如何做決策（或做選擇）的社會科學。所謂「理性」，是指決策者以有效率（efficient）的手段追求一致（consistent）的目標，作決定的經濟主體（消費者、廠商）會作最適化（optimization）的嘗試。經濟學將分析焦點集中在理性個人，是因爲認爲理性行爲比較穩定、比較有跡可循，而要成爲理性分析對象的行爲，至少應該包括三個先決條件：1.可用資源具備稀少性；2.資源有多種可能用途；3.決策者對資源的不同用途有不同的主觀評價。見毛慶生等人合著，《經濟學》，（台北：華泰出版社，1998年），頁2～3。

[11]克里斯多福・巴斯（Christopher Pass）、布萊安・羅易士（Bryan Lowes）、萊斯利・戴維斯（Leslie Davies）合著，施舉善、施蓓莉合譯；《經濟學辭典》（*The Harper Collins dictionary of economics*）（台北市：城邦出版社，民國86年），頁331。

區分各種市場。已區分出來的市場情況包括：

1.完全競爭市場（perfect competition）：產品同質性高、廠商之間有完全的訊息、廠商都是價格接受者、廠商能自由進出市場、市場中廠商的數目極多。
2.獨占（monopoly）：又稱壟斷市場，最大特色是市場上只有一家供貨廠商，別無競爭對手。該廠商通常有決定價格的能力，其他廠商難以進入市場。
3.寡占（oligopoly）：廠商不只一家，但爲數甚少。這時廠商間的互動極爲重要，任何一家廠商的決策都會對其他廠商產生影響。其他廠商不易進入市場。
4.獨占性競爭（monopolistic competition）：廠商數目甚多且進出市場容易，但各廠商生產的產品有異質性，故個別廠商仍有決定價格的空間。[12]

從執行策略來看，市場的範圍在很大程度上，其實是取決於關於策略的具體問題，和適合該策略的準確程度，而這就牽涉到了行銷。

二、行銷的定義

行銷（marketing）是一種確認市場的行爲，也就是實際或誘發消費者需要，並透過生產、配銷、定價、促銷和售後服務來滿足需求的管理程序[13]。身爲市場的一分子，我們的日常作息幾乎沒有一刻能離開行銷的影響，每天食、衣、住、行，乃至於受教

[12]毛慶生等人合著，《經濟學》，（台北：華泰出版社，1998年），頁125。
[13]同註[2]，頁333。

育、選工作，無一不與行銷相關。行銷包括幾個重要涵義：

（一）行銷是一種程序，可分爲一定的步驟

行銷程序包括兩種，它既是社會程序（social process），也是管理程序（management process）。前者是指行銷活動能夠有效調和社會供需，以創造社會的最大總效用。這不是針對單一廠商活動，而是著重整個經濟體系的運作而言，所以又稱爲總體行銷（macro-marketing）。

至於後者則是指行銷活動是否能夠有效預測顧客需求，並準確地從生產廠商處將滿足顧客需求的產品與服務送到顧客處。這是針對單一廠商內的活動，關切如何有效達成組織目標，故通常稱爲個體行銷（micro-marketing）。在本章，我們討論的重點在於廠商及個人如何認識及進入中國大陸市場，因此將焦點放在個體行銷層面。

（二）行銷是一種交換活動

傳統上行銷被認爲是一種買賣關係，局限於貨幣交換。其實任何有價值的事物都可以是行銷的標的物，且交換媒介也不只是貨幣，故行銷不僅是交易行爲，而是交換行爲。

（三）行銷是目標導向的

行銷是爲了促成交換，透過此種交換，會造成交換後的社會總效用增加，提高整體生活水準。從交換的對象來看，行銷會造成交換後交換對象的增值，滿足交換對象的目標。故行銷是目標導向的，可創造出雙贏或多贏的交換關係。

（四）行銷的對象可以是群體，也可以是個人

行銷不是營利組織的專利，非營利性組織也需行銷；行銷更不是組織的專利，個人也要進行行銷活動。

（五）行銷的標的物種類繁多

行銷的標的物是廣義的產品，包括有形的物件與無形的服務，而個人、地點、理念等，也都可以是行銷的標的物。

（六）行銷的工具是行銷組合

行銷組合指行銷人員所能控制的變數，包括了產品、訂價、通路及推廣，行銷人員的目標就是創造和維持一個能滿足顧客需要的行銷組合。要發展出一個適合的行銷組合，行銷人員必須對顧客需要、個人特性、偏好及態度等，有深入的瞭解。[14]

將市場狀況與行銷概念結合，我們可以對投資策略有一個更清楚的概念。在行銷上，市場是指一群對某一產品有需要的人，並且有購買能力和意願去購買此一產品[15]。在這裡所討論的「市場」，不再從消費者的角度出發，而是以「產品」作爲區隔，所謂「產品」，包括了實質的商品或無形的服務，均有其市場。針對每一種產品或服務，我們以「產業」（industry）形容其整體，如汽車服務業。而行銷活動，就是各個產業針對其產品市場所做的購售策略。

就一個進入市場的行爲者（可以是個人，也可以是企業）的觀點來說，當我們瞄準一個標的市場（即選定一個產業）後，就應該根據產業的特性，擬定相關的行銷組合，這即是所謂的「市

[14]林建煌，《行銷管理》，（台北：智勝出版社，2002年），頁5～10。
[15]同前註，頁124～125。

場哲學」。所謂「市場哲學」是指企業對市場所抱持的觀點、態度與看法，亦即企業如何看待市場。[16]在市場裡主要的成員是顧客與競爭者，因此企業的市場哲學就是指該企業如何看待其顧客與競爭者並進行行銷活動。一般而言，企業可採用生產觀念、產品觀念、銷售觀念、和行銷觀念等幾種具有競爭性質的市場哲學，來擬定銷售策略[17]。準備進入中國大陸市場的企業，在對中國大陸投資環境有所認識之後，即應參考行銷理論，決定出自己的市場哲學，並訂定適合的行銷組合。

第四節　前進中國大陸市場的理論與實際

一、進入中國大陸市場的理論模式

自1970年代自由貿易盛行以來，國際貿易成本下降，吸引衆多企業將全球視爲單一市場，依國際分工與比較利益原則，選擇設廠地點與分配生產任務，逐漸走向「國際化」。因此，進入策略成爲國際企業理論與文獻的核心領域，尤其當今全球化趨勢主導企業行爲的時代，進入策略是投資海外市場的企業營運的重要變數，對其未來營運績效有重大影響。

一般而言，企業在進行海外投資前，必然會對所欲進入的市場及所有權形態做出全盤性考量。以中國大陸而言，早在1990年代初期，由於跨國企業對中國實際情況認識有限，加上當時中國

[16]同前註，頁20。

[17]同前註，頁20～29。

內部政治因素及經濟政策具高度不確定性，故當時的市場投資策略多以「三來一補」[18]爲主要經營型態。隨著近年來中國官方的開放程度提高，以及逐步開放內銷市場的作法，外商投資形態也逐漸轉變成合資經營、合作經營及獨資經營等三種型態，這即是大陸一般所謂之「三資企業」：（1）合資經營：指由一家以上的企業共同出資，並依投資股權之多寡分配利潤；（2）合作經營：指依契約方式合作之「契約合資經營」，由合作雙方以法人的身分合作，並不一定按股權的比例分配利潤與分擔風險；（3）獨資經營：即跨國企業擁有子公司95%以上的股權。

在決定經營型態後，企業必須就本身條件與中國大陸投資環境的實際狀況選擇最適合的投資策略。從理論的觀點來看，外資企業在進入他國市場時，有四種型態：

（一）經驗累積

即依循一般跨國企業進行海外投資時的典型過程，從自行出口、委託代理、成立子公司到進入當地設廠。也就是說，企業對中國市場進入模式的選擇，乃是基於一連串的經驗積累而來。

（二）組織能力

廠商基於對自身無形資產——即行銷能力、專業技術——的優勢能力進行考量，當企業本身具備的優勢能力越高時，其越會採內部化（internalization）的方式進行投資。

---

[18]所謂「三來一補」是大陸國務院在1978年後，爲吸引外資所批准的優惠政策，「三來」是所謂「來料加工、來樣加工與來件裝備」的合稱，「一補」則代表「補償貿易」，係指由外投資者提供技術專利、機械設備、原材料等各項服務，由大陸投資者利用對方所提供的技術、設備和原材料從事生產，並以所生產的產品，或所得的收益償還外商投資的一種貿易方式。

（三）交易成本理論

指在交易過程中，由於「人性因素」及「交易環境因素」影響，導致理性市場失靈，提高了交易困難度，因而在交易過程中衍生出許多額外的成本。所謂交易的「人性因素」包括了人的有限理性與投機主義[19]，使交易雙方必須進行協商、談判等產生交易成本的程序；而「環境因素」則包括了環境不確定性與複雜性、少數交易、資訊不對稱性及氣氛等[20]，限制了交易雙方的理性決策能力與決策制訂時的不確定性。這種情況對進入中國大陸市場的外資企業而言，是十分常見的狀況，外商面對中國大陸投資市場的種種不確定性，爲了有效降低交易成本，往往強調「資產特殊性（asset specificity）」的重要性。所謂「資產特殊性」係指交易標的物某些不易被其他資產取代的特性，如研發或製程技術等，若某一廠商產品的資產特殊性越高——如高科技產業——則不但容易獲得中國政府的政策優惠，其交易方式或經營型態的自主程度也就越高，傾向於以內部化方式進行交易。

（四）折衷理論

這是一種從市場不完全理論、區位理論及內部化理論對投資行爲所做的整體考量，認爲廠商如欲以直接投資的方式進入中國

[19]「有限理性」係指交易者受限於本身能力與交易環境的複雜度及不確定性，導致交易時沒有足夠能力去完全接受、處理、儲藏與累積所有資訊；而「投機主義」則是指一種基於自利而採取的欺騙式策略行爲，如不實的陳述、操弄與欺騙等。

[20]「環境不確定性與複雜性」指由於市場充滿變化，使交易雙方對情況的預期與實際情況有差距；「少數交易」指由於資源的異質性與資訊的不易流通性，使交易被有限的人所把持；「資訊不對稱」指由於環境的不確定性、人類理性局限與投機心理的影響，使交易一方所掌握的資訊明顯優於另一方的現象；「氣氛」則指交易進行中的情境。

大陸市場，就必須同時具備廠商專屬優勢、區位優勢以及內部化優勢。

1. 市場不完全理論：是指廠商之所以跨國經營，乃是因為其具備地主國廠商所缺乏的優勢，造成一不完全市場而從中獲利。
2. 區位理論：指企業選擇海外設廠位置時，係考慮該地區是否具備其母國所沒有但企業又需要的投資優勢，如自然資源、廉價勞力……等。
3. 內部化理論：廠商直接使用自身特有優勢，而不將這些優勢出租或出售。也就是將一切生產及行銷活動置於公司掌控之下，經由內部市場而非外部市場安排進行行銷。對於一些擁有特殊技術或知識的外資企業而言，這可以讓他們降低交易成本、維持產品品質、控制行銷通路及減少稅負。

二、中國大陸消費市場概況

由於過去的行銷人員經常存有「中國大陸是一個同質性市場」的錯誤看法，使他們在評估市場需求及擬訂策略時常犯下錯誤。對中國大陸投資環境，實應分為多個經濟區域個別看待，檢視不同區域消費型態，才能針對不同的投資區域擬定適合的行銷策略。

(一) 中國大陸投資市場的特性

中國大陸投資市場雖然蘊含無限商機，但其複雜程度與變數，都要求市場參與者必須在進入之前先有大致的瞭解。以下是中國大陸消費者行為的幾項特色：

1.市場考量須視區位不同而變：想到中國市場投資的廠商，通常必須針對七大市場不同的消費習慣、收入水平及市場成熟度進行瞭解，擬定基於個別考量所制定的行銷計畫。

以2002年的實際況狀來看，北京、上海和廣東等三個地區的人均收入遠較中國大陸其他區域爲高，成爲經濟上的三個輻射中心[21]。導致目前中國形成了差異鮮明的消費區域，最昂貴與時髦的消費品，往往選擇中心城市作爲行銷起點；至於廉價本土產品，則是先滲透到縣級以下地區，再蓄勢返回城市。市場情況之所以產生差異，除了經濟發展程度不同，民衆消費習慣亦是主因之一。北京人買東西講求效率；但經濟能力相彷的上海人卻喜歡貨比三家。可見中國不同地區的市場差異相當大，能把握各地不同的通路特性和消費習慣至爲重要。

2.跳躍式成長：中國大陸自改革開放以來，「後發優勢」相當明顯[22]，一開始接觸的就是國外的新技術、新觀念，不但在選擇上沒有包袱，而且吸收和消化的速度特別快。中國消費者往往會跳過其他國家研發的過程，直接選用最新最好的產品。

3.跟隨潮流的從衆心態：中國大陸的消費者，跟隨潮流的意願特別明顯，因此能夠帶動時髦風尙的產品將可獲得極大的成功。

---

[21]在2002年，上海市人均收入爲1,558美元、北京爲1,400美元，而廣東爲1,260美元，均較當年度全國人均收入830美元爲高。資料來源：2002年國家統計局公報及各省統計局，取自http://202.130.245.40/chinese/zhuanti/287412.htm。

[22]「後發優勢」是說走在後面的人，既然看到前人的成功與失敗，因此可以擷長補短，不必重蹈覆轍，發展起來更迅速，甚至可以超越前人。

4.一步到位：只要經濟條件許可，中國的消費者往往會選擇能力範圍內所能購買的最高等級的產品，儘管其附加功能可能並不實用。其原因很多，有時是爲了面子問題，有時是因爲超前設想（現在買好一點，未來就不必常升級或更新）。

5.競爭手段單一：中國的本土廠商，其行銷手段並不多樣，經常將廣告和價格作爲唯一有效的行銷手法。前者意味著四處曝光，後者則是削價競爭。這麼做會加重企業負擔，從而讓企業無力進行研發，反倒有利於外資品牌攻占高階市場賺取高利潤。

6.消費形態區隔加速：目前許多學界或商界人士開始以各種標準區隔大陸的消費者，這是爲了能夠將行銷策略有效瞄準自身產品所適合的族群。最常見的區分方式是以年齡爲標準，另外，家庭收入、社會階層、教育程度、工作性質、穩定程度等，也都是有效的分類標準。能夠理解不同消費群的偏好、態度、觀念，是市場行銷成功的關鍵。

7.網際網路快速發展：雖然目前中國大陸可以上網的家庭百分比只有5%，但這已經是近六千萬的網民。加上中國的電信建設目前正高速發展，使得網際網路在中國迅速發展，成爲市場行銷利器。

整體來說，潛力性及區域差異性是中國市場最顯著的兩大特色，因此，跨國公司在企圖建立產銷網時，務必徹底瞭解各區域的變項，準確判斷市場需求，以有助於行銷策略的擬訂。

第五節　進軍大陸市場的投資與行銷策略

一、大陸市場投資與行銷策略

在對中國大陸的市場特性、消費性行爲模式，以及地方發展狀況有所瞭解之後，本節試圖提出進入大陸市場的投資與行銷策略建議。在前面我們談及行銷定義時，提出「行銷的工具是行銷組合」，在這裡，我們就嘗試爲進入中國大陸的企業提供一個行銷組合，依據對中國大陸市場的特色，從產品、通路及促銷三方面，提供廠商前進大陸市場時制定投資及行銷策略的參考。

(一) 產品策略

大體而言，大陸市場「跳躍式成長」的過程、消費者「從衆」的心態，以及「一步到位」的消費習慣，都意味著消費者對跨國企業產品的接受度很高，這是外商進軍大陸市場的先天優勢。但要注意的是，上述三項特色也表示這個市場的產品生命周期較短，商品汰舊換新的速度快，是以行銷組合既要廣、又要新。

1.搶先推出創新產品：由於大陸消費者對新產品的接受程度高，創新的產品往往以跳躍的方式擴散。在追求創新的消費心理下，只模仿他人產品是無法賺到錢的，成功的方式應是不斷推出新產品以滿足消費者，但必須注意法律保護企業自身權益。

2.建立品牌形象：大陸消費者對品牌的認知大約分爲三個等級，第一級是進品貨；第二級是三資企業在大陸生產的產品；第三級是「國貨」，故外資企業如能建立品牌形象，自能創造可觀商機。此外，售後服務也是重要的考量。

3.**迎合當地口味**：大陸市場區域區隔明顯，沒有單一產品可以行銷全國，故必須重視地區差異，對市場仔細調查。

（二）通路策略

通路對企業在大陸的經營相當重要，一般說來，較持重的企業多半採取直營的方式，其優點是沒有收不到貨款的問題；但對於有意迅速擴充版圖的企業而言，直營設點緩不濟急，故多採經銷的制度。以下列出數種大陸主要的配銷管道，企業可根據自身策略及體質決定適合自己的通路：

1.**國有零售商業與商業企業集團**：雖然外資、集體、私營、個體企業多方夾擊，但大型國有零售商業，仍是當今大陸商品流通的主流，部分重量級國有零售商業都已聯合若干中小企業組成商業企業集團。

2.**供銷合作社與「雙代」系統**：中國大陸盛行一種「雙代」經營型態，所謂「雙代」指代購與代銷，前者是某一單位委託另一單位代理購買業務並支付手續費，後者指某一單位委託另一單位代理銷售業務並支付手續費。這種型態盛行於農村地區，經常是由供銷合作社扮演樞紐。

3.**商貿市場**：由農民交易產品的方式演變而來，如今是指城鎮居民日常購物的場所，如江蘇江陰食品城、遼寧瀋陽中國鞋城等。

4.**個體商販**：指勞動者個人使用自己的生產資料從事商品流通的經濟形式，一般是小本經營，從事飲食、服務、修理、零售等行業。外商可向這些個體戶借用牌照開設專賣店或連鎖店，但缺點是風險高、且規模小。

5.百貨公司／購物商場：在大陸經營相對困難，原因是膨脹太快、同質性高，且多集中於大都市，造成競爭過於激烈。

6.超市及連鎖店：以經營食品及日用雜貨爲主，因爲選購商品時不受干擾的特性而廣受消費者歡迎。由於採連鎖經營，生產商可「以銷定產」降低風險，超市亦可壓低進貨價取得利潤，故目前在大陸發展快速。

7.外資零售業：包括港、日、馬、荷、美、法等國的大型零售業者如萬客隆、家樂福等，近年來紛紛進駐大陸，最初多集中於沿海城市，現則紛紛向內陸省市前進，增加分店數目，多爲大型商業集團或中外合資企業設立。

（三）促銷策略

大陸消費者在購物時，常受媒體影響。從事經銷或零售的業界人士均表示，在大陸，廣告的效果奇佳，如電視、報章雜誌、展覽會等，只要持續廣告，加上商品有一定的品質，則銷售量必然可觀。故在大陸欲建立品牌形象，就須運用媒體廣告配合宣傳，必可收效。

二、大陸市場行銷注意事項

儘管對中國大陸的市場概況及行銷管道有所認識，前進中國市場的企業仍不可以爲萬事具備，因爲中國大陸有太多體制外的因素，不是照著市場理論或行銷理論行事就可以得出預期中結果的，即便與其他開發中的市場相比，中國仍有其顯著的特殊性。故有意在經營中國大陸市場的企業，應具備以下幾點認知：

（一）先瞭解當地法規

中國大陸的法律內容與司法系統，一方面有著濃厚的社會主義國家色彩，另一方面又充滿中國的文化特色，對許多跨國企業來說很難適應。且大陸的法律體系不但與世界各地的法律存有相當大的歧異，即使在中國大陸內部，也是各地有異。

（二）準備充裕資金

對事業的經營來說，資金原本就是最基礎的準備，但對中國大陸而言，資金的重要性更是有增無減。主要是因爲中國大陸的金融體制尚不健全，故在進入大陸市場前，應準備好充裕的資金，才能使公司運作順暢。

（三）要適應地方特殊情況

大陸各地的文化、習慣及方言都不相同，如果認爲在中國某一地方的成功經驗必然可適用於全中國，是不正確的想法（同理，在其他開發中國家成功的經驗，也不見得全然適用於中國）。

（四）儘量在當地生產

除非生產條件特殊必須在其他地方生產，否則應儘量在最接近市場的地方生產。這是因爲中國大陸的經濟壁壘，使得運輸成本及生產成本較高。另外，靠近市場也可因應市場的變化作出最快的調整。

（五）建立良好的「中介」關係

爲了有效率地接近大陸市場，建議與當地代理商及經銷商建立良好的合作關係。一來可分擔風險，二來可作出有效的資源整合，第三可避免同質性產品在同一市場盲目競爭，第四是可在最短時間內建立銷售網路。

（六）避免接觸政治

良好的政治關係固然能爲投資大陸的企業帶來極大的便利，但作爲一個商人，很難對中國特殊的官場文化及政治變化有全盤的認識，故在大陸營商，應儘可能避免與政治發生關係。

（七）充分瞭解當地的競爭者

許多大陸企業仍保有計畫經濟時代的作風，停留在以供給者爲主導的市場概念，而還未習慣以消費者爲主的市場，這極容易發生削價求現的行爲。故外商在進入大陸市場前應先對市場環境及當地競爭者的行銷策略有所瞭解。

三、結語

市場理論與行銷理論，都強調企業必須深入觀察產品的市場之後，決定自身的「市場哲學」，擬定適合的行銷組合，再根據市場當地的各種條件，從產品、價格、通路及促銷四方面，決定具體的行銷行爲。將這個理論應用於中國大陸投資，會發現更有其實際意義，因爲中國大陸投資環境的特殊性，讓有意投資的廠商不得不對此一市場有較深入的認識之後，才能決定投資與行銷策略。遼闊的領土與複雜的地理環境，使得中國大陸在經濟發展的過程中，呈現了明顯的區域經濟的特色，七大經濟區無論在自然資源與發展過程上各不相同，這使得過去將中國大陸視爲單一市場的跨國企業，其投資大陸市場往往失敗。現今的國際企業在認清中國大陸多元的區域與經濟差異性的特色後，已開始針對目標市場擬定合適的投資與銷售策略。

目前中國大陸的七大經濟區域，依發展程度及未來前瞻性，大致可分為三個等級，即急速成長的長江三角洲及沿江地區及環渤海經濟區、逐漸成長的東南沿海地區及中部五省等兩個經濟區、以及逐漸起步西南和華南部分省區、東北地區及西北地區等，由於發展程度的不同，這些地區的民眾也具有不同的消費性格，對產品的品牌、實用性、價格、忠誠度，有相當大的差異。是以不論是準備在中國大陸投資設廠（一般以外銷為主）或是商品行銷（一般以內銷為主），企業都應對每個經濟區域的情況有所認識，尤其在消費水準、工商法令、政府部門、產品通路、有效的宣傳管道等，都應預做瞭解，才能成功進入大陸市場。值得注意的是，中國大陸的特殊性，不是照著市場理論或行銷理論行事就可以得出預期中結果的，因此，企業不但必須適度融入當地環境，更應熟悉相關投資法規，並與地方政府維持良好的距離與互動，才有可能在中國大陸站穩腳步。

問題與討論

一、中國大陸投資環境最大的特色爲何？爲何不應將中國大陸視爲單一市場？

二、中國大陸七大經濟區域的特色及發展程度如何？

三、在擬定市場及行銷策略時，有幾種不同的理論？其共同特點爲何？

四、中國大陸民眾的消費行爲有何特徵？

五、在中國，有那些重要的行銷通路？

第十一章 中國大陸知名企業經營策略的探討

江雪秋

隨著經濟成長所帶來的影響，目前大陸整體經濟環境已逐漸向資本主義體系靠攏，企業已經成為整體市場中最重要的角色，也因此，透過對中國大陸企業行為模式的觀察，將能夠提供我們對大陸經濟發展的直接認識。本章試圖透過對大陸知名企業經營策略的討論，以期能夠掌握進入大陸市場與企業經營時所應該掌握的基本知識。

本章選定大陸知名企業的經營策略作為討論的個案，一方面這些企業由崛起到成長，自然背後有許多值得挖掘的經營智慧，另一方面這些企業的發展階段，大多面臨了相近的經濟環境與條件，而討論其之決策與作為，將有利於理解大陸目前企業運行的基本特質。本文將藉助對這些企業經營策略的分析，簡單歸納其大致採取的經營策略，同時更將以個案描述的方式，集中探討希望集團、聯想集團與海爾集團等三大名企業的經營策略，以強化讀者的認識與印象。

由討論過程中，我們可以發現中國大陸的企業本身有其特殊的策略取向（strategic orientation），同時亦在成長的過程中，積極地運用其後發優勢，不斷的向外取經，不過大陸的知名企業的經營策略，在相當程度上是呈現出因時因地而制宜的現象，沿海一帶行得通的知名企業經營策略，對內陸市場而言未必能發揮成效。

雖然整體市場走向有利於企業進一步的發展，但是當前大陸企業仍面臨了許多結構性的問題，如進出口權及關稅問題、政治與經濟間不正當的利益掛鉤等等。

總而言之，在進行研究時，我們一方面必須理解大陸市場的特殊性；另外一方面也須觀察大陸企業體制運作的獨特模式與文化，如此才能夠完整認識大陸的企業經營策略以及其背後所代表的涵義。

第一節　前言

就中國大陸當前的經濟發展情勢而言，西方學者普遍對其持有樂觀及悲觀兩種完全不同的觀點，對大陸當前經濟情勢持樂觀論點之西方學者認為，大陸經濟仍為穩定成長之勢，相較亞洲其他國家，其經濟表現可算是佼佼者；持悲觀論點的學者則認為，中國大陸發布之統計數字多有誇大之嫌，其實際發展仍面臨著許多困難。[1]然而無論樂觀或悲觀，中國大陸快速經濟發展終究是一個不爭的事實，而隨著經濟成長所帶來的影響，目前大陸整體經濟環境已逐漸向資本主義體系靠攏，企業已經成為整體市場中最重要的角色，也因此，透過對中國大陸企業行為模式的觀察，將能夠提供我們對大陸經濟發展的直接認識。

本章試圖透過對大陸知名企業經營策略的討論，進而去理解其經濟運行的基本模式，讓吾人能夠掌握進入大陸市場與企業經營時所應該掌握的基本知識。而為了讓討論的內容具有較大的代表性，因此本章選定大陸知名企業的經營策略作為討論的個案，一方面這些企業由崛起到成長，自然背後有許多值得挖掘的經營智慧，另一方面這些企業的發展階段，大多面臨了相近的經濟環境與條件，而討論其之決策與作為，將有利於理解大陸目前企業運行的基本特質。

那麼如何去選擇討論的對象呢？眼下大陸企業發展的情況十分快速，此一現象也引起了國際間的高度注意，如美國《富比世》

[1]伯斯坦（Daniel Burstein）凱澤（Arne de Keijzer）合著，應小端，黃秀媛合譯，《巨龍：中國對全球政商經濟的影響》（*Big Dragon, China's Future: What It Means for Business, the Economy, and the Global Order*）（台北：天下遠見出版，1999年4月），頁207～223。

雜誌於2000年，便針對中國大陸五十位富豪進行報導[2]，而大陸本身也參照《財富》雜誌所發布的企業五百強的模式，首度在「中國企業發展報告（2002）」中評選出中國大陸本土型的「中國企業500強」[3]，事實上，中國大陸官方在其「十五計畫」的綱要中，便已明確提出未來將要「形成一批擁有著名品牌和自主知識產權、主業突出、核心能力強的大公司和企業集團。」[4]以此作爲整體經濟成長的主要帶動者，雖然中國大部分所謂的知名企業，在國際市場上的知名度並不高，但有鑑於整體市場未來的發展潛力，值得對此加以關注。[5]

那麼什麼樣的企業符合「中國大陸知名企業」的此一標準呢？根據大陸「中國500強」的評選依據，大致上包含下列三個參考指標：首先是能否適應國際競爭；其次是能否增大企業無形資產；最後則是能否有助於國內經濟發展的需要。而本文將藉助中外媒體對這些企業經營策略的報導與分析，簡單歸納其大致採取的經營策略，同時更將以個案描述的方式，集中探討希望集團、聯想集團與海爾集團等三大名企業的經營策略，以強化讀者的認識與印象。

[2]天野，尋國兵等著，《中國五十富豪》（台北：海鴿文化，2002年），頁3。

[3]〈關於公布2002年中國企業500強的通知〉，《中企聯合網》，2003年01月17日，請參閱：http://www.cec-ceda.org.cn/yjbg/index.php。

[4]〈首次「中國500強」如何評出〉，《中國經濟時報》，2002年9月5日。或參閱：《中國網》http://service.china.org.cn/searchbin/gettext?sys_path=/export/home1/isearch/search&lib_name=info_ctext&article_no=183775&search_str。

[5]殷濤，〈62個品牌被列爲全球超級大品牌〉，《經濟參考報》，2003年6月12日，請參閱：http://www.mofcom.gov.cn/article/200306/20030600098577_1.xml。

第二節　經營策略類型

鑑於一般能吸引消費者的知名企業品牌，當其欲延伸至其他商品或打入外國市場時，通常必須具備以下三個特性：亦即信任感；有獨特的專業性；具有品牌延伸的合理範圍。至於企業經營之所以需要有所謂「策略」(strategy)，並非純粹是爲實現或驗證某種理論，泰半是出於實務上的迫切需要。換句話說，在企業生存與發展的過程中，其所考量的重點不僅僅是如何投入更多的資源與努力；而更重要的應當是如何有效且明智地選擇某種最適合的工作去做，進而創造企業本身競爭優勢（competitive advantage）。[6]因此，企業經營策略，又可稱之爲「策略管理」，或稱之爲「企業政策」，傳統上主要以屬於功能性質者爲其範圍與基礎，其所要求的重點乃是「隨時面對複雜的情況，並且迅速有效地作出決策。」[7]

純粹從企業觀點來看，策略架構乃係企業連結現在與未來的橋樑，它通常可以告訴企業主目前該做些甚麼？該培養那些新的企業專長，該著手集中研究那些消費群，該開發那些行銷管道等，俾利於創造未來商場上的重要地位。[8]

---

[6]方至民，《企業競爭優勢》（台北：前程企業管理有限公司，民國91年2月），頁1～6。

[7]吳思華，《策略九說》（台北：城邦出版社，2001年12月），頁25～37。

[8]羅溫吉布森（Rowan Gibson）著，《預思未來》(*Rethinking the Future*)（台北：晨星出版社，民國88年9月），頁94～95。

根據大陸國務院有關部門的統計，大陸目前商品市場已是供過於求，大陸民眾基本已經告別商品短缺的時代，也因此廠商之間的競爭日趨白熱，這個事實導致了大陸知名企業大都有一個共同特點：就是非常重視競爭對手資訊的蒐集，以及市場調查的即時回饋，以提供產品設計及行銷決策等戰略擬定的參考，而以下便彙整出中國大陸知名企業最常用的十種經營策略：

一、廣告宣傳造勢策略

從社會的角度而言，企業爲社會組織的一種，其目的在於創造顧客，因爲顧客乃是企業行動所創造出來的，事實上，企業想生產甚麼並不是很重要；顧客想要甚麼才最重要。[9]根據研究統計數據指出，80%的新企業極有可能會在五年之內倒店，許多企業即使掌握了良好的機會還是會失敗，就是因爲他們無法有效提出，契合消費者需求的企業理念，總是在達到理解消費者獲利之前，就已耗盡金錢和時間。[10]中國大陸部分知名企業，堪稱是藉由大動作的媒體宣傳造勢而一夕成名，如果向中國大陸的企業家詢問：是否願意花上高達600億人民幣的代價，獲得一個在全中國一夜成名的機會？80%的企業主都會作出肯定的回應。

事實上彩虹電視就曾做過這樣的事情，彩虹電視曾在1997年6月，以600億人民幣獨家贊助台灣知名影星柯受良飛越黃河，並與

[9]彼得．杜拉克（Peter F. Drucker）著，李芳齡譯，《管理的使命》（*Management: Tasks, Responsibilities, Practices*）（台北：天下雜誌，2002年），頁75～76。

[10]Jeffrey C. Shuman & David Rottenberg等著，秦於理譯，《企業競爭優勢》（*The Rhythm of Business*）（台北：愛迪生國際文化事業股份有限公司，2000年8月），頁39～40。

柯受良共同捐贈建立希望小學。上述的作爲非但可以塑造良好的公益形象，且讓彩虹電視的廣告覆蓋人數一度高達一億人以上；更讓剛上市一年的彩虹電視，一舉攀登上國產電視品牌知名度的第六位；顧客最有意願購買品牌的第五位。[11]

二、建立大品牌策略

大陸改革開放後，各行業崛起無數實力雄厚的企業，其中大多數皆是靠創造品牌而成功發展起來的。在高度競爭的市場經濟體系下，「創立品牌難，保護知名品牌更難」，蓋因品牌形象是人們對品牌的總體感知，且是消費者決定其消費行爲的重要成分。[12]根據多年研究中國大陸的消費型態發現，除非是國際上非常知名的品牌，否則大陸消費者對國產品的接受度相當高。無怪乎部分知名企業極爲重視建立大品牌策略，並且以企業戰略的眼光來強化品牌保護意識。

以青島啤酒舉例來說，青島啤酒之全稱爲「青島啤酒股份有限公司」，在500大的總排名爲第206名，年度營業額爲52億人民幣。在維持其大品牌形象方面，青島啤酒不但以「中國啤酒第一馳名商標」爲自許，並且宣稱要創世界馳名品牌；建國際一流企業。[13]

[11]吳曉波，《中國教訓：大陸十大企業爲何由盛而衰》（台北：飢渴出版，2001年），頁69～72。

[12]江明華，曹鴻星，〈品牌形象模型的比較研究〉，《北京大學學報》，2003年3月，第40卷，第2期，頁107。

[13]海莫，《青啤潮》（台北：九鼎國際，2002年9月），頁107～109。

三、强化企業形象策略

近幾年來大陸知名企業已逐漸注重其企業形象（Corporate Identity, CI）[14]的提升，並且將CI列爲經營策略中極爲重要的一環。隨著消費者從過去追求「美觀、實用、經濟」的傳統觀念，朝向今天追求「感覺、品味、形象」的現代價値觀的轉變，中國大陸的另外一個知名企業聯想集團，全稱爲「聯想控股有限公司」，去年總排名爲第37，年度營業額高達328億人幣。在因應中國大陸社會消費轉型非但能完全適應，且在其策略轉變上有獨到的見解與成效，聯想集團曾在90年代打出家喻戶曉的著名的廣告用語：「人類失去聯想，世界將會怎樣。」此外還有「聯想快車」；「聯想電腦駕校」等文宣造勢活動，不但大幅提高電腦進駐大陸一般家庭的速度，且讓購買電腦的熱潮席捲中國大陸各地，並奠定聯想集團高科技知名企業的地位。[15]

上海通用汽車公司全國總排名第24名，去年營業額達442億人民幣，最近獲選2001年中國大陸最受尊敬企業，與上海通用汽車同時入選「中國最受尊敬企業」的還有北京首信諾基亞（Nokia）移動通訊有限公司、TCL集團、華爲技術有限公司、招商銀行、春蘭集團、上海貝爾等知名企業，這也是二十家當選企業中唯一汽車製造企業。[16]

---

[14]福村滿著，王煒譯，《CI經營戰略》（台北：書泉出版社，1996年9月），頁3～9。

[15]李平貴，《中國企業大勝敗》（台北：憲業企管，2002年9月），頁165～167。

[16]評選活動歷時七個月，主要由北京大學企業管理案例研究中心與「經濟觀察報」所聯合主辦，同時邀請企業負責人及北京大學、清華大學、西安交通大學等高校的MBA學生共同參與評選。請參閱：〈上海通用汽車獲選大陸最受尊敬企業〉，《中央社》，2002年4月21日，請參閱：http://finance.sina.com.tw/cn_stock/info/news/2002/0421/10401505.shtml。

四、促銷大降價策略

例如，總排名第159名的廣東格蘭仕企業（集團）公司爲例，去年的營業額爲68億人民幣。他們選擇「價格競爭」的行銷手段，並且曾在上海創下一天之內熱賣5,000台微波爐的記錄。格蘭仕集團始終認爲他們只是一家鄉鎮企業，既沒有外商的優惠政策，也沒有國營企業的國家保護政策，而且產品單一，只有微波爐一項，如果他們不先下手爲強，將會被別人吃掉。

降價歸降價，事實上格蘭仕集團自己也承認，他們絕對不會做賠本生意，因爲他們所推動的「促銷大降價」乃是有戰略考量，其促銷的主要目的就是要引起或刺激消費者的強烈反應，因爲在產品需求高潮來臨之前，提升生產能力，搶占市場占有率，否則將坐失良機。

除此之外，格蘭仕集團也希望從促銷降價行動中找出風險預測、市場走勢、產品前景、競爭態勢等具規律性的因素，最終無外乎就是要引導市場的走向。因此，格蘭仕集團希望從促銷行動中選擇促銷方式，確定促銷目標之外，同時還要制定與執行促銷方案，並且更要做到「努力，讓顧客感動」。易言之，就是要強化管理技術，有效提高生產品質；其次則是強化一流的服務，讓消費者感受得到產品的附加價值。[17]

五、以「市場絕招」取代「市場高招」策略

部分知名企業在其經營策略方向有其特殊的考量，在市場定

[17]陳湛匀，《現代決策應用與方法分析》（台北：五南圖書，民國88年3月），頁98～99。

位上，刻意避開與排行前幾名企業正面交鋒的機會，或者實施有效的市場區隔（market segmentation）策略，而將經營重點集中在一般大型企業所忽視的農村市場。進而再以「農村包圍城市」的經營策略，轉而在鄰近都會地區開拓新興市場，藉此逐漸壯大企業本身的實力。

除此之外，某些知名企業所訴求的不僅是品牌戰、價格戰、品質戰、服務戰、廣告宣傳戰，有時更需要用謀略戰。乃至部分知名企業行銷經理甚至認爲，光有市場高招已不敷使用；還必須有市場絕招才行。例如，類似孫子兵法中所提出的要領：「避實就虛，另闢戰場」；「避其銳氣，趁虛而入」；「不戰則已，每戰必勝」；[18]「你打你的，我打我的，打得贏就打，打不贏就跑」；「以農村包圍城市，避開強大競爭對手，突破重點城市，打開行業市場」等，均被納入大陸知名企業的經營策略之內。

六、整體市場評估策略

中國大陸的市場相當龐大，大約13億人口的市場，不但是優秀的供給者，更是具有高潛力的消費者。以致許多知名企業在沿海地帶行得通的經營策略，轉移到內地市場就不見得有效，甚至進一步運用到農村市場則可能就會失靈。對此全球知名的行銷專家，亦有可能對中國大陸的市場評估，常有令專家跌破眼鏡之感。[19]

---

[18]檀明山，《孫子兵法與商戰》（台北：正展出版公司，1998年2月），頁106～112。

[19]詹姆斯・C・艾貝格倫（James C. Abegglen）著，林志鴻譯，《傲視大亞洲》（*Sea Change: Pacific Asia as the New World Industrial Center*）（台北：書華出版，1995年10月），頁109～112。

例如，由美國AT&T公司曾與中國大陸的通訊業者，對中國大陸的大哥大行動電話市場進行評估，評估結果認爲短期之內中國人用不起大哥大，不值得立即進行投資。反之，摩托羅拉（Motorola）公司經過謹慎評估之後，則認爲中國大陸的大哥大市場極具開發潛力，迅速決定在天津設廠並大舉進攻大陸市場，不僅取得大陸市場的先占優勢（first-mover advantage），且順利占據大陸的大半市場。除此之外，當初亦有市場評估專家認爲大陸的電腦製造廠，無法與跨國企業競爭時，部分中國大陸的資訊廠商卻採取逆向思考說：「別人下馬，我們上馬」。事實證明，大陸資訊廠商對市場的洞察力及對未來發展的前瞻預測，確有獨到的過人之處。

七、向知名企業「借腦」策略

中國大陸加入世界貿易組織（WTO）之後，最爲欠缺的就是具有國際企業管理經驗的人才，尤其是爲可觀的熟悉國際法及國際情況的人才，以便幫助其能迅速與國際環境接軌。一般而言，台灣人才比較熟悉科技業及個別科技產業，例如，電腦、半導體、半導體科技等，而香港人才則在高科技應用、高現代化基本建設、國際及跨國企業法則等方面比較熟悉，所以台港兩地人才在大陸知名企業中各具優異地位。因此，各知名企業在官方的鼓勵之下，相當流行以高薪吸引或錄用外籍人才。1998年春天，中國大陸曾有一大批企業家舉辦「借腦報告會」，透過媒介廣泛邀集國內外知名企業管理大師，共同研討企業經營的智慧，場面空前熱烈，最後企業主們發現世界上最偉大的企業推動力量就是知識。[20]

然而中國大陸知名企業大量晉用外籍人才的眞正原因，除了著重在企業宣傳效果之外，事實上就是要直接且迅速地吸收外國企業的經營管理模式。根據企業負責人研究調查後發現，透過接納香港、台灣、日本及歐美等地的人才之後，非但可以引進良好的教育背景及敬業精神所蘊育出來的積極的態度，且能吸取先進的管理理念與管理技能，使共事的大陸本地人才在日常工作的互相融合中，眞切看到彼此的落差而努力跟上，不但能帶動企業整體人才素質的提高，且能進而有效開闊企業的新視野。[21]

八、落實人才培訓策略

大陸知名企業一般皆會不斷對外招攬人才，此時，台籍幹部通常會遭遇到美國、加拿大各地招募的留學生與外籍菁英競爭。至於企業本身一方面爲節省成本，積極培養本地幹部，等到高階人才階段性任務達成，就會有減薪與資遣的可能性。

2002年1月，大陸七十五家企業公司，首次在香港舉行「第一屆中國大陸知名企業赴香港招聘會」，招聘會總計提供760多個空缺職位供港人選擇，企業內容包括證券、科技通訊、機械製造、保險服務、房地產等多個領域，招聘成果豐碩。[22]同年6月，大陸

[20] 肖彥登，《中國沒有企業家——大陸第四代企業家缺陷分析》（台北：商智文化出版，2001年），頁299～300。

[21] 王曼娜，〈大陸民企六月在港舉辦第二屆人才招聘大會〉，《中央社》，2002年5月21日，請參閱：http://news.pchome.com.tw/finance/cna/20020521/index-20020521195051010391.html。

[22] 〈大陸知名企業將再度赴香港招聘人才〉，《中央社》，2002年4月21日，請參閱：http://china.yam.com/news/report/article.asp?articleid=248。

知名企業又香港舉辦第二屆人才招聘會，事實上大陸企業赴港招聘高級人才的成功，不僅有助於加速企業人才結構的國際化進程，切實提高企業的競爭力，而且證明大陸經濟發展遠景為企業引進海外人才開闢了更廣闊的空間。例如，去年總排名為第270名，營業額達40億人民幣的希望集團（四川新希望集團有限公司），就十分強調「經營人才，不經營親情」，積極貫徹公開選聘人才；而不私自任用親人的策略。

總之，大部分的中國大陸知名企業，皆會努力培養一批懂科技、會管理、擅經營的企業家，在實際作為方面，一般皆採穩定、引進、培養三管齊下的策略：首先在穩定方面，乃是在穩定其企業本身現有研究群；其次在引進策略方面而言，乃是以各項優渥的條件，有計畫地從國際上延攬科技管理經營人才；最後在培養策略方面，則是藉吸收其它國內外知名企業的經驗，培養出符會自己需求的企業管理人才。

九、廣泛布局與多元化擴張策略

中國大陸境內中絕大部分的知名企業，為了能有效地行銷全中國，大體上皆會在北京設置「行銷總部」，蓋因北京堪稱是中國大陸各項產業最敏感的中心，不僅可以掌握國際資訊動態，同時亦可掌握競爭對手的動態。此外，再從對行業的影響、對市場的影響、對社會的影響，以及對媒體的影響來看，北京也不是上海、廣州或深圳所能夠比得上的。因此，中國大陸的知名企業十分堅信「欲行銷全中國，必須先打入北京市場」。換句話說，若不打開北京市場，最多只能偏安一隅，終究只能做地區性的知名企業，而無法成為全國性的知名企業品牌。

除此之外，在北京行銷總部設立之後，大部分的知名企業會將大陸市場劃分成華北、東北、華東、華南、西南、西北等六大區塊，並在各區籌建分公司或辦事處，以利市場的有效推廣。易言之，這乃是一種「突破北京、進攻東北、奪取中原、激戰華東、攻打華南、搶占西南」的具體經營策略。

商場競爭原本就須仰賴多種不同的策略行動，其所講求的不只是單純攻略市場的方法，且可能是多元行動的組合，換句話說，它具有一種多樣化、自然行成，以及複雜莫測的特性。[23]以知名企業海爾集團爲例，海爾集團全稱爲海爾集團公司，從1984年至1991年一直只做冰箱一項產品，1991年時海爾的冰箱產量曾一度突破三十萬台，產值則高達五億人民幣，並曾以唯一家電產業入選「中國十大馳名商標」。然而從1992年起，海爾集團開始著手「多元化經營策略」，目前海爾的產品已高達五十八個系列，九千二百多項商品。[24]值得一提的是，海爾集團去年在中國大陸的總排名爲第16名，營業額則高達602億人民幣。除此之外，前面所提到的希望集團，亦是由養殖業到飼料業，再從飼料業跨足房地產業，以及銀行業等，皆可謂在多元化擴張之路上十分成功的企業。[25]

---

[23]柏朗（Shona L. Brown）著，孫麗珠等譯，《邊緣競爭：游走在混沌與秩序邊緣的競爭策略》（*Competing On The Edge: Strategy As Structured Chaos*）（台北：城邦出版社，2000年8月），頁320～322。

[24]肖衛，《影響中國經濟發展的二十位企業領袖》（台北：德威國際文化事業股份有限公司，2002年9月），頁9～11。

[25]林凡，《空手成大亨——大陸億萬富豪致富傳奇》（台北：商周出版社，1997年8月），頁79～86。

十、借力使力或借殼生蛋策略

一般企業在快速發展過程，通常會面臨自身實力、條件，以及資金不足的問題。此時有兩種途徑可走，一種是量力而行，放慢發展的腳步；另一種方式則是採用「借力使力」或「借殼生蛋」的策略。例如，中國大陸的知名企業TCL集團，去年總排名第47名，營業額高達211億人民幣，就曾在1992年與1993年時，因爲想進入大螢幕彩色電視市場，雖然因電話機的成功銷售而累積相當的品牌知名度，但卻苦於沒有足夠的資金與技術建廠，於是就輾轉與香港的長城企業，以及咸陽的彩虹企業共同合作。在透過不斷調整、完善自身、借力使力、優勢互補，TCL集團不但使用長城企業在惠州的彩色電視生產基地，同時也使用彩虹企業的電視生產憑證，終於順利在中國大陸的彩色電視市場中取得有利的地位。[26]

第三節　個案分析探討

一、希望集團

希望集團乃係在1982年由四川新津縣的劉家四兄弟從養鵪鶉開始，1985年投資300萬元人民幣發展飼料業，進而逐步拓展到電子業、房地產、銀行業、保險業等。1995年劉家兄弟進行資產重

[26]秦朔，《大變局——中國民間企業的崛起與變革》(廣州：廣東旅遊出版社，2002年5月)，頁322～325。

組，分別成立了大陸希望集團、東方希望集團、華西希望集團、新希望集團等，各自在相關領域發展。

在經營策略的運用方面，希望集團曾採用廣告宣傳造勢策略，當年泰國正大集團僅採用「正大正大，威力特大」之類的一般廣告宣傳用語時，希望集團業已採用「養豬希望富，希望來幫助！」以及「比一比算一算，希望最合算！」等深入農村且家喻戶曉的宣傳用語。

同時，希望集團所積極採用則爲促銷大降價策略，蓋因希望集團所生產的飼料，以飼養豬隻爲主，1989年主要競爭對象爲泰國正大集團，於是雙方展開了一場空前激烈的降價促銷策略，1989年時希望集團所研發生產的飼料，在品質方面雖然已經與正大集團的飼料相當，但「希望飼料」每公噸的價格卻設定在低於「正大飼料」60元人民幣，「正大」感受到競爭壓力後，宣布「每公噸降價20元！」「希望」不甘示弱，馬上跟進降價20元，以維持60元人民幣的價差；「正大」意識到「希望」乃有備而來，於是一口氣宣布「再降價100元！」至於此一關鍵時刻「希望」不但沒有退縮，反而一不做二不休宣布「降價120元！」隨後「正大」曾稍微改變策略，採用「有獎銷售」爭取消費者向心力，「希望」也採取同樣的行動，而且「獎額更高；中獎率也更高」。最後因爲有「希望」就地取才，成本較低且銀行貸款負擔，於是「正大」出動求和，促使「希望飼料」市場占有率一舉攀升至60%以上，並且在1992年北京農業博覽會上榮獲乳豬飼料金牌獎；「正大」則退而求其次，獲頒銀牌獎。以上即爲「希望」與「正大」一連串的促銷大降價策略應用的實例。

1995年希望集團採廣泛布局與多元化擴張策略，經過長達十三年時間的醞釀後，決定放棄傳統的家庭管理模式，實施有效的資產重組，分別成立大陸希望集團、東方希望集團、華西希望集團、新希望集團等，各自在相關領域發展，順利將傳統家族企業過渡至現代企業新面貌。

2001年4月5日，東方希望集團與江門甘蔗化工集團簽署協定，從江門集團手中接受高達10,024萬股的光大銀行股權，隨後又陸續取得上海銀行、民生銀行、成都商業銀行、民生保險公司以及上海光明乳業公司等5%的股權，且投資總額已超過五億元人民幣。2002年2月16日，新希望集團積極涉入與電子資訊產業相關領域發展，並且投資1,000多萬元進行有線電視網路建設，徹底實踐其廣泛布局暨多元化擴張策略。[27]

二、聯想集團

聯想集團創立於1984年11月，其前身為中科院計算所公司，創辦人為柳傳志等11人，從資本額20萬元做起，1999年銷售額達176億人民幣，堪稱為中國大陸知名企業中資訊產業的佼佼者，1989年11月北京聯想集團公司正式成立後，旋即於1994年在香港股票上市，目前擁有員工9000餘人，業務範圍廣及個人電腦、外部設施、電腦網路、軟體系統等領域。曾在1999年以及2000年連續兩年被評選為中國電子百強企業第一名，2000年美國《商業周刊》全球前一百名最佳科技公司排行榜第八名。

聯想集團在起步階段時，以開展電腦貿易為主要業務，同時積極探索國際市場脈搏，選擇打入市場的產品，落實整體市場評估策略。此外，聯想集團於1990年上半年在美國洛杉磯設立分公司；下半年在法國德斯多夫設分公司；1992年更在美國矽谷設立

[27]劉曉波，《希望傳奇：農民四兄弟由千元到三百五十億的創業歷程》（台北：九鼎國際，2002年），頁174～188。

實驗室，其目的無外乎是想及時獲取電腦最新資訊與科技，積極實踐其向國外知名企業「借腦」策略。

汲至1993年年底，聯想集團在技術開發方面業已由美國矽谷、香港、深圳、北京等形成主要架構；在生產方面則有香港、深圳兩座基地；至於在銷售方面則擁有以北京為中心的中國大陸內地銷售網，以及以香港橋頭堡，且分別在海外十四個國家所設立高達二十五個子公司，所形成的國際銷售網路。除此之外，聯想集團從1993年開始，首先提出「家用電腦」這個概念，以區別於商用電腦並且正視標準家庭這個市場，率先推出架構簡單且價格僅三千餘元的第一代「聯想1+1」電腦，此一舉動足足比外國電腦廠商提早一年，充分顯示其廣泛佈局與多元化擴張之策略。

在人才培訓策略方面，聯想集團從1988年到1990年為人才戰略的第一個時期，其主軸為透過向社會甄才程序，直接從大學招收研究生與本科生；第二時期則是由1995年開始，主軸為每年開設高達三次的高級幹部培訓班，所有培訓內容的策劃工作均由柳傳志親自參與。

聯想集團以全面客戶導向為原則，1996年聯想集團電腦事業部通過ISO9001品質驗證，1998年軟體產品開發體系通過ISO9001品質驗證。並且提出「讓用戶用得更好」的經營理念，全面擴展品牌知名度，1994年初，《人民日報》以頭版頭條的顯著位置刊登報導：聯想集團面對世界一流企業的強大競爭壓力，明確提出「堅決扛起民族工業大旗」。由於上述口號乃係首次被中國企業界提出，故曾受到全國民眾廣泛的迴響與關注，並且可以感受到聯想集團強化本身企業形象策略的積極態度。[28]

---

[28]李濤，《中國聯想》（台北：九鼎國際，2002年9月），頁211～218。

三、海爾集團

海爾集團同樣創立於1984年11月，有人稱其爲中國的「松下」，其前身爲青島電冰箱總廠，推到更早期則爲1955年成立後瀕臨倒閉的手工業生產合作社，創辦人爲當年派去任副經理的張瑞敏先生。藉著向國外知名企業「借腦」策略，引進德國利勃海爾電冰箱生產技術後，在青島電冰箱經營基礎上，發展而成的國家特大型知名企業。1998年2月26日，海爾集團與飛利浦集團進行技術聯盟，以及合作簽約儀式。2002年1月8日和2月8日，曾經分別和日本三洋公司與台灣聲寶公司，建立某種程度的競爭合作關係，實現優勢互補、資源共享以及雙贏發展策略。

建立大品牌策略方面，海爾集團堅持發展其品牌道路，積極建立一個具有國際競爭力的全球設計網路、製造網路、行銷網路等。1990年，海爾電冰箱通過美國UL認證，正式踏入國際市場。1992年4月海爾電冰箱業已獲得ISO9001品質驗證；1996年4月海爾電冰箱更進一步獲得ISO14001環境系統認證。2000年3月，美國本土生產的海爾電冰箱業已進入美國消費者的家庭，並且進入美國十家大型連鎖店其中八家；歐洲十五家大型連鎖店其中的十二家。目前已經擁有八個設計中心；高達一萬一千九百多個行銷據點所組成的銷售網絡；七個國內工業園區，以及兩個分別位於美國與巴基斯坦的工業園區。

2001年海爾集團員工發展到達三萬餘人，全球營業額達602億人民幣，足足達1984年的17,000多倍。

在廣泛布局與多元化擴張策略之運用方面，1984年海爾集團只有一個型號的電冰箱產品，目前不但已經擁有一萬三千多個不同系列的電冰箱產品，在國內市場占有額高達30%以上。同時海爾集團將多元化經營的重點放在自己熟悉的業務領域，進而在空調冷氣、微波爐、洗衣機、展示櫃、小家電、微電腦、行動電話、洗衣機等六十九個領域，研發出一萬零八百多項各式產品。

值得一提的是，海爾集團與希望集團最大的不同，在於海爾集團拒絕採用促銷大降價策略，強調「不打價格戰，而要打價值戰」以及「賣信譽而不是賣商品」的宣傳策略，同時大力宣揚「服務零距離」。蓋因海爾集團認爲就中國大陸當前的市場經濟條件下，價格戰的競爭只是企業參與市場競爭的某種策略之一，然而過分的促銷大降價不但會使企業形象受損，通常也會使許多企業紛紛倒閉，是以完全不值得鼓勵。反而強調在產品品質、售後服務、品牌形象、技術研發等非價格方面的優勢來吸引廣大消費者。

在落實整體市場評估策略方面，最爲人津津樂道的是1996年10月18日，海爾集團首次推出中國大陸第一台，名爲「小小神童」的小型「即時洗」小型洗衣機，由於針對整體市場評估後的特定族群設計，在小巧、省水省電、方便操作的訴求下，不但造就四十天內訂貨數量超過十五萬台的紀錄，且在1998年被《中華工商時報》評選爲中國大陸十大成功產品之首。

在人才培訓策略方面，海爾集團曾在1998年5月30日，與復旦大學聯合成立博士後研究工作站。海爾集團除透過向社會甄才管道，直接從名校挑選優秀學生之外；亦實施內部選才策略，省下許多不必要的培訓項目，並且針對當前大學生要求自我實踐的願望，給予每個年輕人自我充分發展的空間。[29]

總之，中國大陸爲數相當可觀的大小企業中，既然能夠在其境內列爲知名企業，或被評選爲中國大陸本土型的「中國企業500

[29]九鼎國際，《海爾傳奇》（台北：九鼎國際，2002年5月），頁303～311。

強」，則有其本身總具有某些獨到的經營策略。表11-1爲希望集團、聯想集團與海爾集團等三大名企業的經營策略運用的個案分析。

表11-1　中國大陸知名企業經營策略運用個案分析

項次	策略名稱	希望集團	聯想集團	海爾集團	備註
1	廣告宣傳造勢策略	主要策略	主要策略	主要策略	「希望」以促銷造勢；「聯想」以文宣創意造勢；「海爾」則以服務品質造勢。
2	建立大品牌策略	一般策略	主要策略	主要策略	「聯想」與「海爾」集團，均在海內外廣設產銷網路。
3	強化企業形象策略	一般策略	主要策略	主要策略	「聯想」與「海爾」，均獲得美國UL與ISO等多項品質驗證。
4	促銷大降價策略	主要策略	一般策略	拒絕採用	「希望」vs.「正大」的降價大促銷。
5	以「市場絕招」取代「市場高招」策略	一般策略	主要策略	一般策略	率先提出「家用電腦」概念；且架構簡單便宜的第一代「聯想1+1」電腦。
6	整體市場評估策略	一般策略	一般策略	主要策略	研發「小小神童」小型洗衣機，造就40天內訂貨超過十五萬台紀錄。
7	向知名企業「借腦」策略	一般策略	一般策略	主要策略	與日本三洋公司、飛利浦集團，以及台灣聲寶公司策略聯盟策略。
8	落實人才培訓策略	一般策略	主要策略	主要策略	「聯想」與「海爾」，均積極落實甄選與培訓工作。
9	廣泛布局與多元化擴張策略	主要策略	一般策略	主要策略	13,000多個不同系列電冰箱產品，以及69個領域中的10,800項各式產品。
10	借力使力或借殼生蛋策略	一般策略	一般策略	主要策略	在青島電冰箱經營基礎上，引進德國利勃海爾電冰箱生產技術，發展成知名企業。

資料來源：作者整理。

結論

中國大陸廣大市場目前已是全世界大小企業的兵家必爭之地，舉凡世界性知名品牌，幾乎皆以進入大陸市場爲重要目標，而如「中國企業500強」等大陸本土知名企業的出現，其所代表的意義在於提供外界觀察大陸市場競爭的具體標的，事實上絕大部分的大陸知名企業，無論是從事內銷或行銷全世界，皆有其特殊可取之經營策略。

而對於身居台灣的我們，基於地緣關係與文化親近等因素的影響，因此在對大陸市場的理解與掌握能力上，擁有相對優勢的條件，而近年來兩岸經貿發展的消長，也導致了台灣民眾對於大陸市場的關注，根據人力資源業者104人力銀行在2002年第一季的研究調查發現，台灣地區願意到大陸工作的人數，較一年前大幅增加八倍。

正因爲上述原因，深入研究大陸市場與知名廠商的重要性也逐漸增加，而大陸企業受到其整體經濟制度與結構等因素的影響，其成長過程迥異於其他非社會主義國家的企業發展歷程，而大陸獨特的市場環境，也孕育出具有高度中國特色的企業體制，而這些企業作爲明日之星，他們是如何在困難的條件下取得今天的成就，便成爲我們關心的焦點，而從知名企業的十大經營策中，我們可以發現中國大陸的企業本身有其特殊的策略取向（strategic orientation），同時亦在成長的過程中，積極地運用其後發優勢，不斷的向外取經[30]，有鑑於大陸市場龐大的潛在力量，吾人相信中國企業終將會走向國際舞台而發展出世界性的知名度。

不過在理解的過程中，我們也須注意，基本上中國大陸的知名企業的經營策略，相當程度上是處於一種因時因地而制宜的現象，由於中國大陸的市場相當大，因此在沿海一代行得通的知名企業經營策略，對內陸市場而言就不見得能發揮成效。從企業賡續經營角度來看，中國大陸的大部分知名企業皆有未來發展上的潛在危機，蓋因目前絕大多數的知名企業皆從私有或家族企業發展而來，屬於一種家族經營的模式，最大特色在於企業主具有完全的權威主導作用，以致缺乏有效約束監督與管理制衡的機制。所幸中國大陸的部分經濟學者業已經注意到此一問題，為有效導正長久以來企業所有權與經營所有權無法有效分離問題，因而提出「企業治理」的概念，[31]其所訴求的重點即在於藉由公司法制的完善建構，使傳統的家族企業經營過渡至現代的公司制度，從公開的股票發行分散經營管理的所有權，並藉由股東的監督管理而降低權威性管控的潛在風險。此外在深層結構性的問題方面，則須在未來有效解決諸如進出口權與關稅的問題，政治與經濟間

[30]如目前中國大陸正朝下列七個面向實施外資開放政策：一、成立中外合資與合作的零售商店；二、發展超級市場與相關連鎖便利商店；三、成立中外合資與合作的批發經營企業；四、成立加工出口產業；五、從國外引進先進的企業管理技術，並進行企業人才培訓；六、引進外資興建企業物流基礎設施；七、開放外商企業從事相關進出口業務。袁明仁，〈大陸內銷市場行銷寶典〉，《大陸台商經貿網》，請參閱：http://www.chinabiz.org.tw/study/books-summery/marketing.htm。

[31]劉湘國，〈私營企業治理缺陷及其改善〉，《社會主義經濟理論與實踐》，2003年第3期，頁117。

不正當的利益掛鉤等等。[32]最後，論及未來中國大陸知名企業經營策略，除須面對難以預測的大陸市場特點之外，尚須仰賴中共官方遵重市場機制，讓企業能在不受政治拘束的前提下持續發展，且必須對中國大陸的政治發展走向，以及政策面的變化有某種程度的瞭解與認知。

問題與討論

一、試述企業經營的目的為何？

二、一般能吸引消費者的知名企業，須具備那些特性？

三、何謂企業經營「策略」？其效用為何？

四、從企業觀點來看，策略架構應包含那些要點？

五、請舉出三個你認為最可行的經營策略，原因為何？

[32]共黨問題研究中心，《中國大陸綜覽》（台北：共黨問題研究中心，民國90年6月），頁80～86。

第十二章 中國大陸經貿法規與商務仲裁

舒中興

中國大陸經濟法律體系與其社會變遷之間的歷史關係，與西方國家有著截然不同的發展脈絡。因此，改革開放所帶來的壓力與引力，促使中國大陸以國家行政力量主導經濟法律體系的建構過程，此一特色可從中國大陸經貿法規的演變來掌握。另外，兩岸經貿活動日趨緊密，台商面對中國大陸的經濟法律體系，在適用其法律普遍性的同時，必須注意「台灣」此一主體角色在中國大陸經濟法律體系中的特殊性，並且在中國大陸入世之後，台商法律適用性的變遷趨勢更不容忽略。在全球化浪潮下，中國大陸為與國際市場充分接軌，以資本主義市場遊戲規則來處理經貿爭議及商務仲裁，已成為中國大陸入世後的經濟立法重點。因此，在中國大陸力圖完善其經濟法律體系的同時，台商應回歸法律基本面，方能永續經營。

第一節　中國大陸經濟法規體制的變遷

一、中國大陸的國家與法律關係

觀諸現代國家的發展軌跡，法律制度作爲社會結構的具體反映，在國家的諸多面向中，一般是屬於較保守且不易變動的部分，這是因爲法律作爲現代社會中各個行爲主體所賴以遵循的基本規範，具備了普遍性、安定性、確實性及妥當性等要素特性。[1]因此，法律不同於政治領域或是經濟領域等範疇，不易在短期間內出現大幅度的變化甚至是革命。譬如，東歐共黨國家在廿世紀末經歷政治與經濟上驚天動地的轉變後，當東歐社會許多領域都呈現出迥異於以往的風貌時，惟獨法律制度的變遷仍依循「漸進主義」（gradualism）的途徑緩步進行，並沒有立刻轉型爲資本主義國家的法律體制，就是最好的例子。[2]換言之，法律制度的變遷受到社會結構的制約（domination），是一個普遍的現象，而中國大陸的法律體系亦是如此。

現代國家的法律依其來源可分爲固有法與繼受法[3]，自全球化

---

[1]林紀東，《法學緒論》（台北：五南圖書，1978年），頁2～6。

[2]所謂「漸進主義」係指制度的變遷受到社會、政治和文化等條件影響，在欠缺整體計畫與國家強制介入的情形下，制度有選擇性地逐步產生轉型。參見：吳玉山，《遠離社會主義：中國大陸、蘇聯和波蘭的經濟轉型》（台北：正中書局，1986年），頁18。

[3]所謂「固有法」即依照本國固有文化，並根據本國社會狀態與傳統思想而制定產生的法律；「繼受法」則係模仿外國法制，採取其合於世界潮流與本國國情者，制定爲本國的法律。參見：林紀東，前引書，頁35。

發展趨勢日漸明顯以來，「法之繼受」便成爲各國法律的主要來源。[4]中國大陸自1953年模仿蘇聯實施第一個五年計劃，開始其長達數十年的計畫經濟體制，於此同時，中華人民共和國的法律制度也無可避免地繼受了蘇聯計畫經濟體制的法律設計。[5]另外，當時中國大陸的社會結構伴隨著計畫經濟的施行而演化出一種「黨國體制」的嚴密社會控制模式[6]，因此，當中國共產「黨」已等同於國家時，此時的法律一方面係展現國家合法性的主要形式，另一方面更成爲遂行國家執政者意志的主要力量。由此觀之，中國大陸法律體系的存在，本質上即具有強烈的國家工具，甚至是政黨工具的色彩。

二、中國大陸經濟法規的法律位階

在法律的演進過程中，經濟法（Economic Law）的起源可追溯至西元前十八世紀的「漢摩拉比法典」（Code of Hammurabi），在282項法典條文中，有121項是關於財產所有權的規定，而西元前五世紀以「十二木表法」（Law of Twelve Tables）爲代表之羅馬法（Roman Law），其中的物權（property）、契約（contract）等等

[4]繼受法成爲現代各國法律制定的主要來源，其原因在於科技的進步使得國與國之間的藩籬減少，人民的交流和社會生活形態也愈趨密切及相似。因此，作爲各國社會生活規範的法律自然亦有擇善借鑑而捨異從同的趨勢。參見：林紀東，前引書，頁36～37。

[5]由於國際環境與意識形態等因素，中華人民共和國於1954年頒布的第一部正式憲法，即是參考蘇聯憲法1936年版本而制定的。參見：王文杰，《中國大陸法制之變遷》（台北：元照出版公司，2002年），頁80。

[6]所謂「黨國體制」係指一國之中，執政黨設立了與各級政府機構相對應、並且實質上擁有指揮該對應政府機構權力之「以黨治國」專政體制。參見：舒中興，《文化大革命中的社會衝突》（台北：國立政治大學東亞研究所，民國86年）。

私法概念，更是現代民法的重要基礎。[7]，隨著資本主義在封建社會中的萌芽、發展，連帶使得以規範個人利益為主的羅馬私法在中世紀歐洲逐漸興起並且不斷擴散，最終以十九世紀初「拿破崙法典」（Code Napoleon）的編纂頒布，成為近代民法法典趨於完善的重要里程碑。在一般的現行法律體系中，經濟法之主要作用有三：[8]首先是定分止爭，確定並保障私人財產所有權之關係；其次是對市場進行管理，以建構正常穩定的交換機制；最後則是確保國家的稅收。

惟在目前一般的「六法」：憲法、民法（包含商事法）[9]、民事訴訟法、刑法、刑事訴訟法與行政法之六大分類中，並不包括獨立的「經濟法」類別，這是因為作為資本主義國家經濟活動與政治基礎的主要法律概念如私有財產權、契約等，早已涵納在民法（商事法）與民主制度之中。因此，經濟法作為獨立的法律類別，要遲至二十世紀初，資本主義國家因過度強調私有制與市場的自由放任，導致社會出現嚴重矛盾後，方由國家開始針對經濟活動的部分領域進行直接或間接的干預。國家的介入表現在法律體系上便是經濟法的立法。譬如反不正當競爭法、公平交易法、反托辣斯法（即反壟斷法Antitrust Law）等等皆是。

中國大陸的經濟法作為國家法律體系中主要的類別而出現，始自70年代末期，在歷經了計畫經濟時期「計畫取代法律」的行政扭曲，以及文化大革命時期群眾運動對於法律體制的摧毀[10]，

---

[7]林紀東，前引書，頁36。

[8]史際春、徐孟洲合著，《大陸六法精要：經濟法》（台北：月旦出版社，1994年1月），頁1～4。

[9]中國大陸的民法與商事法在傳統上係採取民商合一的制度。趙中孚編，《商法總論》（北京：中國人民大學出版社，1999年11月），頁6。

[10]王文杰，前引書，頁101～124。

中國大陸的國家本質正逐漸隨著資本主義經濟成分的增加而發生改變。因此，經濟法制的建設，一方面係針對改革開放政經轉型的配套作爲，另一方面則是回應了文革後中國大陸法制重建的迫切需求。此外，不同於其他國家，經濟法規在中國大陸的法律體系中具有重要的位階（參閱圖12-1），除了與經濟環境的轉變有密

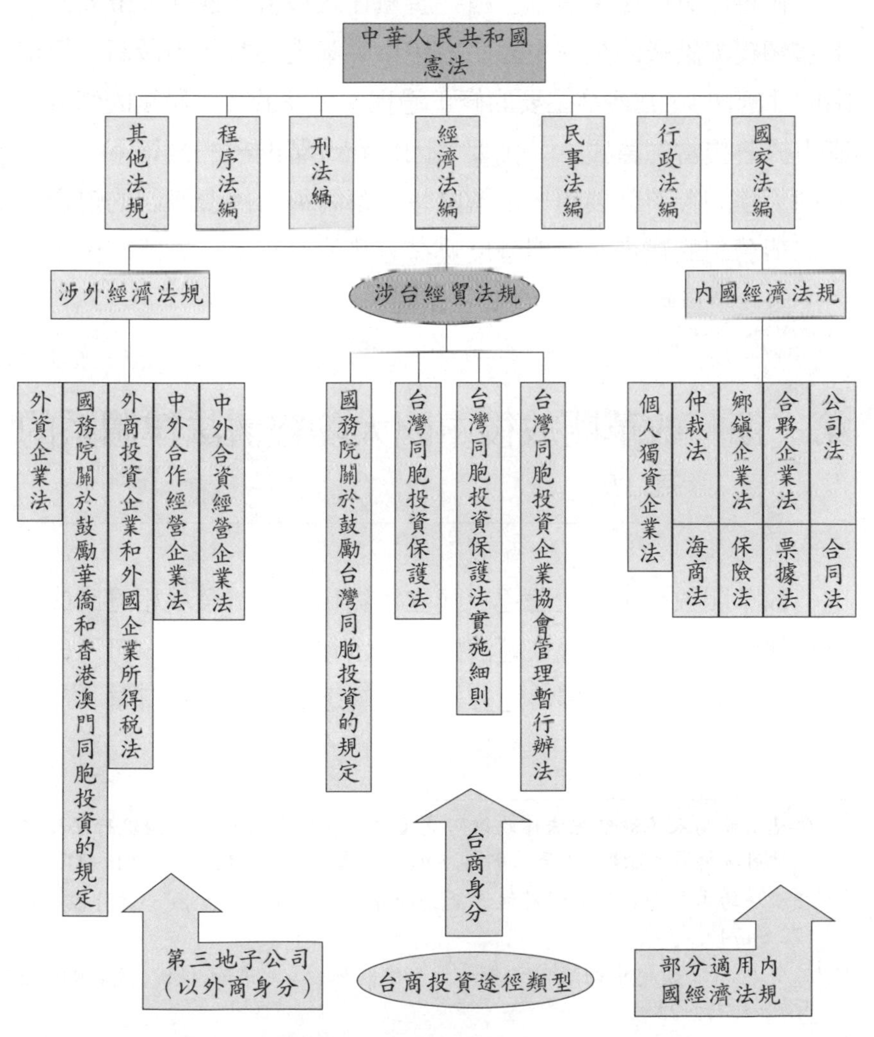

圖12-1　中國大陸主要經濟法規的法律位階[11]

切關係外，民法在本質上強調私有財產權，也和以公有制爲本的中共政權意識形態有所矛盾。因此，民法在中國大陸經濟轉型過程中對於調整經濟關係的作用有限，其保障私有財產權的私法性質也受到刻意的忽略，取而代之的，就是可充分彰顯國家能力之經濟法規的增加。[12]

值得注意的是，由於中國共產黨在政權合法性（legitimacy）上強調經濟階級的平等，因此，作爲中華人民共和國最高法律位階的「憲法」，在四次主要的修正過程中，關於經濟體制的修訂一直占據著相當的篇幅。[13]主要是因爲在改革開放的政策下，每當中國大陸的經濟發展到一定階段時，都將導引經濟體制的變遷，而經濟體制的變遷必須即時反映在憲法的修正上，方能確保憲法內中國共產黨政權專政的合法性基礎。

第二節　改革開放後中國大陸經濟法律體系的建立

改革開放後中國大陸逐步建立了與市場經濟發展相適應的經濟法律體系，若依據國家經濟運作的內在邏輯來理解，可區分爲國家、經濟之組織、經濟之管理、經濟之活動等不同面向。[14]換

[11]參見：最高人民檢察院法律政策研究室編，《中華人民共和國現行法律法規及司法解釋大全》（北京：中國方正出版社，1996年12月），頁1～41。

[12]經濟法的本質即爲國家對於經濟活動的介入。參見：王文杰，前引書，頁172～174。

[13]王文杰，〈嬗變中的大陸法制〉，《律師雜誌》，第269期（民國91年2月），頁21～22。

[14]史際春、徐孟洲合著，前引書，頁18～19。

言之，中國大陸經濟法律體系之建立，可通過關於憲法、市場主體、行爲規範以及市場秩序等相關經濟法律的立法背景來加以掌握。

一、憲法關於經濟體制的部分

相較於其他國家的憲法，中華人民共和國現行的「八二憲法」條文中關於經濟體制的篇幅比重較大。[15]這是因爲經濟體制關乎中共政權的合法性，因此，經濟體制的改變都必然反映在憲法的修正上。譬如1993年的修正案，將「國家實行社會主義市場經濟」、「國家加強經濟立法」明確載入憲法，並將第十六條修改爲：「國有企業在法律規定的範圍內有權自主經營」，將原來的「國營經濟」改稱爲「國有經濟」，反映了經濟體制的變化。充分反映了經濟體制發展對於中華人民共和國憲法修正方向的具體影響。

二、關於市場經濟行為主體的法律制定

中國大陸過去由於意識形態之故，不同於一般民、商法體系中以自然人或公法人、私法人作爲行爲主體之區分，而是以所有制爲標準來區分經濟活動中的行爲主體，如全民所有制企業、集體所有制企業、私營企業和個體企業等四種。此一標準顯然不符合資本主義市場中的實際運作情形。因此，除了原有之《鄉鎮企業法》、《中外合資經營企業法》、《中外合作經營企業法》等關

[15]現行的中華人民共和國憲法頒布於1982年，故又稱爲「八二憲法」。參見：王文杰，〈嬗變中的大陸法制〉，頁22。

於市場經濟行爲主體的法律規定外，中華人民共和國分別於1993年12月頒布《公司法》（1999年12月修正）、1997年8月頒布了《合夥企業法》、1999年8月頒布《個人獨資企業法》等三部法律[16]，以符合資本主義市場以出資者型態及責任來區分行爲主體的標準。

（一）公司法

在上述三部關於市場經濟行爲主體的法律中，1993年頒布的《公司法》具有五項重要的意義：[17]

1.確立了公司企業作為中國大陸市場經濟行為主體的地位。由於意識形態的影響，中共建政後，中國大陸除了少數需接觸西方市場的外貿單位保留了公司的型態外，作爲資本主義市場行爲主體的股份制公司基本上並不存在。因此，《公司法》的頒布不僅確立了改革開放以來，各種型態的企業在市場經濟中的行爲主體地位，更爲其他資本主義國家的公司企業進入中國大陸市場提供更完備的法律環境。

2.確立股東承擔有限責任的立法精神。依照《公司法》第三條的規定[18]：有限責任公司，股東以其出資額爲限對公司承擔責任；股份有限公司，其全部資本劃分爲等額股份，股東以其所持股份爲限對公司承擔責任。

3.確立公司具有獨立人格的立法精神。依《公司法》第三、五

[16]《中華人民共和國公司法》、《中華人民共和國合夥企業法》、《中華人民共和國個人獨資企業法》取自：中國國家法規數據庫。

[17]參見：北京師範大學經濟資源管理所，《中國市場經濟法律體系的建立與完善》（北京：中國對外經濟貿易出版社，2003年4月）。

[18]《中華人民共和國公司法》，取自：中國國家法規數據庫。

條規定，有限責任公司和股份有限責任公司是企業法人。又公司以其全部法人財產，依法自主經營，自負盈虧。在條文設計中，公司係具有權利能力和行爲能力的行爲主體，能以自己的名義獨立享有權利、承擔義務，並能獨立承擔民事責任。

4.公司與股東權益的明確區分。《公司法》第四條規定：公司股東作爲出資者按股入公司的資產，享有所有者的資產受益、重大決策和選擇管理者等權利，公司享有由股東投資形成的全部法人財產權。換言之，包括官方股份在內的公司的股東在出資後僅享有股東權，不得逾越其權益範圍，公司則對出資人出資形成的財產享有包括所有權在內的全部財產權。因此，公司可依法對其擁有的財產進行使用、受益和處分等行爲，明確區分了公司與股東權益的範圍。

5.確立了中國大陸國有企業改革的法律形式。《公司法》中規定了包括有限責任公司、股份有限公司等等法人的設立條件、組織機構與運作規範等內容。除了爲與國際市場接軌提供了完善的法律環境，另一層更重要的意義在於爲中國大陸龐大的國有企業改革問題提供了新的出路。但值得注意的是，國有企業的改革問題能否以通過改制爲股份制公司來解決？亦或只是反而導致「內捲化」（involution）的結果？[19]尚有待觀察。

（二）合夥企業法

所謂合夥企業是中國大陸企業組織形式的一種，係市場中法

[19]所謂「內捲化」，主要指制度變遷過程中出現與演進方向相對立的力量，從而導致制度創新力量的被抵銷，甚至是退化。參見：王信賢，《組織同形與制度內捲：中國國企改革與股市發展的動態邏輯》（台北：國立政治大學東亞研究所，2002年3月）。

定的經濟行爲主體。依據《合夥企業法》第二條規定[20]，係指在中國境內設立，由各合夥人訂立合夥協議，共同出資、共同經營、共用收益、共擔風險，並對合夥企業負無限連帶責任的營利性組織，此與台灣公司法中的「無限公司」相關規定類似。[21]《合夥企業法》規定了合夥企業的設立、合夥財產、合夥事務的執行、入夥與退夥、解散與清算、法律責任等問題。其宗旨在於調整合夥關係，保護債權人利益，促進合夥經濟發展。在目前的中國大陸私營企業中，有相當一部分是屬於合夥企業，由於中國大陸的《民法通則》對於合夥企業僅進行了原則性的規範，無法適應現階段中國大陸合夥企業的發展需求。因此，《合夥企業法》的制定，對於中國大陸各種經濟行爲主體的多元發展提供了更完善的法律環境。

（三）個人獨資企業法

依據《個人獨資企業法》第二條規定[22]，所謂個人獨資企業係指在中國境內設立，由單一自然人投資，財產爲投資人個人所有，投資人以其個人財產對企業債務承擔無限責任的經營實體。本法中，中國大陸的個人獨資企業具有三項特點：

1. 為中國大陸市場經濟提供多元管道與成分。由於個人獨資企業具有法律所賦予的企業法人資格，並且在經營範圍與經營型式上較一般個體戶具備多樣性。因此，爲中國大陸許多具備專業技術或資金的個人提供了多元的創業管道，同時也活

[20]《中華人民共和國合夥企業法》，取自：中國國家法規數據庫。

[21]台灣《公司法》第二條規定：無限公司指二人以上股東所組織，對公司債務負連帶無限清償責任之公司。

[22]《中華人民共和國個人獨資企業法》，取自：中國國家法規數據庫。

絡了市場經濟的發展。

2.**個人獨資企業設立採準則主義**。個人獨資企業的設立不需經過審批，只需符合準則進行登記即可設立並取得企業法人資格，放寬了一般人民參與經濟活動的限制。惟根據第四十七條規定，外商獨資企業並不適用本法，但可與個人獨資企業舉辦中外合資或中外合作企業。

3.**投資人享有絕對控制權**。依據第十七條規定，個人獨資企業投資人對本企業財產依法享有所有權，其有關權利可以依法進行轉讓和繼承；個人獨資企業投資人可以自行管理企業事務，也可以委託或者聘用其他具有民事行爲能力的人負責企業的事務管理。在責任上，依據第十八條規定，個人獨資企業的投資人對企業債務承擔無限責任，以其家庭共有財產作爲個人出資的，應當依法以家庭共有財產對企業債務承擔無限責任。

三、關於市場行為規範的法律制定

（一）合同法

合同（契約）係經濟活動中最基本的法律行爲，因此，關於合同的法律規範其重要性不言可喻。中國大陸於1999年3月頒布的《中華人民共和國合同法》，係在原有的《經濟合同法》、《技術合同法》與《涉外經濟合同法》之基礎上制定，可說是規範目前中國大陸市場經濟行爲最重要的法律。其特點包括了：

1.**整合中國大陸關於合同的施行經驗與相關法規**。《合同法》的制定，對於有關合同的共性問題作出統一和詳細的規定，並整合了中國大陸十多年來有關合同的行政法規和司法解釋的規定，是一部對於合同規範更爲完備的法律。

2.建立了完備的合同法體系。《合同法》之制定區分爲總則與分則兩大部分[23]，總則包括了關於合同之一般規定、訂立、效力、履行、變更和轉讓、權利義務終止及違約責任等規定。而分則包括了買賣合同；供用電、水、氣、熱力合同；贈與合同；借款合同；租賃合同等十五種合同類型。對於中國大陸市場經濟中複雜的合同行爲作出更具體、更符合市場現實的規定。

3.強化合同違約責任精神。《合同法》在第七章中將「違約責任」獨立列章，係針對當前中國大陸經濟糾紛過多、欠缺法治精神的不良影響，以十四條條文來規範合同違約責任，俾便符合國際標準並強化法治精神，以保證合同執行的效力與《合同法》的有效實施。

4.強化以書面形式訂立合同的原則。《合同法》第十條規定：當事人訂立合同，有書面形式、口頭形式和其他形式。法律、行政法規規定採用書面形式的，應當採用書面形式。當事人約定採用書面形式的，應當採用書面形式。突顯了《合同法》提倡以書面形式訂立合同的精神，方能確保合同的效力與市場交易的穩定。

(二) 票據法、擔保法、保險法、證券法

在中國大陸其他規範經濟行爲的法律中，以票據法、擔保法、保險法及證券法最爲重要，因爲這些都是與國際市場接軌所不可或缺的現代法律制度。1995年5月頒布的《票據法》，是市場

[23] 《中華人民共和國合同法》，取自：中國國家法規數據庫。

中各種行爲主體進行票據行爲的法律規範。依據《票據法》第二條規定[24]，中國大陸所稱票據者，包括了匯票、本票和支票三種票據制度，並且在本法第六章詳細規定了使用票據的法律責任，以確保票據的有效流通。

1995年6月頒布的《擔保法》，係提供借貸、買賣等經濟活動中，債權人可以擔保方式確保其債權實現的法律規範。中國大陸係參照大陸法系的立法經驗，在《擔保法》第二到六章中分別規定了保證、抵押、質押（包括動產質押和權利質押）、留置及定金等五種擔保方式，充分提供中國大陸現階段經濟發展與資金融通的需求。1995年6月頒布（2002年10月修訂）的《保險法》，係針對中國大陸市場經濟中因保險業務蓬勃發展所產生各種社會關係的法律規範。而1998年12月頒布的《證券法》，則是爲中國大陸可預期的龐大證券市場而制定的，除了對證券發行、交易及管理進行法律規範外，更重要的是在於建立一個合乎國際規範、能夠良好運作的證券市場，俾便爲中國大陸的企業與投資者提供充分的資金管道和投資平台，以維持經濟的穩定發展。[25]

四、關於市場秩序的法律制定

（一）一般市場交易秩序

由於經濟法規本身具有以公法規範私法關係的特色，而中國大陸在欠缺完善經濟法律制度的基礎上實行市場經濟，許多市場

[24] 〈中華人民共和國票據法〉，最高人民檢察院法律政策研究室編，前引書，頁1571。

[25] 《中華人民共和國擔保法》、《中華人民共和國保險法》、《中華人民共和國證券法》，取自：中國國家法規數據庫。

交易秩序的紊亂現象如假僞劣產品問題，正突顯了中國大陸政府的立法步調落後於市場發展的事實。尤其2001年年底正式加入世貿組織WTO之後，如何建構並維護符合國際規範的市場交易秩序，是重要的經濟法律議題。現階段中國大陸關於一般市場秩序的法律制度，包括了爲維護市場交易秩序的《反不正當競爭法》（1993年9月）[26]；提昇產品質量與國際標準的《標準化法》（1988年12月）、《產品質量法》（1993年2月頒布，2000年7月修正）；保障消費者權益的《消費者權益保護法》（1993年10月）、《食品衛生法》（1995年10月）以及《藥品管理法》（1984年9月頒布、2001年2月修正）等[27]，都是針對一般市場交易秩序所制定的法律。

較特別的是，在關於一般市場交易秩序的法律中，中國大陸特別針對了市場上的價格行爲在1997年12月制定了所謂的《中華人民共和國價格法》，《價格法》中雖然規定了市場上大多數的商品價格或服務價格，可由經營者自由定價的基本原則，但是包括了政府價格主管機關在內的消費者組織、職工價格監督組織、居民委員會以及村民委員會等各組織都有權監督價格行爲[28]，在中國大陸社會欠缺實質意義的民間組織之情形下，事實上中國大陸政府介入市場價格機制的空間是非常大的。

（二）金融市場與知識產權（智慧財產權）市場交易秩序

金融市場一向被視爲國家經濟發展的重要環節，由於金融市

[26]所謂不正當競爭，係指競爭行爲違反法律或違背誠信、公正原則，或可能危害市場經濟秩序。見：吳漢東編，《知識產權法學》（北京：北京大學出版社，2002年2月），頁294。

[27]以上各法參見：《中國法院網》，取自：http://www.chinacourt.org/flwk/。

[28]《中華人民共和國價格法》，《中國法院網》。

場自由化對於經濟發展與風險形成一種雙面刃的關係，因此，中國大陸政府對於開放金融市場是謹愼保守的，尤其關於開放外資進入中國大陸金融市場的相關法律，在制定時間上亦較遲延，此與加入世貿組織WTO有一定的關聯性。在規範金融市場秩序方面，最早在1995年3月頒布了規範中央銀行業務的《中國人民銀行法》，以及1995年7月頒布規範從事金融業務之企業法人的《商業銀行法》。[29]改變了以往單一銀行體系的制度，成爲以中國人民銀行爲領導，以專業銀行爲主體、各金融機構並存的金融體系。[30]在開放外資金融機構進入中國大陸金融市場方面，2001年12月頒布了《外資金融機構管理條例》、2001年12月的《外資保險公司管理條例》等皆是。在監督管理金融機構與金融秩序上，2001年11月頒布了《金融機構撤銷條例》，賦予扮演中央銀行角色的中國人民銀行，得予撤銷違法經營、經營不善以及危害金融秩序之金融機構的權力。[31]此對於建構完善且符合國際規範的中國大陸金融體系與市場，具有重要意義，但中國大陸政府能否眞正落實目前問題重重的金融整頓與管理政策，有待進一步觀察。

知識產權（智慧財產權）作爲一種無體財產權，與高科技產業具有密不可分的共生關係，甚至被視爲現代國家競爭力強弱與否的重要指標。[32]因此，關於知識產權的保護是知識經濟時代最

[29]《中華人民共和國中國人民銀行法》、《中華人民共和國商業銀行法》，參見：《中國法院網》。

[30]林毅夫、蔡昉、李周著，《中國經濟改革與發展》（台北：聯經出版社，2000年7月），頁162。

[31]針對非法金融活動另頒布有《非法金融機構和非法金融業務活動取締辦法》，而《刑法》亦有相關規定，參見《金融機構撤銷條例》第34條規定。《金融機構撤銷條例》，參見：《中國法院網》。

[32]劉江彬、黃俊英，《智慧財產的法律與管理》（台北：華泰文化事業，1998年5月），頁1。

重要的法律議題。目前，各國對於知識產權的保護主要受到世界知識產權組織（World Intellectual Property Organization, WIPO）的規範，中華人民共和國於1980年3月加入世界知識產權組織WIPO[33]，因此，關於知識產權保護的立法並不算晚。1982年8月即頒布了《商標法》（1993年2月、2001年10月修正）、1984年3月頒布《專利法》（1992年9月、2000年8月修正）、1990年9月頒布《著作權法》（2001年10月修正），並在後來進行多次修正。另外，當包括2001年12月頒布了針對著作權中計算機軟件（電腦軟體）保護的《計算機軟體保護條例》、1992年9月頒布針對外國作品保護的《實施國際著作權條約的規定》、以及1997年3月頒布，針對培育植物新品種權的《植物新品種保護條例》等法律法規。但值得注意的是，目前侵害知識產權在中國大陸是一個普遍現象，其根本原因在於一般民衆欠缺尊重知識產權的法治觀念，知識產權保護的落實，並非僅僅依賴立法即可實現的。

第三節　中國大陸的涉台經貿法規

一、中國大陸涉外經貿法規

中國大陸自改革開放政策施行迄今，由於國內資金積累有限，因此外資的引進就成為經濟發展的主要關鍵。早在1984年10月中國共產黨十二屆三中全會即通過《中共中央關於經濟體制改革的決定》的綱領性文件，明確指出：「利用外資，吸引外商…

[33]吳漢東編，前引書，頁319～320。

是對我國社會主義經濟必要的有益的補充。」[34]另外，中共憲法第十八條亦闡明：「中華人民共和國允許外國的企業和其他經濟組織或者個人依照中華人民共和國法律的規定在中國投資，…它們的合法的權利和利益受中華人民共和國法律的保護。」[35]因此，涉外經濟貿易法律也是中國大陸經濟法律體系中的重要環節。由於當前的中國大陸並沒有制定統一的涉外經濟貿易法律體系，而是由各種專項立法和相關的單行法規綜合而成。目前主要由1979年8月頒布《中外合資經營企業法》（1990年4月、2001年3月修正）、1986年4月頒布的《外資企業法》（2000年10月修正）以及1988年4月頒布的《中外合作經營企業法》（2000年10月修正）三大涉外經濟法律，加上各項規範外資的相關法規，例如，2002年11月頒布的《利用外資改組國有企業暫行規定》、2002年6月《外資金融機構駐華代表機構管理辦法》等所組成。[36]

二、中國大陸涉台經貿法規

作為獨立於中國大陸之外的政治與經濟實體，來自台灣的投資在中國大陸經濟法律體系中，基本上係同屬涉外經貿法規的適用對象。但在經濟理性與政治因素（如統戰）的雙重影響下，來自台灣的投資一直是中國大陸政府吸引外資的重要對象。因此，在中國大陸經濟法律體系中，又特別針對台灣投資設有特殊規範，這些規範台灣人民赴大陸投資所產生各種經濟關係的法規，

[34]中共中央黨史研究室著，胡繩主編，《中國共產黨的七十年》（北京：中共黨史出版社，1991年8月），頁513。

[35]《中華人民共和國憲法》，參見：《中國法院網》。

[36]以上五法，參見：《中國法院網》。

可歸納爲涉台經貿法規，依據市場主體、行爲規範、適用範疇及地區可區分爲以下四大部分：

（一）台商爲主體的涉台經貿法規

所謂台灣同胞投資，係指台灣地區的公司、企業、其他經濟組織或者個人作爲投資者稱之，其中亦包括透過第三地的投資。[37]這一類以台商爲市場主體而特別制定的經貿法規，是中國大陸涉台經貿法規的核心與主體，一般會針對台商規定可特別享有的優惠政策或行政資源，例如最早在1983年4月即曾頒布《國務院關於台灣同胞到經濟特區投資的特別優惠辦法》（已失效）。現行的涉台經貿法規，主要以1994年3月頒布之《台灣同胞投資保護法》爲主，明確地以國家法律形式保障台商在大陸投資的相關權益，另外還包括了1988年6月頒布的《國務院關於鼓勵台灣同胞投資的規定》、1999年12月《台灣同胞投資保護法實施細則》、2003年3月頒布《台灣同胞投資企業協會管理暫行辦法》等主要的相關涉台法規。[38]這些以台商爲主體的涉台經貿法規，在內容上一般都兼具了投資法、組織法、程序法以及管理法的特性。[39]

（二）規範台商經濟行爲的涉台經貿法規

主要指台商在中國大陸進行各種經濟行爲如合同、票據、擔保、保險等，除受到以台商爲主體之涉台法規規範外，亦受到該經濟行爲相關內國經濟法規如《公司法》、《票據法》、《擔保法》

[37]例如，《台灣同胞投資保護法實施細則》規定台灣同胞以其設在其他國家或者地區的公司……。參見：《中國法院網》。

[38]各法參見：《中國法院網》。

[39]吳典城，《中國大陸涉外企業法制之研究：〈以台灣同胞投資保護法〉爲中心》（台北：政治大學中山人文研究所，民國89年），頁81。

之規範。例如，《合同法》第一百二十六條規定：「在中華人民共和國境內履行的中外合資經營企業合同……，適用中華人民共和國法律。」等即是。[40]

（三）適用範疇包括台商的涉台經貿法規

主要指中國大陸涉外經貿法規適用範疇中，依規定台商可比照適用者。例如，《台灣同胞投資保護法實施細則》第五條規定：「台灣同胞投資適用《中華人民共和國台灣同胞投資保護法》和本實施細則；《中華人民共和國台灣同胞投資保護法》和本實施細則未規定的，比照適用國家有關涉外經濟法律、行政法規。」等即是。又如《關於鼓勵台灣同胞投資的規定》第二十一條規定：「本規定由對外經濟貿易部負責解釋。」[41]賦予行政機關相當的彈性運作空間。因此，台商或中國大陸政府可選擇性地比照適用相關的涉外經貿法規。

（四）以台灣地區爲主的涉台經貿法規

以地區爲範圍而制定之涉台經貿法規，如1993年9月頒布之《對台灣地區小額貿易的管理辦法》、2000年12月頒布《對台灣地區貿易管理辦法》等[42]，都是以台灣地區爲主的涉台經貿法規。

[40]《中華人民共和國合同法》，參見：《中國法院網》。

[41]《關於鼓勵台灣同胞投資的規定》，《中國法院網》。

[42]以上各法參見：《中國法院網》。

第四節　加入世界貿易組織後對台商投資規範的影響

世界貿易組織作為「經濟聯合國」的角色，在今天一切以經貿活動為主的國際社會中，其重要性不言可喻。中華人民共和國於2001年11月11日正式加入WTO成為會員國後，亦須逐年建立符合WTO之「最惠國待遇原則」、「國民待遇原則」、「透明度原則」、「關稅減讓原則」等相關原則的經貿法規。[43]此一改變在法律層面對於台商投資的影響主要有三：[44]

第一，在法規透明度方面：過去台商易因中國大陸社會普遍欠缺法治觀念且重視關係網絡之故，因而入境隨俗習於走後門、便宜行事。中國大陸加入WTO後，隨著法規透明度與執行力度的要求增加，台商在守法心態上必須有所調整。

第二，在非歧視原則方面：以往基於統戰需求，台商在中國大陸能夠享有特定法規之優惠保障。但隨著WTO最惠國待遇及國民待遇原則的非歧視要求，台商之相關優惠政策法規終將取消或失效。換言之，與國際市場的平等及直接競爭勢不可免。

第，在關稅減讓原則方面：中國大陸地區關稅法規壁壘在WTO關稅減讓原則的要求下將逐年降低並終致消除，此有助於台商進入中國大陸的內銷市場。[45]

[43]劉光溪，《中國與經濟聯合國：從復關到入世》（北京：中國對外經濟貿易出版社，1998年6月），頁51～59。

[44]陳月端，〈WTO與大陸地區法律之因應〉，《律師雜誌》，第269期（民國91年2月），頁38～45。

[45]王泰銓、楊士慧，〈加入WTO對兩岸投資規範之影響〉，《律師雜誌》，第269期（民國91年2月），頁67。

第五節　中國大陸經貿爭議與商務仲裁

在中華人民共和國的相關法規中，關於經貿爭議或商務糾紛的解決方式一般有四種，即協商、調解、仲裁與訴訟。除訴訟屬於一般司法程序外，其中仲裁具有準司法性質，較協商方式具有保障，亦無訴訟司法程序的複雜性與龐大成本，已逐漸成爲解決商務糾紛的普遍方式。關於中國大陸之協商、調解及仲裁簡析如下：

一、協商

所謂協商，係指在履行合同（契約）過程中發生糾紛，由當事人雙方在基於自願、互諒、互讓的基礎上，自行解決糾紛者，稱爲協商。例如，《中華人民共和國合同法》第七十七條規定，當事人協商一致，可以變更合同[46]，即突顯出協商作爲合同內容變更或爭議解決基本手段之意義。無論是內國經濟合同或是涉外經濟合同[47]，協商都是解決紛爭的基本方式。而協商可由發生爭議的當事人以口頭或書面的方式直接交涉，與調解或仲裁比較，過程中欠缺第三人的參預、介入是協商的主要特點，此對於當事人雙方的業務秘密較有保障。協商不需要特定的形式，也不受特定時間或地點的限制，解決爭議的對抗性亦不明顯，較符合經濟

[46]《中華人民共和國合同法》，取自：中國法律法規信息系統，http://www.kyinfo.net/。

[47]所謂「內國」（internal）與「涉外」（external），主要指法律關係中之全部或任一法律事實，如行爲主體、標的或行爲地等，是否屬於國內法律主權管轄或涉及國外法律主權管轄之區別。

合同的法律精神。應當注意的是，協商的進行除了需符合當事人雙方自願、互讓的原則外，亦不能違背中華人民共和的法律與政策規定[48]，否則即使協商達成協議，此一協議仍屬無效。

二、調解

調解係指在當事人雙方以外第三者的中介、協調與主持下，合同當事人就爭議進行協商，以期達成一致意見並解決糾紛的方式。[49]依據《中華人民共和國仲裁法》第五十一條規定，仲裁庭在作出裁決時，可以先行調解。當事人自願調解的，仲裁庭應當調解。並且調解達成協議的，其調解書與仲裁書具有同等法律效力。[50]可見即使在聲請仲裁之後，如當事人雙方自願調解，仲裁庭即可進行調解，已展現尊重當事人意願的立法趨勢。[51]在較早與國際經貿主流接軌的《中國國際經濟貿易仲裁委員會仲裁規則》第四十五條規定中，如果當事人雙方有調解願望，或一方當事人有調解願望並經仲裁庭徵得另一方當事人同意的，仲裁庭可以在

[48]此即民事行爲不得牴觸法律或違背公序良俗之規定，例如，中華人民共和國民法通則第六條：民事活動必須遵守法律，法律沒有規定的，應當遵守國家政策。第七條：民事活動應當尊重社會公德，不得損害社會公共利益，破壞國家經濟計畫，擾亂社會經濟秩序。《中華人民共和國民法通則》，取自：中國法律法規信息系統。

[49]早在1954年3月，中共即曾頒布《人民調解委員會暫行組織通則》、1989年6月頒布《人民調解委員會組織條例》作爲調解方式的規範。取自：中國國家法規數據庫。

[50]〈中華人民共和國仲裁法〉，最高人民檢察院法律政策研究室編，前引書，頁1431～1435。

[51]王泰銓、周炳全，〈兩岸經貿爭議之協商、調解制度〉，《月旦法學雜誌》，第44期（1998年12月），頁88～89。

仲裁程序進行過程中對其審理的案件進行調解。[52]顯示了在涉外商務爭議上，也採用相同的當事人自願原則來進行調解。

由於調解具有收費低廉、程序簡便、節省時間、保密等優點，目前選擇以調解方式來處理經貿爭議有逐漸增加的趨勢。中國國際貿易促進委員會於1987年在北京成立了中國國際商會調解中心，係中國大陸目前處理中外商事、海事等爭議的常設調解機構，目前在中國大陸已成立三十多處的地方調解中心，使用統一的調解規則。[53]必須特別注意的是，台商在中國大陸若持台灣地區法院所出具的民事調解書，是被視爲與中國大陸人民法院民事判決書具有同等效力的，但是台灣地區法院以外的調解機構所出具的調解書則否。[54]

三、仲裁

（一）中國大陸仲裁組織

中國大陸的商務仲裁制度起源甚早，基於國際貿易之需求，1956年4月在中國國際貿易促進委員會下成立了處理商務爭議的「對外貿易仲裁委員會」（現已改名爲中國國際經濟貿易仲裁委員

[52] 〈中國國際經濟貿易仲裁委員會仲裁規則〉，2000年9月5日，取自：中國國際經濟貿易仲裁委員會，http://www.cietac.org.cn/CD4/frame_10.htm#cd4_1/。

[53] 〈中國國際商會調解中心簡介〉，取自：中國國際商會調解中心，http://www.cietac.org.cn/BBC/a42.html。

[54] 《最高人民法院關於當事人持台灣地區有關法院民事調解書或者有關機構出具或確認的調解協議書向人民法院申請認可，人民法院應否受理的批復》，1999年4月27日，參見：《中國法院網》。

會）[55]，1959年1月成立了專責處理海事爭議的「中國國際貿易促進委員會海事仲裁委員會」（現已改名為中國海事仲裁委員會）[56]，作為中國大陸的常設仲裁機構。中國國際經濟貿易仲裁委員會以及中國海事仲裁委員會均設於北京，是目前中國大陸兩個最主要的仲裁機構。除北京外，兩會分別在其他主要城市如上海等，設有仲裁委員會分會或辦事處等分支機構，分會可獨立受理、審理仲裁案件，辦事處則僅有聯絡功能。但依據1994年8月頒布的《仲裁法》第十條規定，仲裁委員會可以在直轄市和省、自治區人民政府所在地的市設立，並且仲裁委員會可由前項規定的市人民政府組織有關部門和商會統一組建。因此，除了前述兩個主要的仲裁機構外，目前中國大陸尚有160多個屬於地方政府主導成立的仲裁委員會。[57]

（二）中國大陸仲裁法規

《仲裁法》是中國大陸規範仲裁事務的主要法規，在《仲裁法》制定之前，中國大陸關於仲裁的規定散見於中央或地方法規之中，欠缺系統化的完整規範，不利於仲裁的執行。除了涉外仲裁較符合國際通行的仲裁制度精神外，國內仲裁則因《經濟合同法》（已失效）之規定，容易受到地方政府行政力量的介入干擾，且制度設計亦不符合仲裁作為訴訟替代之精神。[58]1994年頒布的《仲

[55]〈中國國際經濟貿易仲裁委員會簡介〉，取自：中國國際經濟貿易仲裁委員會，http://www.cietac.org.cn/。

[56]〈中國海事仲裁委員會簡介〉，取自：中國海事仲裁委員會，http://www.cmac.org.cn/CD1/cd1.htm。

[57]例如，廣州仲裁委員會即由廣州市人民政府主導成立，取自：http://www.gzac.org/main.html。

[58]陳煥文，〈兩岸仲裁法規之比較〉，《海峽兩岸經貿仲裁論文集》（台北：中華仲裁協會，2003年2月），頁4。

裁法》係中國大陸第一部有系統的專業仲裁法律，在立法設計上包括了以下的基本原則和特點：[59]

1.**雙方自願協議仲裁**：亦即以當事人自願原則作爲仲裁的基本原則。當事人採用仲裁方式解決其糾紛，應當雙方自願，達成仲裁協議。[60]

2.**當事人有權處分的爭議方可仲裁**：換言之，只有當事人雙方有權自由處分的糾紛方可提交仲裁，主要是經濟糾紛。[61]

3.**或裁或審、一裁終局**：以往中國大陸仲裁裁判欠缺終局確定之效力，不服之當事人往往可以利用程序另外提起訴訟，造成仲裁的不確定與資源浪費。因此，《仲裁法》賦予當事人雙方一旦協議提交仲裁，便排除了法院管轄權的效力。若一方當事人向法院起訴，除非仲裁協議無效，否則法院不予受理。仲裁裁決一經作出即爲終局確定，具有法律上的效力。

4.**涉外仲裁特別對待**：《仲裁法》第七章專章對涉外仲裁作出特別規定，將國內仲裁和涉外仲裁區別對待，賦予涉外仲裁以更大的自由，以吸引外國當事人選擇中國作爲仲裁地。

5.**仲裁與調解相結合**：爲鼓勵當事人雙方進行調解，以法律形式明確規定仲裁與調解相結合，在仲裁過程中可進行調解，賦予調解法律效力。

[59]王承傑，〈仲裁法的基本原則與要點〉，《人民日報》，2000年8月30日，版10。

[60]《仲裁法》第十六條規定：仲裁協議應包括三項內容：雙方請求仲裁的意思表示、仲裁事項以及選定之仲裁委員會。

[61]例如，《仲裁法》第三條規定，婚姻、收養等糾紛即不可提交仲裁。

6.仲裁獨立：《仲裁法》實行或裁或審的制度，仲裁獨立進行，法院不予干預。另外，第十四條規定，仲裁委員會獨立于行政機關，與行政機關沒有隸屬關係。仲裁委員會之間也沒有隸屬關係，強化仲裁獨立。

除了《仲裁法》作爲中央立法的統一規範外，各仲裁委員會亦可依據《仲裁法》與《民事訴訟法》制定仲裁規則。例如，中國國際經濟貿易仲裁委員會的《中國國際經濟貿易仲裁委員會仲裁規則》、專門處理金融爭議的《中國國際經濟貿易仲裁委員會金融爭議仲裁規則》以及中國海事仲裁委員會的《中國海事仲裁委員會仲裁規則》等皆是。

（三）台商關於中國大陸仲裁法規之適用

台商赴中國大陸投資時，因其投資形式之不同，可區分爲法律上被視爲外商之台商，以及法律事實上係外商之台商。前者必須先適用中國大陸以台灣投資者爲主體之相關特別法規，方能適用其他涉外法規。後者則可直接適用涉外法規。[62]因此，台商在中國大陸發生經貿爭議時，因其法律地位之不同，而得有不同的法規適用途徑。台商關於中國大陸仲裁法規之適用，可從兩個部分來加以理解：[63]

1.關於仲裁機構之選擇：台商在仲裁機構選擇上，依據《國務院關於鼓勵台灣同胞投資的規定》第二十條規定，台灣投資者的仲裁似乎僅能提交中國大陸或香港的仲裁機構，限

[62]前者即直接投資之台商，後者即透過第三地取得外商資格之台商。參見：王泰銓、周炳全，〈兩岸經貿爭議之協商、調解制度〉，頁87。

[63]王泰銓、周炳全，〈兩岸經貿爭議之仲裁制度〉，《月旦法學雜誌》，第53期（1999年9月），頁139～142。

制了台商對於仲裁機構的選擇權。但是實務上，在《台灣同胞投資保護法》實施前之階段，台商選擇第三地仲裁機構並沒有爲大陸審批機關拒絕過。[64]

另外從《最高人民法院關於人民法院認可台灣地區有關法院民事判決的規定》第十九條：「申請認可台灣地區有關法院民事裁定和台灣地區仲裁機構裁決的，適用本規定。」來觀察，台商應可選擇在台灣地區之仲裁機構來進行仲裁。惟仲裁協議必須當事人雙方共同選定仲裁機構，大陸國內當事人是否願意選擇台灣地區仲裁機構，又台灣地區仲裁機之仲裁判斷能否獲得大陸法院認可，尚有待觀察。

2.**關於兩岸仲裁判斷的承認與執行**：台商在中國大陸所進行的仲裁裁決可在大陸地區獲得承認自無疑義，而此一大陸涉台的仲裁裁決，依據中華民國《台灣地區與大陸地區人民關係條例》第七十四條規定：「在大陸地區作成之民事確定裁判、民事仲裁判斷，不違背台灣地區公共秩序或善良風俗者，得聲請法院裁定認可。……前二項規定，以在台灣地區作成之民事確定裁判、民事仲裁判斷，得聲請大陸地區法院裁定認可或爲執行名義者，始適用之。」[65]來觀察，大陸的涉台仲裁同樣也可以在台灣地區獲得承認，但是必須以互惠原則爲要件。[66]

---

[64]朱偉雄〈《台灣同胞投資保護法實施細則》之後的台商仲裁權益〉，《台商張老師月刊》，第20期（2000年1月）。取自：http://www.chinabiz.org.tw/maz/chang/020-200001/020-11.htm。

[65]《台灣地區與大陸地區人民關係條例》，取自：行政院大陸委員會 http://www.mac.gov.tw/index1.htm。

[66]林俊益，〈大陸及香港仲裁判斷在台灣地區之認可與執行〉，《海峽兩岸經貿仲裁論文集》（台北：中華仲裁協會，2003年2月），頁124～125。

台灣地區所做出的仲裁判斷，依據1998年5月頒布的《最高人民法院關於人民法院認可台灣地區有關法院民事判決的規定》第十九條，以及1999年4月頒布的《最高人民法院關於當事人持台灣地區有關法院民事調解書或者有關機構出具或確認的調解協議書向人民法院申請認可，人民法院應否受理的批復》說明：「台灣地區有關法院出具的民事調解書，是在法院主持下雙方當事人達成的協定，應視爲與法院民事判決書具有同等效力。當事人向人民法院申請認可的，人民法院應比照我院《關於人民法院認可台灣地區有關法院民事判決的規定》予以受理。」[67]來觀察，中國大陸對於台灣地區的仲裁判斷基本上是採取承認的態度。但事實上，兩岸的法律體系不可能迴避主權問題所導致的政治影響，兩岸仲裁裁決能否眞正落實互惠原則，也有待觀察。

四、關於中國大陸經貿爭議的相關議題

從加入世貿組織前後，中國大陸各項經貿法規陸續頒布、修正的現象來觀察，現階段北京中央政府正力圖建立起一套完整、並符合國際規範的經貿爭議解決機制，以處理隨著市場經濟發展而日漸增多的內國及涉外經貿糾紛。但受到中國大陸特殊政治結構的運作影響，中央的國家法規在通過地方政府的執行後，卻可能呈現出不同、甚至是與立法精神相違背的結果。例如，爲解決經貿糾紛而立法的《仲裁法》第八條規定[68]，仲裁依法獨立進

[67]同前註。

[68]見《中華人民共和國仲裁法》。

行，不受行政機關、社會團體和個人的干涉，清楚標舉了仲裁獨立，不受任何行政力量干涉的立法精神，但實際上，仲裁獨立也可能受到地方保護主義的破壞與地方行政力量的影響。例如，2000年中國大陸湖北省襄樊市政府在一分《通知》中要求所轄各相關單位的合同規範中，關於仲裁部分必須規定爲僅能選擇襄樊仲裁委員會進行仲裁，即明顯地違反了《仲裁法》所標舉仲裁獨立的立法意旨。另外，關於各地方仲裁委員會的組成，地方政府也往往將舊有的行政仲裁機關直接轉型爲仲裁委員會，仲裁的進行能否避免行政力量的干預，不言可喻。[69]這些現象的改善，都不是純粹立法即可解決的。

問題與討論

一、中國大陸經濟法律體系的發展脈絡與西方國家有何不同？

二、中國大陸經濟法律體系的位階爲何？

三、改革開放後中國大陸重要的經濟立法包括那些法律？

四、現階段台商在中國大陸發生經貿爭議時，可依據何項法律解決爭議？

五、中國大陸商務仲裁的基本程序爲何？

---

[69]聞戈，〈仲裁協會呼之欲出，業內人士憂心忡忡：中國仲裁協會的籌備成立引人注目〉，《中國仲裁網》，2001年9月6日。取自http://www.china-arbitration.com/。

第十三章 中國大陸關稅與貿易實務

李茂

中國大陸自改革開放以降，藉由廉價充沛勞動力、廣闊內需市場以及優惠獎勵措施，吸引許多外商及台商赴大陸投資設廠，世界前五百大企業中有四百多家赴大陸投資，據世界貿易組織統計，中國大陸2002年對外進出口貿易總額6,208億美元，其中進口總額2,952億美元，占世界貿易總額4.4%，排名第六位；出口總額3,256億美元，占出口貿易總額5.1%，排名第五位，貿易順差304億美元。

依據我國經濟部投資審議委員會統計，自開放赴大陸間接投資至2002年12月底台商赴大陸投資已有二萬多家，我國赴大陸投資金額252億美元，投資總件數為26,497件，而我國2002年對中國大陸進出口貿易總額410.06億美元，其中進口貿易額78.47億美元，出口貿易額330.59億美元，貿易順差251.11億美元。

兩岸經貿頻繁緊密，如果因為進出口貨物通關手續繁瑣或不瞭解關稅制度，導致商機延宕或成本增加，都將會損及廠商競爭能力並影響國家經濟發展，為此本章則對大陸目前關稅與貿易實務進行說明，第一節為前言；第二節為中國大陸海關現行組織，主要介紹海關組織系統及職掌，使讀者瞭解旅客出入境及進出口貨物通關之主管單位，利於業務洽詢及提升通關效率。

第三節介紹進出口貨物通關主要規定及實際作業程序，內容包括：貨物通關自動化、貨物報關、查驗、稅則分類、關稅估價、放行提領等，使讀者熟悉整個進出口貨物通關實務作業流程，可幫助縮短通關時間，降低進出口貨物成本，避免誤觸法網而受罰及預估應繳關稅額。

第四節介紹減、免稅規定及項目，使讀者瞭解那些貨品得免徵關稅及如何辦理免稅手續，確保應享受免稅的權益。

第五節介紹海關行政救濟制度，內容包括行政復議、行政訴訟及行政賠償等規定及實務作業程序，使讀者瞭解不服海關所作決定及處分時，如何提起行政救濟，確保權益。

第一節　前言

中國陸自改革開放以降，藉廉價充沛勞動力，廣闊內需市場以及優惠獎勵措施，吸引許多外商及台商赴大陸投資設廠，世界前五百大企業中有四百多家赴大陸投資，依據我國經濟部投資審議委員會統計，自開放赴大陸間接投資至2002年12月底台商赴大陸投資已有二萬多家，我國赴大陸投資金額252億美元，投資總件數爲26,497件，惟據中國大陸外經貿部統計，協議投資金額爲616億美元，實際到位金額爲232億美元。另據我國中央銀行估計，台商經由免稅天堂及第三地區赴中國大陸投資約668億美元，惟民間估計約1,400多億美元。投資行爲繼續擴大，投資行業由傳統產業轉爲高科技產業，投資地域由珠江三角洲逐漸轉至長江三角，其製造業已嚴然形成相當大的規模，躍居世界第四位，某些產品已成爲世界製造基地，如東莞已成世界電腦資訊產品製造業重要基地，占全球市場有相當分額：電腦磁頭、電腦機箱占全球40%，銅箔基板、電腦驅動器占30%、電腦整機所需零配件95%以上可以在東莞配齊。另據日本產業省的調查，大陸機車占世界產量43%，電腦鍵盤占39%，家用空調設備占32%，洗衣機占26%，彩色電視機占23%，化學纖維占21%，冰箱占19%。[1]另據世界貿易組織統計，中國大陸2002年對外進出口貿易總額6,208億美元，其中進口總額2,952億美元，占世界貿易總額4.4%，排名第六位；出口總額3,256億美元，占出口貿易總額5.1%，排名第五位，貿易順差304億美元。而我國2002年對中國大陸進出口貿易總額410.06億美元，

[1]中國海關雜誌社，《中國海關》（北京：中國海關出版社，2002年3月期），頁32。

其中進口貿易額79.47億美元，出口貿易額330.59億美元，貿易順差251.11億美元，兩岸經貿頻繁緊密，海關爲國家大門，每個國家在國際機場、港口或邊境關卡，都設有海關來把守國家大門，凡貨物及旅客進出國境均須經過海關檢查或徵稅。海關主管功能一方面爲課徵關稅，加強查緝走私漏稅，以充裕政府財政，另一方面運用關稅政策、制定免稅、減稅、保稅等措施，以加速全面經濟發展。經濟全球化與自由化時代，經濟發展的急遽轉變，高科技產業急遽發展，如果進出口貨物通關手續繁瑣而效率不彰或不瞭解關稅制度，貨物通關延宕，無法即時取得貨物，不但增加管銷成本，失去競爭力，甚至喪失商機，對外貿易難以開展，影響國家經濟發展。

第二節　中國大陸海關現行組織

一、組織

中國大陸海關總署設於北京，直屬國務院，屬於止部級單位，海關總署底下設有分署（廣東分署）一個、直屬海關四十一個（局級海關二十四個、副局級海關十七個、隸屬海關三百〇七個，其中：副局級海關七個、正處級二百六十二個、副處級海關十個、正科級海關二十八個。另外還有派出機構辦事處二百一十六個），其中：正處級七十八個、副處級五十一個、正科級八十七個[2]。

[2]王意家等，《海關概論（第二版）》（廣州：中山大學出版社，2000年11月），頁188～189。

二、職掌

中國大陸海關總署直屬國務院，設有辦公廳、政策法規司、關稅徵管司、通關管理司、監管司、綜合統計司、調查局、國際合作司、人事教育司、財務科技司、緝私局等十一個職能司（局、廳）。另設中國海關出版社、物資裝備供應中心、全國海關信息中心、全國海關教育培訓中心和後勤服務中心。中國大陸海關總署主要職掌如下：研擬海關工作的方針、政策、法律、法規和發展規劃，並監督檢查；研究擬訂關稅徵管條例及實施細則，對進出口關稅及其他稅費的徵收管理，依法執行反傾銷、反補貼措施；進出境運輸工具、貨物、行李及郵寄物品和其他物品的監管，研擬加工貿易、保稅區、保稅倉庫、保稅工廠及其他保稅業務的監管制度；研擬進出口商品分類目錄；擬定進出口商品原產地規則；實施智慧財產權海關保護；編製國家進出口統計；統一負責打擊走私工作，組織查處走私案件，組織實施海關緝私、制定海關稽查規章制度，組織實施海關稽查；研究擬定口岸對外開放的整體規劃及具體措施及辦法；垂直管理全國海關；研究擬定海關科技發展規劃、人員編制、任免及教育；開展海關領域的國際合作與交流；承辦國務院交辦的其他事項，參閱圖13-1。

第三節　進出口貨物通關

貨物進出國境時，其收、發貨人或代理人，必須依照海關所訂的報關程序及時辦理報關、查驗貨物、繳稅、提領貨物等手續，此種依海關訂定之程序辦理的手續稱之為「通關」（clearance）。進出口貨物通關，可分為一般進出口貨物通關和特殊

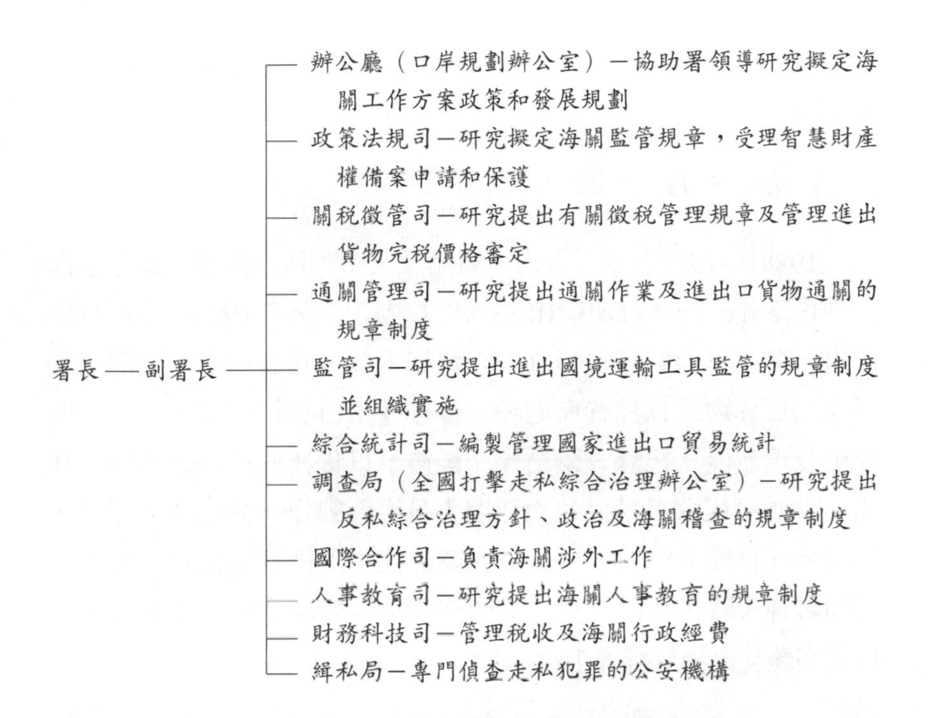

圖13-1　中國海關總署組織系與職掌

資料來源：作者整理及繪製，《海關概論（第二版）》及《中國海關》第167期。

進出口貨物通關二種。特殊進出口貨物通關包括轉關貨物、暫時進口貨物、貨樣廣告品、保稅貨物。高新技術產業開發區及經濟技術開發區進出口貨物及進出境物品，囿於篇幅，特殊進出口貨物的通關在本章不予討論。

一、通關自動化系統

何謂通關自動化，係於海關辦理通關作業與所有相關業者及相關單位，利用電腦連線相互輸送報關資料，及電腦自動審核、篩選，以替代人工作業，加速進出口貨物通關。一般進出口貨物通關作業均採用通關自動化系統，該系統之演化過程分為下列三個階段：

（一）第一階段

1988年3月在九龍、上海、廣州、天津等地海關首先試用通關自動化系統，該系統簡稱H883報關自動化系統，1993年全面推廣使用，各口岸海關各自建立一套電腦主機，獨立運作，利用電腦對進出口貨物予以控管與處理，審查進出口貨物報關單證、徵收關稅及環節稅、紀錄查驗結果、最後予以貨物放行等之電腦化作業。[3]H883報關系統必須由報關人員先行製作一分完整的報單，再透過「預錄入公司」的鍵輸報關數據，然後打印出正式報單，連同各種報關應檢附文件，向海關投遞。海關審核無誤後再予計稅、查驗及貨物放行等手續。

（二）第二階段

第二階段為EDI通關系統，該系統1992年開發，1997年開始推廣使用。EDI系統採用國際統一標準之電子自動交換系統，報關可以在自家辦公室鍵輸報關數據，透過電話線路或電纜線路，及通信網路直接報關，經由通關系統自動審核及判斷驗放方式，驗放方式分為綠色通道及紅色通道。綠色通道：由電腦自動審單、計稅及發送查驗放行通知訊息。紅色通道：經電腦審核認為須人工申報案件，由電腦發送「人工申報通知」訊息，再由報關人持憑通知按報關自動化系統辦理通關。

[3]謝國娥，《海關報關實務》（上海：華東理工大學出版社，2002年9月），頁323。

（三）第三階段

第三階段為H2000金關工程，H2000為新的通關作業模式，於2000年12月完成開發，2001年1月1日起測試，2002年5月13日至8月12日完成全國各關區H883系統與H2000系統的切換工作。[4]

二、口岸電子執法系統

（一）系統範圍

口岸電子執法系統，又稱電子口岸，主要是與進出口貨品貿易管理有關的海關總署、外經貿部、人民銀行、公安部、工商管理部、國家稅務總局、外匯管理局、出入境檢驗檢疫局、鐵道部、交通部、民航局、信息（資訊）產業部等12個部門，利用現代資訊技術，將各部門分別管理的訊息流、資金流、貨物電子流底帳數據，集中存放在公共數據中心，為政府管理機關提供跨部門、跨行業聯網數據核查，並為企業提供在網上辦理各進出口業務的訊息系統。[5]

（二）口岸電子執法系統與海關通關作業改革的關係

口岸電子執法系統與海關通關作業改革相互支持，互為補充。前者的報單申報系統為後者的審單系統提供正確有效的電子報關數據，並實現企業向海關聯網報關；反之，後者的數據通過

[4]海關總署，《中國海關雜誌社》（北京：中國海關出版社，2002年12月期），頁44。

[5]閻景堂等，《通關實務》（北京：中國海關出版社，2002年4月第二版），頁17。

前者放入數據庫，提供各項管理部門執法所需之資料。

三、進出口貨物通關步驟

一般進出口貨物的通關步驟分為申報、查驗、分類估價、徵稅、放行等五個步驟。

（一）申報

進出口貨物的收、發貨人或其代理人，在貨物進出口時，應在海關規定的報關期限內，依據海關規定的格式填寫進出口貨物報單隨附有關提貨單、發票、裝箱單、核准減免稅文件及許可文件等文件，向海關申報，此種申報行為稱報關（declaration）。

1.報關方式：進出口貨物申報分為書面申報及電子數據申報兩種。另海關僅接受經海關審核合格並註冊有案之專業報關企業、代理報關企業或自理報關企業等報關員之申報，如屬委託報關者，需有委任書。

2.報關期限及滯報金：進口貨物的收貨人或其代理人應自運輸工具申報進境之日起十四日內向海關申報。第十四日遇法定例假日，則順延至其後第一個工作日。出口貨物於運抵海關監管區後，裝貨的二十四小時以前，向海關申報。逾期不報關，海關自第十五日起，向收貨或其代理人，按日以進口貨物完稅價格的萬分之五徵收滯報金，滯報金的起徵點為人民幣十元。如逾三個月仍未向海關申報者，其進口貨物由海關提取變賣處理，變賣所得價款扣除稅款，滯報金、倉租費用、運輸裝卸及變賣費用後，尚有餘款，符合條件的收貨人，得在變賣後一年內申請發還，惟需補辦報關手續，並計徵三個月滯報金。該滯報金從海關變賣貨物的餘款中扣除。逾期無人申請或不予發還者，上繳國庫。

3.滯報金減免：收貨人具有下列特殊情形，並檢具證明文件，向海關申請，經海關核准後，得減免滯報金。

（1）因政府主管部門發布新的管理規定，致使收貨人補辦有關手續產生滯報者。

（2）因不可抗力致使收貨人無法在規定期限內報關者。

（3）政府間或國際組織無償援助和捐贈用於救災貨、社會公益福利等方面進口的物資產生滯報者。

（4）政府主管部門延遲下達配額計畫或簽發許可證件，致使收貨人滯報者。

（5）因海關工作原因產生滯報者。

（6）其他特殊原因。

（二）查驗

查驗貨物是指海關在接受進出口人或其代理人申報後，對其進口貨物或出口貨物進行實際的核對和檢查，俗稱驗關或驗貨。

1.查驗的目的：

（1）查核報單申報的貨名、規格、品質、等級、生產國別、廠牌、數量……等是否屬實。

（2）數量是否與裝箱單及報單申報相符。

（3）提供稅則分類之依據。

（4）有無依規定標示（如食品應標示製造日期及有效日期）。

（5）有無涉及限制及管制問題。

（6）有無挾帶槍械、子彈、毒品、仿冒品等違禁品進出口。

2.查驗方式：海關將企業分爲A、B、C、D等四類，並依其類別作爲應否查驗之依據，如經電腦核定應查驗，或海關認爲有查驗必要者，再予查驗。查驗方式分爲一般查驗、重點查驗及全部查驗三種。

(1) 一般查驗：即進行一般性外形檢查，例如，核對貨名、規格、生產國別和收貨人等與報單申報是否相符。

(2) 重點查驗：根據貨物品種、性質、貴重程度以及國內外違法走私情形，分析有開箱必要時予以開箱查驗，如查驗有問題時，再逐件開驗。

(3) 全部查驗：開驗件數10%爲原則，開驗件數如達三十件未發現不符情形，得免予繼續開驗，如發現有不符情形全數開驗。

3.原產地認定原則：原產地是指貨物生產的地點，即貨物的國籍。產品（product）、地點（place）、價格（price）和促銷（promotion）是構成國際營銷的組合，即俗稱4P。關稅配額、普通化優惠關稅、反傾銷、反補貼、保障、有關衛生或安全等貿易措施是針對原產地實施的。可見，要確定貨物在進口國適用的稅率是否受配額、反傾銷、禁止、限制等貿易管制，首先需要確定它的生產國，在國際貿易中，貨物的原產地具有重要地位。烏拉圭回合談判所簽署之原產地規則協定，作爲各國認定原產地之準據，避免各國認定原則分歧，造成國際貿易的障礙。在世界海關組織設有原產地認定規則技術委員會，統一WTO原產地規則相關技術問題之檢討。

(1) 原產地規則的種類：依原產地規則適用目的及對原產地證明書有無規定，分爲下列兩種：

A.優惠性原產地規則：優惠性原產地規則主要是用來決定進口貨物是否給予優惠關稅待遇。目前國際上優惠性原產地規則適用最多是透過協議且互惠性方式授與，如北美自由貿易區協定、關稅同盟及自由貿易區等。

B.非優惠性原產地規則：各國現行的非優惠性原產地則大多不區分具體貨品，而只是原則性的規定，對經過兩個或兩個以上國家或地區加工的產品，規定以最後完成實質性加工的國家（地區）爲原產地。

（2）原產地認定標準：中國大陸進口貨物原產地認定標準以下列國家或地區爲其原產地：

A.完全生產或製造進口貨物之國家：

a.該國領土或領海內開採的礦產品。

b.該國領土上收獲採集的植物產品。

c.該國領土上出生或由該國飼養的動物及從其所得產品。

d.該國領土上狩獵或捕撈所得的產品。

e.從該國的船隻上卸下的海洋捕撈物，以及由該國船隻在海上取得的其他產品。

f.該國加工船加工以上第（e）項所列物品所得的產品。

g.在該國蒐集的只適用於作再加工製造的廢碎料和廢碎物品。

h.該國完全使用上述（a）至（g）項所列產品加工成的製成品。

B.實質性加工產品：經過幾個國家加工製造的進口貨物，以最後一個對貨物進行經濟上可以視爲實質性加工的國家作爲有關貨物的原產國。所稱「實質性加工」指產品加工後，海關進出口稅則中前四位碼稅號改變，或加工增值率占產品總值比例超過30%及以上。

（三）分類估價

1.分類：分類係指稅則號別分類，也就是海關核定進出口貨物歸列之稅則號別及適用之稅率。中國大陸海關進出口稅則分爲海關進口稅則及海關出口稅則，出口稅則歸列方法與進口稅則相同。稅則主要內容包括稅則號碼、貨物名稱及稅率等三部分，目前所使用之海關進出口稅則係採用關稅合作理事會所編之2002年版商品名稱及編碼協調制度（Harmonized Commodity Description and Coding System, HS）。該協調制度主要是由稅目「項目、品目」和子目所構成，所列貨品分爲二十一類，九十七章（其中第七十七章列爲空章，國際間保留該章以備將來使用）；統計目錄增加了二十二類，九十八章。進口稅率分爲最惠國稅率、協定稅、特惠稅率及普通稅率等四種，出口稅率僅列單一稅率：

（1）關稅稅率種類

A.最惠國稅率：適用原產於與中國大陸共同適用最惠國待遇條款的WTO成員國或地區的進口貨物；或原產地與中國大陸簽定有關稅互惠協定的國家或地區的進口貨物。

B.協定稅率：適用中國大陸參加含有優惠條款的區域性貿易協定的國家或地區的進口貨物。目前僅適用從曼谷協定的國家（韓國、斯里蘭卡、孟加拉）進口該協定規定的貨物。

C.特惠稅率：適用原產於與中國大陸簽定有特殊優惠關稅協定的國家或地區進口的貨物。目前僅適用從孟加拉進口的部分貨物。

D.普通率：適用原產於上述國家或地區以外的國家或地區的進口貨物。

（2）關稅課徵方法：關稅課徵方法分為下列四種：

A.從價稅：按照貨物的貨幣價值，課以一定比率的關稅，亦即依照貨物之完稅價格，徵收其定率百分比之關稅，如小轎車關稅稅率43.8%（最惠國稅率）。

從價稅=每單位貨物之完稅價格 ×貨物數量（或重量）×進口稅率

B.從量稅：即按進口貨物的數量、重量、容積或長度等為核計標準，每單位課徵一定額的關稅。如整隻冷凍鴨每公斤課人民幣1.66元（最惠國稅率）

從量稅=每單位貨物應納稅額 ×貨物數數量

C.複合稅：對同一種貨物，同時訂有從價之稅率與從量之單位稅額，即從價與從量之混合制，如放影機，每台完稅價格高於2,000美元，每台除徵收從量稅額人民幣20,600元外，另加徵6%從價稅。

D.滑準稅：關稅稅率隨進口貨品價格由高至低而由低至高設置計徵關稅的方法。即進口貨品價格越高，其進口關稅稅率越低，進口貨品價格越低，其進口關稅稅率越高。其優點可保持實行滑準稅貨品的國內市場價格相對穩定，不受國際市場價格波動的影響。目前僅新聞紙採用滑準稅方式課徵關稅。

2.估價：價格是商品價值以貨幣表現。商品的市場價格不僅受市場供需的影響，還要受到商品交換之時間、地點、條件、數量等因素的影響。[6]估價即是對此一商品的實際價值予以

[6]同前註，頁542～543。

確定。商業估價是買賣雙方根據各自的利益和需要而決定商品的價格。關稅估價制度雖然不同於一般商品的估價，但仍以一般商品的價格爲基礎。目前世界各國海關大多採用以進出口貨物的成交價格（或價値）作爲計徵關稅的基礎。經海關核定作爲計徵關稅的貨品價格稱完稅價格（Duty-Paying Value, D. P. V.）。海關爲徵收關稅等目的，審定進出口貨物完稅價格的工作程序稱爲關稅估價（Valuation, Evaluation, Appraisement, Assessment）。關稅估價分爲一般進出口貨物的估價和特殊進口貨物的估價。

（1）一般進口貨物的估價：中國大陸一般進口貨物之估價方法，自西元2002年1月1日起採用「WTO海關估價協定」之成交價格制度（Transaction Value System）。

A.估價方法及適用順序：一般進口貨物的估價方法共有六種，即依序爲：

a.海關審定的成交價格。

b.相同貨物成交價格。

c.類似貨物成交價格。

d.倒扣價格（國內銷售價格）。

e.計算價格；（成本價格）。

f.合理價格。

如果進口貨物的收貨人提出需求，並提供相關資料，經海關同意，可以選擇倒扣價格和計算價格的適用次序。

B.關稅完稅價格的計算基礎：從價課徵關稅之進口貨物，其完稅價格以該進口貨物之海關審定的成交價格爲基礎。所謂「成交價格」係指買方爲購買該貨物，並按照確定進口貨物的完稅價格計入應加計費用和減免計入費用調整後的「實付或應付價格」，「實付或應付價格」係指買方爲購買進口貨物直接或間接支付的總額，即作爲賣方銷售進口貨物條件，由買方向賣方或爲履行賣方義務向第三方已經支付或將原支付的全部款項。

C.應加計費用：進口貨物之實付或應付價格，如未加計下列費用或價值者，於計算完稅價格時應將其計入完稅價格中：

a.由買方負擔的下列費用

・除購貨金以外的佣金和經紀費。

・與該貨物視爲一體的容器費用。

・包裝材料和包裝勞務費用。

b.可以按照適當比例分攤的，由買方直接或間接免費提供或低於成本價格方式銷售給賣方或有關方的下列貨物或服務的價值：

・組成該貨物之原材料、部件、零件和類似貨物。

・由在生產該貨物過程中使用的工具、模具和類似物。

・在生產該貨物過程中消耗的材料。

・在國外進行的爲生產該貨物所需的工程設計、技術研發、工藝及製圖等。

c.與該貨物有關並作爲賣方銷售該貨物條件之一，應當由買方直接或間接支付的特許權使用費，包括商標價、著作權、專利權、積體電路布置權等。

d.買方使用或處分進口物，實付或應付賣方之金額。

e.貨物運抵中國大陸境內輸入地點起卸前的運輸及相關費用、保險費。

D.應扣減費用：進口貨物之實付或應付價格如包括下列費用、如能單獨列明者，得自其完稅價格扣除免計徵關稅：

a.廠房、機械、設備等貨物進口後的基建、安裝、維修、裝配和技術服務的費用。

b.貨物運抵境內輸入地點之後的運輸費用。

c.進口關稅及其他國內稅。

（2）出口貨物的估價：出口貨物的估價方法及順序如下：

A.出口物向境外銷售的成交價格。

B.同時或大約同時向同一國家或地區出口的相同貨物的成交價格。

C.同時或大約同時向同一個國家或地區出口的類似貨物的成交價格。

D.根據境內生產相同或類似貨物的成本、利潤和一般費用、境內發生的運輸及相關費用、保險費計算所得的價格。

E.按照合理方法估定的價格。

（3）特殊進口貨物的估價[7]：特殊進口的貨物估價主要是根據進口貿易的特點，規定一些以特殊的貿易方式和交易形式進口貨物的估價方法，包括加工貿易進口貨物、出料加工進口貨物、出境修理的進口貨物、留展和特定免稅的進口貨物。這些貨物有的沒有成交價格，如租賃進口貨物；有的不符合成交價格條件，如以易貨貿易方式進口貨物，有的存在成交價格，如進料加工進口料件。

[7]同前註，頁547～549。

所謂「特殊」並不是指貨物本身和一般進口貨物有多大差異，而是指以特殊的貿易方式和交易形成。依貨物方式或形式不同訂定不同的估價方法。

A.運往國外修理的機械器具、運輸工具或其他貨物，運往國外修理的機械器具、運輸工具或其他貨物，出境時已向海關報明，並在海關規定期限內復運進口者，以海關審定的修理費和料件費以及復運進口之運輸及相關費用，保險費作爲完稅價格。

B.加工貿易需徵稅或補稅的貨物：加工貿易進口料件及其製成品需徵稅或內銷補稅者，完稅價格按下列方法核估：

a.進口時需徵稅之進料加工之進口料件，以該料件申報時的價格核估。

b.內銷的進料加工進口料件或其製成品（包括殘次品、副產品），以料件原進口時的價格核估。

c.內銷的原料加工進口料件或其製成品（包括殘次品、副產品），以料件申報內銷時的價格核估。

d.出口加工區內的加工企業內銷的製成品（包括殘次品、副產品），以製成品申報內銷時的價格核估。

e.保稅區內的加工企業，內銷的進口料件或其製成品（包括殘次品、副產品），分別以料件或製成品申報內銷時的價格核估。如果內銷的製成品中含有從境內採購的料件，則以所含從國外購入的料件原進口時的價格核估。

f.加工貿易加工，過程所產生的邊角料，以申報內銷時的價格核估。

C.從保稅區或加工出口區或保稅倉庫內銷的貨物從保稅

區或加工出口區銷往區外、從保稅倉庫出庫的貨物，以該貨物出區或庫內銷的價格作為計算完稅價格的依據。

D.租賃貨物：租賃方式進口的貨物，按照下列方法核估其完稅價格：

a.以租金方式對外支付的租賃貨物，在租賃期間以海關審定的租金作為完稅價格。

b.留購租賃貨物以海關審定的留購價格作為完稅價格。

c.承租人申請一次性繳納稅款者，經海關同意，按照一般進口貨物估價方法核估其完稅價格。

e.減免稅進口貨物的補稅：減稅或免稅進口的貨物，因轉讓或變更用途需予補稅時，以海關審定的該進口貨物進口時的價格，扣除折舊部分價值作為完稅價格，其計算公式如下：

$$\text{完稅價格}=\text{海關審定的該進口物原進口時的價格}\times\frac{\text{中請補稅時實際已使用的時間（日）}}{\text{監管年限}\times 12}$$

（四）徵稅

徵稅是海關重要業務範圍之一，海關法第二條後段稱：「海關依照本法和其他有關法律……，徵收關稅和其他稅、費用。」海關同時徵收兩種稅，一為關稅，另一為增值稅及消費稅。消費稅係對十一種進口貨品課徵，包括菸、酒、酒精、化妝品、護膚護品、貴重手飾及珠寶玉石、鞭炮煙火、汽油、柴油、汽車輪胎、摩托車和小汽車等。稅率最高45%，最低3%。增值稅稅率以進口貨物完稅價格的13%及17%兩種計徵。[8]

1.關稅繳納方式及期限：關稅繳納方式分為現金繳納和銀行轉帳繳納兩種。進出口貨物的收發貨人或其代理人應在海關填發稅款繳納證之日起十五日內（期未如遇有法定例假日，則予以順延）繳納稅款。

2.滯納金的徵收：進出口貨物的收發貨人或其代理人未在規定徵稅期限內繳納稅款，自到期的次日起（即第十六日起）至繳清稅款日止，按日加收欠繳稅款千分之一的滯納金。

滯納金加徵滿三個月仍不繳納者，經直屬海關關長或其授權的隸屬海關關長批准，海關可採取下列強制措施：

（1）書面通知其開戶銀行或其他金融機構從其存款中扣繳稅款。

（2）將應稅貨物依法變賣，以變賣所得抵繳稅款。

（3）扣留並依變賣其價值相當於應繳稅款的貨物或其他財產，以變所得抵繳稅款。

3.關稅的退補：進出口貨物的收發貨人或其代理人所繳關稅，事後發現有溢繳情事，得向海關申請發還；如有短徵情事；海關就發單補徵。

（1）關稅的退稅

A.退稅條件：下列情形之一，進出口貨物收發人或其代理人，得自繳納稅款之日起一年內，書面聲明理由，連同原納稅收據向海關申請退稅，逾期不予受理。

a.因海關誤徵，多納稅款者。

[8]劉慶平，《海關繳稅》（廣州：中山大學出版社，2000年2月），頁273。

b.海關核准免驗進口貨物，在完稅後發現短缺情事，經海關審查認可者。

c.已徵出口稅的貨物，因故未裝運出口，申報退關，經海關查驗屬實者。

d.特定減免稅的進出口貨物，事前未辦減免稅手續，或未提供已辦的減免稅證明，海關予以徵稅後，經海關審核屬實者。

e.進出口貨物按章徵稅後，經海關總署轉案審批予以減免稅者。

f.進出口貨物照常徵稅後，特准退稅者。

B.海關不准稅原因：進出口貨物下列情形之一不准予退稅：

a.因故自國外退回復運進口之外銷國產貨物，由原發貨人或其代理人申報進口，並提供原出口單證，經海關審查核實，得免徵進口稅，但出口稅不予退還。

b.進口貨物因故復運出口，由原收貨人或其代理人申報出口，並提供原進口單證，經海關審查核實，得免徵出口稅，但已徵進口稅者，則不予退還。

c.海關代徵之消費稅及增值稅，如已由國內稅務機辦理抵扣手續，海關不受理退稅申請。

C.辦理退稅的期限：

a.申請特定減免稅進出口貨物之退稅案件，應在貨物進出口後三個月內向海關申請。

b.對海關核定之稅別號別或完稅價格提起復議而申請退稅案件，應經海關復議審議，決定變更原核定稅別號別或完稅價格後，才得憑「復議決定書」，辦理退稅。

c.除上述兩種情形外，其餘的均須在繳納稅款之日起一年內，向海關申請退稅。

（2）關稅的補徵：進出口貨物完稅後，如發現有少徵或漏徵稅款，海關就會發單補徵，補稅因案情不同，計徵補稅方法也不同，基本原則是採取原進口時的稅率和匯率計徵補稅。

A.補徵條件及計徵方式：

a.原減免稅進口貨物，因變更用途或轉讓須補稅者反按貨物原進口日所適用稅則號別、稅率以及匯率計徵補稅。

b.來料加工，進料加工等進口料件等屬於保稅性質的進口貨物，如經海關核准轉爲內銷者，按向海關申報轉爲內銷當日之稅則號別、稅率以及申報日的匯率計徵補稅。如未經海關核准擅自轉爲內銷者，按查獲日期之稅則號別、稅率及及匯率計徵補稅（後改爲違章案件，如能查明原進口日期，按原進口日的稅則號別、率及匯率計徵補稅。）

c.分期支付租金的租賃貨物，分期付稅時，按該項進口貨物原進口日之稅則號別及稅率補稅，但其匯率按分期付稅時申報當日的匯率計徵。

d.溢、誤卸貨物，按原申報進口日期的稅則號別、稅率及匯率計徵補稅。

e.稅則歸列改變、完稅價格核定或其它工作差誤而需補稅者，按原徵稅日期之稅率及匯率計徵補稅。

f.海關核准緩稅進口的貨物，以後補繳稅款者，不論是分期繳納或一次繳清稅款，均按貨物原進口日期之稅率和匯率計徵補稅。

g.查獲走私進口貨物，按查獲日的稅則稅率及海關開具稅單日期的匯率計徵補稅。

h.暫時進口轉為正式進口補稅貨物，按其轉為正式進口日之稅則稅率徵稅；如已經繳納保證金者按原進口日期的匯率計徵，如無繳納保證金者，則按海關開出稅單之日的匯率計徵。

B.補徵期限：進出口貨物完稅後，如發現少徵或漏徵稅款，海關應自繳納稅款或貨物放行之日起一年內，向收發貨人或其代理人補徵。因收發貨人或其代理人違反規定而造成少徵或漏徵的，海關在三年內可以補徵，並根據其錯誤性質和具體情節予處罰。

（五）放行

海關辦理放行手續有二種方式：一為收發貨人或其報關人繳清稅款和費用後，憑海關放行單證向海關監管倉庫提貨。一為按照擔保管理辦法，提供相當稅款擔保後，憑海關放行單證向海關管理之倉庫提貨。

第四節　關稅的減免

為財政收入或保護國內的產業的目的，對進出口貨物徵收關稅，但有時基於進口國之經濟、政治等方面的原因和根據國際條約、慣例，對某些進出人或某些進出口貨品予以減免關稅。由於各國國情不盡相同，各國對關稅減免制度的內容也不一致。特別是對政策性優惠減免稅的範圍、標準、管理制度和約束條件各國差異很大。為了方便國際貿易和其他國際交流的進行，關稅合作理事會在「關於簡化與協調海關業務制度的國際公約」的B.2附約推薦應予關稅減免範圍，建議各國採用但不限制各國給予進一步的方便和優惠。[9]又各國在思及和如何刺激生產、提高經濟能力、產業升級等問題時，莫不以減免關稅，以吸引外資或外國企業之投入為首要任務。中國大陸也訂定各種關稅優惠或獎勵措施，以吸引外資投資。

一、減免稅種類

中國大陸關稅的減免分為法定減免、特定免稅及臨時免稅等三種。[10]

（一）法定減免

法定減免指《海關法》、《進出口關稅條例》和《進出口稅則》中所規定的給予進出口貨物減免關稅。進出口貨物屬於法定減免稅者，進出口人無須向海關提出申請，海關依規定予以減免稅，海關對此類案件一般不進行後續管理，也不作減免稅統計。

1.免稅物品：

（1）關稅額在人民幣十元以下的一票貨物。

（2）海關進出口稅則所列進口稅率為零的貨品如改良用的牛、馬、豬等。

[9]王普光等，《關稅理論政策與實務》（北京：對外經濟貿易大學出版社，1999年4月），頁386～387。

[10]閻景堂等，前引書，頁550～562。

（3）海關出口稅則所列應課徵出口稅之二十三項貨品以外的出口貨品。

（4）無商業價值的廣告品和貨樣。

（5）外國政府、國際組織、無償贈送的物資。

（6）進出國境運輸工具（如飛機、輪船、火車……等）裝載的途中必須的燃料、物料和飲食用品。

（7）外銷品因故復運進口貨物。

（8）有商業價值但其價值在人民幣四百元以下的貨樣和廣告品，至來樣和去樣加工貨樣，其數量合理者。

2.情減免稅的物口：

（1）貨物在國境外運輸途中或在起卸前，遭受損壞或損失的貨物品。

（2）起、卸後海關放行前，因不可抗力（如風災、水災、火災……等）遭受損壞或損失的物品。

（3）海關查驗時已經破漏、損壞或腐爛，經證明不是保管不慎所造成的貨物。

3.依所締結或參加國際條約規定減徵、免徵關稅的貨物、物品：如外國政府派駐中國大陸領使館及人員進口公用或私用物品免徵關稅。

（二）特定免稅

除法定免稅外，根據國務院制定的減免稅辦法，對特定地區、特定企業或特定用途的進出口貨物，所實行的減免稅。屬於特定減免稅貨物，一般要求收發貨人在貨物進出口前向海關提交有關批件或證明或單證，提出申請，經海關審理核准並核發減免稅證明書，憑以報關。

1.技術改造項目進口設備：爲鼓勵企業引進國外先進科技技術，促進企業技術改造和產品升級取代，提高綜合經濟效益，對列入省、市、自治區技術改造計畫項目進口之技術、機器設備、儀器等給予減免稅優惠。

2.進口科教用品：爲促進科學研究和教育事業的發展，於「海關法」及「科學研究和教學用品免徵進品稅收暫行規定」規定，對用於科學研究和教學用品給予關稅優惠。科學研究機構和學校，進口國內無產製之科學研究和教學用品，直接用於科學研究或教學用，且數量合理，又非以營利爲目的，免徵進口關稅和進口環節增值稅、消費稅。

3.殘疾人組織（即殘障團體）及個人進口物品：福利、康復機構進口國內無產製之殘疾人專用品或殘疾人進品專用物品，在自用合理數量範圍內或國外捐贈給殘疾個人或有關福利、康復機構之國內無產製的殘疾專用品。依「殘疾人專用品免徵進口稅收暫行規定」及其實施辦法規定，免徵關稅。

4.扶貧、慈善性捐贈物資：國外自然人、法人或其他組織等無償捐贈給非營利的扶貧濟困、慈善救助等社會慈善和福利事業，用於扶貧、慈善事業的物資，如衣服、毛毯、醫療藥品、醫療器材……等，依「扶貧、慈善性捐贈物資免徵進口稅收暫行辦法規定，免徵進口稅和進口環節增值稅。

5.遠洋漁業企業運回自捕水產品：遠洋漁業企業在公海或按照有關協定規定，在國外捕獲並運回國內銷售的自捕水產品及其加工製品，依據「遠洋漁業企業運回自捕水產品不徵稅的暫行管理辦法」規定，免徵關稅和進口環節增值稅。

6.海洋、陸上開採石油（天然氣）用之進口物資免稅：進口用於海洋、陸上開採石油（天然氣）用的設備、儀器、零附件、專用工具，凡屬免稅清單貨品範圍，且經海關會同財政

部、國家稅務總局審定，免徵關稅

（三）臨時免稅

根據某個單位、某類商品、某個時期或某批進出口貨物的特殊情況，給予特別照顧，由海關總署會同財政部認定，一案一批，專文下達，通知口岸海關辦理貨品減免稅。

第五節　行政救濟制度

行政救濟（administrative remedies），係指行政機關所作出行政處分之合法性或適當性受到質疑，或者行政處分侵害相對當事人的合法權益，相對當事人循法律所賦予的各種途徑與程序，請求糾正行政機關之違法或不當之行政行爲，並請求補償因該行爲所遭受之財產上損害。換言之，行政救濟可謂救濟行政之意。「救濟」方式包括糾正、撤銷或補償等。[11]行政救濟可循行政及司法兩條途徑進行。由行政機關按行政程序解決行政爭議的方法稱爲行政復議，而由法院按程序解決行政爭議的方法稱爲行政訴訟。

一、行政復議

行政復議是指公民、法人或其他組織爲行政機關行政工作人員的具體行政行爲侵害其合法權益，依法向有關行政機關提出申請，由有管轄權的行政機關依法對該具體行爲進行審查，並作出

[11]趙繼祖，《海關實務》（台北：編著者發行，民國90年6月4版），頁393。

裁決的活動。[12]行政復議作爲行政體系內部解決行政爭議的救濟方式，本質上屬於一種行政監督。行政復議有時也稱行政申訴，或稱訴願。

(一) 海關行政復議的範圍

海關行政復議範圍如下：

1.行政處罰行爲，包括罰款，沒收貨物、物品、運輸工具，追繳無法沒收的貨物、物品之等值價款，沒收違法所得，暫時停止或者取消給予特定減免稅優惠，暫停或者取消與辦理海關手續有關經營的資格，暫停報關人員的執業或者吊銷報關員的執業證照等。

2.海關行政強制措施，包括限制人身自由的強制措施，扣留、封存、凍結財產的強制措施，以及扣留、封存賬簿、單證的強制措施等。

3.海關行政命令，包括責令退運進出國境之貨物、物品，收取保證金、保證函、抵押物、質押物等。

4.海關行政確認行爲，指海關的企業分類管理行爲。

5.海關行政許可及其變更、撤銷等行爲，包括有關資質證、資格證、執業證等證書的頒發、變更、中止、撤銷行爲，有關事項的審批、登記行爲，有關報關、查驗、放行等海關手續的監管行爲。

6.納稅爭議，包括對海關在完稅價格審定、稅則歸類、原產地認定、稅率和匯率之適用，緩徵、減徵或者免徵稅款，稅款的徵收、追繳、補稅、退稅，徵收滯納金，從銀行帳號劃撥

[12]王普光等，前引書，頁498。

稅款，拍賣財產抵繳稅款及其他徵稅行爲有異議者。

7.海關收費行爲，指海關違法收取滯報金、監管手續費等費用的行爲。

8.海關的失職行爲，指申請海關履行法定職責，海關沒有依法履行的行爲。

9.海關的其他具體行政行爲。[13]

（二）海關行政復議申請

1.復議申請方式：申請人不服海關所爲處罰或核定，得以書面或口頭向原處分海關或上級海關申請復議。

2.復議申請期限：

（1）收發貨人不服海關對其進出口貨物所核定的徵稅、減稅、補稅或退稅等案件，得自海關塡發稅款繳納證之日起六十日內，以書面向原核定海關申請復議，如不服復議決議者，得於收到復議決定書之日起十五日內向海關總署申請再復議，但如屬廣東分署管轄海關，向廣東分署申請再復議。

（2）受處分人不服海關依海關法或海關法行政處罰實施細則規定所爲處罰案件，得於收到海關處分通知書之日起六十日內或處罰定公告之日起六十日內向原處分海關或上一級海關申請復議，或者向人民法院提起行政訴訟。

（3）申請人如不服海關對其申請之決定，得於收到海關通知書（函）之日起六十日內，向海關總署（或廣東分署）申請復議。

[13]崔效國，〈海關行政復議制度的新發展〉，《上海海關高等專科學校學報》第4期（2000年12月20日），頁13。

3.復議申請管轄：

（1）納稅爭議案件第一級由作出徵稅決定的海關管轄，第二級由海關總署（或廣東分署）管轄。而行政處罰案件，由申請人自己選定作出處罰決定的海關或上一級海關或人民法院管轄。

（2）受理海關對於聲請復議案件，如發現已受理的案件非屬自已管轄者。則告知申請人向有管轄權之海關提出申請。又根據海關行政復議實施辦法規定，上級海關認爲有必要者，可以要求下級海關所管轄的案件送其審議。下級海關對於自己所管轄之案件，認爲案情重大、複雜，需要由上級海關審議者，也可報請上級海關審議。

4.海關行政復議之受理：海關對於復議案件的處理，分爲受理審查和實質審理二個階段，即海關在收到復議申請書後，先就程序等方面作審查，如經審查合法，始予受理。受理後再進入實體審理。

（1）復議申請的審查期限：海關在收到復議申請書後，應立即進行審查，審查包括復議是否在法定期內提出，是否符合申請條件，復議申請書是否符合規定等。並應在收到復議申請書後五個工作日內做出處理。

（2）復議審查後的處理：海關對申請人的復議申請進行審查後，依不同案情做出下列三種處理：第一，對符合法定條件且屬於本海關所管轄的復議申請案件，決定受理；第二，對符合法定條件但不屬於本海關所管轄的復議申請案件，告知申請人向有管轄權的海關提出申請；第三，對不符合法定條件的復議申請案件，決定不予受理。

（3）對不予受理和不予答復的救濟：復議申請人提出復議申

請後，復議海關無正當理由不予受理或不予答復，申請人可就不予受理或不予答復行爲，在收到不予受理裁決書十五日內或復議海關收到復議申請書第十一日起的十五日內，向上一級海關申請復議。上一級海關認爲申請人理由充分，情況屬實者，則責令復議機關受理或予以答復。對於不予受理裁決不服者，得於收到不予受理的裁決書十五日內，向人民法院起訴。[14]這賦予上級海關直接受理此類案件的權力，意在加強上級海關對下級海關受理工作的監督力度，充分保護申請人的復議申請權。

5.海關行政復議審理：

（1）審理期限：在各地區海關、廣東分署及海關總署設置復議審議機構，專門審理復議申請案件。原則上採合議制審理，惟對案情簡單或案值較小的案件，則由復議審議人員獨自審理。

復議案件的審理期限爲自受理復議申請之日起六十日內審決，但案情複雜者得延長三十日。

（2）復議決定：復議案件審理結果，作出「原處分撤銷」或「維持原處分」或「變更原處分」等決定，且採決定書送達生效制度。

二、行政訴訟

依據海關行政復議實施辦法規定，進出境當事人認爲海關所作的行政行爲不合法，侵害了自已的合法權益，可依行政訴訟法

[14]趙繼祖，前引書，頁509。

的程序規定可向人民法院起訴，由人民法院依法審理並做出裁判。行政訴訟俗稱「民告官」的訴訟。[15]

復議申請人如對行政復議機關作出的復議決定不服者，得自收到行政復議決定書之日起十五日內向處分所在地中級人民法院提起訴訟。又根據海關法第九十三條規定，當事人對海關的處分不服者，可以自收到處罰通知書之日起三十日內，或自海關處罰公告之日起三十日內，直接向人民法院起訴。如當事人對中級人民法院判決不服，得於收到判決書之日起十五日內向高級人民法院提起行政訴訟。

三、行政賠償

海關行政賠償，是指海關因行政侵權行爲損害海關法律關係相對人的合法權益，應當事人的請求或者法院判決，依法賠償相對人直接經濟損失的法律制度。

（一）海關賠償的範圍

海關法第九十四條及九十五條規定，海關在查驗進出國境貨物、物品時，損壞被查驗的貨物、物品以及海關違法扣留貨物、物品、運輸工具，致使當事人的合法權益受到損失時，應當負賠償責任外，另訂有國家行政機關及其工作人員發生侵權行爲時，被害人得請求賠償。其範圍如下：[16]

1.違法拘留或違法採取限制公民人身自由的行政強制措施的行

---

[15]王敬輝，《兩岸關稅政策之比較研究》（台北：撰寫者印行，民國86年7月7日），頁4。

[16]中國大陸海關總署，《爲何行政復議》（關務公開網站），頁3～4。

爲。

2.非法拘禁或者以其他方法非法剝奪公民人身自由的行爲。

3.以毆打等暴力行爲或唆使他人以毆打等暴力行爲造成公民身體傷害或者死亡者。

4.違法使用武器、警械造成公民身體傷害或者死亡者。

5.造成公民身體傷害或者死亡的其他違法行爲。

6.違法實施罰款、吊銷許可證和執照、責令停產、停業、沒收財產等行政處罰者。

7.違法對財產採取查封、扣押、凍結等行政強制措施者。

8.違反國家規定徵收財務、攤派費用者。

9.造成財產損害的其他違法行爲。

(二) 賠償之拒絕

依規定不予賠償的情形爲：

1.行政機關工作人員與行使職權無關的個人行爲。

2.因公民、法人或其他組織的行爲致使損害發生者。

3.法律規定的其他情形。

(三) 關務行政侵權請求的提起

中國大陸行政訴訟法第六十七條規定，公民、法人或其他組織的合法權益受到行政機關或者行政機關工作人員作出的具體行政行爲侵犯造成損害者，有權請求賠償。行政賠償請求權人以書面向海關或人民法院提起侵權賠償請求，其請求的方式有二種：一是附帶提起的方式，一是單獨提起的方式。附帶提起賠償損失的請求，可以在申請復議時提起，也可以在提起訴訟時提起。附帶提起賠償損失的請求程序，可以不經過海關裁定，逕直接向有管轄的人民法院提起。可以在提起訴訟的同時提起，也可以在提起訴訟之後，在人民法院未作出判決之前提起。至於單獨提起賠償損失的請求程序，請求權人應先向海關提出請求，如海關不予賠償或雙方對賠償數額有爭議時，可以向行政復議機關申請行政復議或直接向人民法院提起行政訴訟。

（四）侵權賠償的原則、標準和方式

中國大陸對於侵權賠償的原則，本著實事求是和公平合理的原則負責賠償，且應以補償被害人的實際損害爲限。對受害人實際損害的計算標準，應以社會上普通的、多數人共同認同的標準爲標準。對侵犯財產權益造成損失者，一般係按照財產的直接損失予以賠償，亦即按照該財物在市場上的價值賠償。對關務機關及其工作人員違法扣押的物品，原物存在者，則返還原物；原物有損害者，就損害部分予以修理、更換或者賠償損失；原物已經變賣者，按照市場價格予以賠償，如果市場價格低於購進價格者，若有購物發票，則按照購進價格予以賠償。關務機關或關務機關工作人員的違法行政行爲，使公民身體受到傷害者，應賠償全部醫療費用。對因違法關務行政行爲使公民、法人或其他組織造成不良影響者，應賠禮道歉。在一定範圍內恢復名譽，消除不良影響。[17]

[17]莊文政，〈大陸稅務行政訴訟制度與行政侵權賠償責任之研究〉，《財稅研究雜誌社》，28卷5期，頁119～123。

問題與討論

一、中國大陸海關現行組織的內容。

二、大陸海關通關流程的改革與現況。

三、中國大陸關稅優惠與減免的措施與種類。

四、中國大陸海關行政救濟制度的內容及其運作程序。

五、比較台灣與大陸兩地海關制度的異同。

第十四章 兩岸經貿互動與台商對大陸投資

涂東海

隨著兩岸經貿交流日趨密切，大陸已經取代美國成為台灣最大的貿易出口國，隨著台灣對大陸投資方面的規範逐漸放寬與詳盡及大陸本身市場漸漸開放，在大陸具有龐大潛在內需市場，以及同文同種和工資相對東南亞國家便宜的前提下，台商開始對大陸投資，截至2002年底的資料顯示，廠商對大陸投資金額累計占我國過去四十年來對外投資總額之比重已高達43%左右。

在兩岸經貿互動當中，台商赴大陸投資已成為一個主要議題，故本章除了敘述兩岸經貿互動的原因與影響之外，還將從台商投資的趨勢、投資產業的轉變與投資策略的形態等三個方面進行討論，以期能全面理解台商在大陸整體投資的全貌，最後，並得出結論。

第一節　前言

長期以來，海峽兩岸雖處於政治對峙的情勢，不過雙邊經貿關係的發展卻與日俱增[1]，兩岸貿易金額從1991年的80億美元一路成長到2002年的410億美元，11年內成長五倍[2]，若根據經濟部國貿局的統計顯示，1992年台灣對大陸出口依存度僅爲11.9%，2002年則爲25.3%，相對的，台灣對美國的出口依存度則由1991年的22.5%降到2002年的20.5%，台灣已經成爲全球對大陸市場出口依存度最高的國家。[3]

頻繁的兩岸經貿交流究竟對彼此經濟產生什麼樣的影響？兩岸經貿交流的現況爲何？而在交流過程中台商在大陸投資的策略與趨勢又是爲何？本章將對此加以討論 。

[1]根據大陸學者研究，兩岸間接貿易額分別在1992年突破50億美元、1993年突破100億美元、1998年突破200億元、2000年則突破300億美元，而由投資情況來看，台商赴大陸累計投資項目已達51,232個，合同金額爲555億美元，實際利用台資已達300億美元，見周志懷，〈論海峽兩岸經貿關係的制度化安排〉，《台灣研究》，2002年第2期，頁8。根據研究，90年代初期，兩岸貿易總值約爲80億美元左右，2000年則高達320億美元，見修春萍，〈加入WTO對兩岸經貿的影響與前瞻〉，《加入WTO後台港澳經貿關係之發展學術研討會論文集》，兩岸經貿交流權益促進會、中華兩岸制度學會主辦，民國91年1月，頁3。

[2]參見李國彥、馬淑華、張運祥，〈企業西進，中國收成，台灣抽成〉，http://udn.com/NEWS/WORLD/WOR8/1289459.shtml。

[3]其中塑膠製品、人造纖維絲、鋼鐵、人造纖維棉都占大陸進口市場的兩成以上，而照相設備、電機設備、銅製品及皮革也有15%以上的占有率，見于國欽，「台灣對大陸出口依存度一路勁飆」，《工商時報》，民國92年3月16日。

第二節　兩岸經貿互動的發展

一、兩岸經貿的趨勢

自1979年以來，兩岸雙邊貿易之發展趨勢具有下列幾項特性：

1.轉口貿易額大幅上升。據香港海關統計，1979～2002年兩岸經港轉口貿易總值其間只有1982、1983、1986、1996、1998、1999和2001年月等七年略有下降，其他年分均大幅上升。因此，除1979年外，台灣對大陸的間接貿易每年都呈現順差，而且順差幅度在1996年之前不斷擴大（表14-1）。

2.兩岸間接貿易，在過去二十多年出現幾次大幅波動的現象，造成波動的主要與中共的多變的政策，如總體經濟政策以及兩岸關係緊張有關，特別是1996、1998年與1999年三年兩岸間接貿易值出現負成長，與中共對台文攻武嚇及台灣提出兩國論造成兩岸政治僵持有密切相關。

3.兩岸貿易的相互依存度逐漸提高。台灣對大陸的出口貿易依賴度已由1979年的0.25%，增加至2001年的22.56%。而同期間大陸對台灣的進口依賴度也由0.27%增加至3.49%。（依香港轉口貿易數字計算）

4.兩岸貿易的產品結構，反映了兩岸資源稟賦及經濟發展程度的差異。大致上，台灣對大陸間接輸出的產品結構，主要以工業原料、半製品和機器設備及其零配件等；台灣自大陸間接輸入的產品，以農工原料等初級產品爲主，惟製造業半成

表14-1 海峽兩岸經香港轉口貿易之發展情形（1990～2003.5）

	台貨輸往大陸		大陸貨輸入台灣		合計		輸出入貿易差額	
	金額（百萬美元）	成長率%	金額（百萬美元）	成長率%	金額（百萬美元）	成長率%	金額（百萬美元）	成長率%
1990	3,278	13.18	765	30.41	4,043	16.11	2,513	-
1991	4,679	41.74	1,129	47.58	5,808	43.65	3,550	40.9
1992	6,288	34.39	1,119	-0.89	7,407	27.53	5,169	46.0
1993	7,585	20.63	1,104	-1.38	8,689	17.31	6,481	25.4
1994	8,517	12.30	1,292	17.10	9,809	12.90	7,225	11.5
1995	9,883	16.00	1,574	21.80	11,457	16.80	8,309	15.0
1996	9,718	-1.70	1,582	0.50	11,300	-1.40	8,135	-2.1
1997	9,715	-0.03	1,774	12.21	11,459	1.4	7,971	-2.0
1998	8,364	-13.9	1,654	-5.1	10,019	-12.6	6,709	-15.8
1999	8,175	-13.9	1,628	-1.7	9,803	-2.2	6,546	-2.4
2000	9,593	17.4	1,980	21.6	11,573	18.1	7,612	16.3
2001	8,811	-8.1	1,693	-14.5	10,504	-9.2	7,118	-6.5
2002	10,311	17	1,708	0.9	12,020	14.4	8,603	20.9
2003.1-5	4,528.2	20.3	8,13.2	17.2	5,341.4	19.8	3,715	21

資料來源：香港政府統計處。

品所占比重有逐漸增加之勢。近年來隨電子資訊業赴大陸投資，資訊產業出口至大陸和回銷台灣比例有顯著增加。

5.兩岸雙邊貿易快速發展，與台商赴大陸投資的行動有密切關聯。隨著台商赴大陸投資不斷增加，帶動了台灣地區機器設備及其零配件、原材料等對大陸出口，同時台商在大陸製造的半成品回銷台灣的情形也愈爲普遍。因而，自1990年代初期起，台商赴大陸投資與兩岸貿易之發展，可謂相輔相成，亦即台商投資金額增加將帶動兩岸貿易增加。

二、兩岸經貿互動的政策考量[4]

(一) 大陸方面的考量

追溯兩岸經貿發展的初期階段，當時大陸當局爲吸引台灣，曾提出所謂三通的主張，希望能夠以此打動台灣朝野，如早在1979年，當時的大陸全國人大常委會便曾提出兩岸之間「完全應當發展貿易，互通有無，進行經濟交流」，而在1995年1月江澤民的「江八點」聲明中，其亦指出：「面向二十一世紀世界經濟的發展，要大力發展兩岸經濟交流與合作，以利於兩岸經濟的共同繁榮」。[5]

何以大陸方面對於兩岸經貿交流的態度是如此積極？就政策需求面來看，主要的原因在於過去大陸經濟發展水平較低，因而在改革開放政策推動之後，其便以發展經濟作爲國家施政的主要目標。爲了快速累積資本與提高生產能力，因此採取外向型經濟的發展策略，而實際上兩岸經貿關係的操作便是與此一背景相互呼應。[6]

其後，因爲兩岸政治現實導致雙邊經貿關係無法正常交流，在此一前提下，大陸設定政策時只能單方面進行規劃，出於無法直接透過雙邊貿易來創造貿易利得，那麼設法吸引台灣生產要素來協助大陸經濟發展便成爲合理的策略。

就政策的供給面而言，大陸經濟政策的規劃與執行往往是由

[4]參考張弘遠，〈策略性依賴下的兩岸經貿互動：一個簡單貿易政策模型的分析〉，尚未發表之手稿。

[5]周志懷，〈論海峽兩岸經貿關係的制度化安排〉，《台灣研究》，2002年第2期，頁7。

[6]1988年後兩岸的轉口貿易額便出現了快速成長的趨勢。

上而下，外貿部門更是如此，而在大陸政策系統中，兩岸經貿互動臣屬於兩岸關係之下，必須與對台工作配套，另外在目前大陸經濟之中，那些與台灣貿易而有既得利益之階層或團體，尚未具有影響相關政策制定的遊說能力，因此在操作對台經貿政策上，大陸方面明顯呈現出政府主導的特色。

既然政策供給是由政府主導，那麼中共當局在對台經貿政策上又如何思考其經濟利益與政治利得？基本上，中共相信兩岸經貿交流將會創造直接的經濟利益，而長期經濟交流將會爲其對台統戰工作帶來正面影響[7]，那麼只要兩岸經貿交流有益其政治作爲時，大陸自然會持續推動兩岸經貿交流。[8]

在政府主導政策產出下，當大陸採基於優勢策略的考量而採取自由貿易的態度時，此一態度雖然會導致其對台貿易入超，但是卻符合其政治利益，故成爲其採行的方案，台灣作爲後行動者，在面臨對方這樣的策略時，理性選擇的結果則傾向以保護貿易的態度來回應。

（二）台灣方面的考量

爲了自兩岸經貿互動中掌握更多的利益與降低對我經濟之衝擊，台灣於1993年4月制定了「台灣地區與大陸地區貿易許可辦法」，對於輸往大陸地區之物品，主要採取間接貿易，除對少數稀有動物、高科技產品及影響國家安全與經濟發展者進行管制外，

[7]鄧利娟，〈試析台灣經濟走向及對兩岸關係的影響〉，《台灣研究》，2002年第2期，頁35～36。

[8]最明顯的例子便是，兩岸經貿互動中，大陸對台長年貿易逆差，2002年已高達320億美元，但即使出現貿易逆差，但是其仍然主張兩岸間應儘速發展直接貿易，此一作法雖不利其貿易餘額之平衡，但卻與其政治利益相符合，相關貿易數字見劉國光、王洛林、李京文主編，《中國經濟前景分析——2003年春季報告》（北京：社會科學文獻出版社，2003年），頁213。

其餘並無太多的限制，但是在輸入管理方面，除了要求間接貿易外，同時採取許可制，非經許可項目不得輸入，至於准許輸入者則需要符合不危害國家安全、對相關產業無負面影響等條件，另外，也會配合國內產業之需要，定期檢討准許輸入之項目。[9]這種對進出口設限的作法（事實上是對進口設限），實際上便是一種防禦型的貿易政策。

由於直接貿易受到政府管制，而大陸市場發展又顯現誘人的商機，此時廠商爲了試圖追求「未來」利潤的最大化，便開始會加速前往大陸投資，這使得台灣當局必須在進出口設限之外，另外開始對廠商投資行爲加以干預，結果便是從「三不政策」開始，其後由「根留台灣」到「戒急用忍、行穩致遠」，再到「積極開放、有效管理」等管制型經貿政策的相繼出台，這些管制型經貿政策乃試圖針對本國資金、技術與產業優勢等條件加以保護，並降低雙方貿易所產生的衝擊，[10]而這都屬於保護貿易的政策態度。

總的來說，台灣對大陸相關經貿政策有其內在合理邏輯，台灣經濟的基礎是立足在出口能力與製造業的生產能力上，爲此必須要維持本身之貿易條件，避免進出口商品價格比出現惡化，爲此台灣採取了一種變相的貿易保護政策，目的是：一方面要避免

---

[9]經濟部國際貿易局，〈加入WTO對兩岸經貿之影響〉，《兩岸經貿月刊》，第121期，民國91年1月，頁26～27。

[10]如過去的戒急用忍政策其所限制的內容是：對資本額在6,000萬台幣以下的中小企業，不對累計投資金額上設限，但將擴大禁止赴大陸投資的產業項目，包括單一投資申請案不得超過5,000萬美元，上市與上櫃等企業（淨值超過50億新台幣以上）赴大陸投資採取累計金額設限，並針對高科技、基礎建設與大型投資、石化上游產業與電子資訊產業對大陸投資進行設限，而相關管制的產業項目則區分爲禁止、准許與專案審查三類，見王立言，《由「國家能力」途徑看台灣大陸政策的制定與執行：1996至2000》，國立政治大學東亞所碩士論文，民國90年6月，頁82。

大陸黑洞效應所帶來的貿易條件惡化，另外一方面則透過政策將大陸的利潤轉移至台灣，並運用大陸經濟起飛之聯動效果來加快本身產業更新與技術進步。

第三節　台商赴大陸投資的發展

一、台商赴大陸投資的緣起

我國廠商對外投資在1970年代以前，因當時外匯短缺而採嚴格的審核制度，民間對外投資活動非常少。其後隨著各階段經濟情勢之不同，而有不同程度的放寬，民間對外投資才逐漸增加。根據經濟部投審會對外投資資料，1987年以前，我國對外投資主要集中於美國及東南亞。1987年後，對外投資急遽成長，對外投資日漸增多，在對外投資的區域分布上以美洲地區爲主，次爲亞洲地區，兩者共占台灣廠商對外投資總額的95%以上。

自1991年起，我國開放赴大陸間接投資，隨著台灣對大陸投資方面的規範逐漸放寬與詳盡[11]及大陸本身市場漸漸開放，在大陸具有龐大潛在內需市場、以及同文同種和工資相對東南亞國家

[11]1990年10月實施《對大陸地區從事間接投資或技術合作管理辦法》，規範本國公司或個人赴大陸地區從事間接投資或技術合作。1992年7月公布「台灣地區與大陸地區人民關係條例」，規範台灣地區人民、法人、團體或其他機構赴大陸地區從事間接投資或技術合作，採申請許可制。1997年7月將對大陸投資項目區分爲禁止、准許及專案審查類。前總統李登輝於1996年提出大陸投資「戒急用忍」政策防止企業在大陸過度擴張投資。新政府在2001年爲因應經濟環境的轉變和經發會結論，將大陸投資政策改爲「積極開放、有效管理」政策。

便宜的前提下，台商開始對大陸投資；在1997年亞洲金融危機後，受到東南亞國家土地價格及工資水準逐漸上升，導致生產成本提高，競爭力無法維持，而大陸市場逐漸成熟、開放的影響，台商逐漸加重對大陸的投資，不過對東南亞的投資仍然保留，一方面可以調節大陸生產之不足，達到風險分散的目的，另則可以拉大產品供應層次，增加接單能力。

截至2002年底的資料顯示，廠商對大陸投資金額累計占我國過去四十年來對外投資總額之比重已高達43%左右。

二、台商投資大陸的趨勢變化

(一) 申請件數的增加

依中共官方統計，累計至2002年底止，台資企業在大陸投資總數爲55,691個，協議金額爲614.71億美元，實際金額爲331.10億美元，居大陸外人投資第4位，次於香港、美國及日本。從台商在大陸投資的這些統計觀察，可以發現相對於其他外商企業而言，台商企業投資件數所占比重偏高，顯示其平均投資規模相對較小，而實際投資金額所占比重高於協議金額，顯示台商企業之投資資金到位率較一般外商爲高，全期間台商企業投資的資金到位率平均約54%。從發展趨勢觀察，可以發現台商投資規模日益擴大，一方面已在大陸投資的廠商，由一個廠擴大爲多個廠的現象極爲普遍；另一方面大企業投資明顯增加（表14-2）。另外，台北市電腦公會與《數位周刊》在2002年3月所公布的「高科技台商赴大陸投資調查」結果，也顯示台商在大陸的投資相當成分是屬廠商連動性帶動，且上下游供應鏈體系在中國大陸逐漸成型。

表14-2　台商在大陸投資概況

類別／年別	經濟部核准核備資料				中共對外宣布資料		
	數量（件）	金額（億美元）	平均投資規模（萬美元）	占我國對外總投資比重（%）	項目數（個）	協議金額（億美元）	實際金額（億美元）
1991	237	1.74	73.48	9.52	* 3,884	* 35.37	* 11.05
1992	264	2.47	93.56	21.78	6,430	55.43	10.50
1993	新申請 1,262	11.40	90.33	40.71	10,948	99.65	31.39
	補辦許可 8,067	20.28					
1994	934	9.62	103.02	37.31	6,247	53.95	33.91
1995	490	10.93	223.00	44.61	4,778	57.77	31.62
1996	383	12.29	320.95	36.21	3,184	51.41	34.75
1997	新申請 728	16.15	221.78	35.82	3,014	28.14	32.89
	補辦許可 7,997	27.20					
1998	新申請 641	15.19	236.97	31.55	2,970	29.82	29.15
	補辦許可 643	5.15					
1999	488	12.53	256.72	27.71	2,499	33.74	25.99
2000	840	26.07	310.36	33.93	3,108	40.42	22.96
2001	1,186	27.84	234.74	38.80	4,196	69.00	29.79
2002	新申請 1,490	38.58	259	53.38	4,853	67.40	39.70
	補辦許可 3,950	28.64	73				
合計	27,276	266.09	98	43.39	55,691	614.71	331.10

註：*含1991年以前，1993及1997年因補辦許可投資案增加，致投資金額劇增。

資料來源：經濟部投審會；大陸「中國統計年鑑」歷年。

（二）投資地區的轉變

台商在大陸投資的地域分布，在過去十多年來也已有明顯的變化。受到中共開放政策及各種差別性優惠措施的影響，早期台商投資地區主要集中在大陸對外開放時間較早、開放程度較高，且對外交通運輸較爲便利的福建、廣東兩省沿海城市地區。不過，隨著大陸對外開放的幅度和範圍不斷擴大，經濟發展的重心逐漸向北移，台商在大陸投資的地域分布也逐漸擴散，地點的轉變與中共當局開放政策密切相關，且從而引發投資動機改變，台商赴大陸投資對於開拓大陸內需市場的動機已愈來愈強。[12]

至2002年底就台商赴大陸投資的資料分析，分就東北地區、華北地區、華東地區、華南地區、中西部地區來看，則東北地區的台商投資金額僅占台商對全中國大陸投資總額的1.4%，其中台商投資主要集中於遼寧省，台商在遼寧省投資金額占台商在東北投資的87%；至於投資產業則集中於食品及飲料製造業、基本金屬及金屬製品製造業、電子及電器產品製造業、橡膠製品、與化學品製造業。

其次，華北地區台商投資金額占台商對全大陸投資的8%，其中天津和北京是台商投資較多的地區，投資天津的台商多爲生產企業，至於北京的中關村則爲高科技產業的投資熱衷之地，在北京投資的台商中有8%係投資於中關村。

至於華東地區吸引台資最多之省分爲江蘇省（包含上海），截至2002年底台商對江蘇的投資金額占台商對全大陸投資的

[12] 中華經濟研究院，《台商與外商在大陸投資經驗之調查研究：以製造業爲例》（經濟部投審會委託計畫，1994、1995年）；中華經濟研究院，《大陸經營環境變遷對台商投資影響之研究》（經濟部投審會委託計畫，1999年）。

29.41%，次爲浙江省，截至2002年底台商對江蘇的投資金額占台商對全大陸投資的6.44%。至於投資產業，在上海和崑山的台商投資產業主要集中在電子資訊、食品、紡織、餐飲業、和娛樂業；無錫的台商投資則偏向出口導向的電子、精密機械、醫藥、新材料的產業，且約80%在無錫投資的台商主爲內銷型，至於外銷型的廠商則比例不多；另外，杭州台商投資的主要產業爲紡織、食品、機電、電子、化纖等。

在華南地區投資的台商主要集中在廣東和福建，截至2002年底台商對廣東和福建的投資金額占台商對全大陸投資的34.43%。在廣東省部分，台商投資集中在珠江三角洲，其中東莞地區即占台商在廣東投資金額的1/3，同時台灣十項市場占有率居世界第一的電腦資訊產品，如主機板、掃描器、數據機、滑鼠等都已在東莞設廠，目前東莞生產的掃描器、滑鼠、鍵盤等電腦配件已占全球產量的70%以上。

最後在中西部地區，台商投資最多的地區，由多至寡爲湖北，江西，湖南，河南，四川，安徽，廣西，重慶，陝西。其中值得注意的是西安，截至2002年止台商在西安投資的產業雖集中於餐飲、娛樂、建材等傳統產業，但鑒於西安近年積極發展軟體產業，相對大陸其他地區而言其人才供應充足、員工薪資較低而穩定度高、生活物價水平低、且研發成本爲沿海城市的一半，加之爲大陸第三大科研基地，已獲不少高科技廠商青睞。

總括而言，雖然台商在大陸投資地域的逐漸擴散，但台商在大陸的投資仍以主要集中於數個地區，既東南沿海之珠江三角洲、上海、江蘇南部、浙江北部之長三角區域、與北京、天津之環渤海地區。各地區因投資環境的不同而吸引不同投資動機或產業的企業，如在珠江三角洲地區的投資以出口型企業爲主，而電子業投資又因外銷特性、產業群聚形成產業供應鏈的特性、對科技研發的需求等因素，則主要集中於珠江三角洲、長江中下游區、北京中關村、和天津技術開發區。

（三）台商赴大陸投資產業分析

台商赴大陸投資的狀況，將以產業結構變化、投資規模與金額變化及投資型態三個部分來分析說明：

第一，產業結構變化：台商在大陸投資的產業，主要是製造業，其次是服務業，農業較少。製造業在大陸投資的產業結構也已有明顯變化，1994年以前，投資產業主要集中在電子和電器、食品及飲料、塑膠製品等產業，該三項產業在大陸投資金額占各產業投資總額的比重分別爲14.7%、11.78%、11.35%；其次是基本金屬及其製品（8.1%）、精密器械製造（7.75%），化學品製造（6.4%）等。1995年後的最近幾年之間，台商到大陸投資有三成集中在電子和電器製造，其他依次爲基本金屬及其製品、食品及飲料、塑膠製品、化學品製造等產業，不過各項產業的投資金額所占比重，沒有一個產業超過10%，最高者爲基本金屬及其製品業也只占8.77%[13]。

依表14-3，比較前後兩期間台商在大陸投資的產業結構，發現台商產業結構有二個趨勢演變，一是由勞力密集產業轉爲技術密集和資本密集產業，二是服務業所占比重有逐漸增加趨勢。這其中電子電器業的投資增長幅度最大，其投資金額占同期間台商在大陸投資總額的比重，由前期的14.68%增加爲後期的26.79%；另外，基本金屬及其製品、機械製造、化學品製造、運輸工具製

[13]中華經濟研究院，《台商與外商在大陸投資經驗之調查研究：以製造業爲例》（經濟部投審會委託計畫，1994、1995年）；中華經濟研究院，《大陸經營環境變遷對台商投資影響之研究》（經濟部投審會委託計畫，1999年）。

表14-3 台商企業在大陸投資產業結構 金額：萬美元

	迄1994年底		1995～1999		歷年累計（2001年底）	
	金額	%	金額	%	金額	%
農林業	1,807	0.40	6,042	0.61	9,382	0.47
漁牧業	2,140	0.47	2,318	0.23	4,538	0.23
礦業及土石採取業	724	0.16	2,251	0.23	3,099	0.16
食品及飲料製造業	53,612	11.78	70,052	7.04	133,830	6.73
紡織業	25,729	5.65	53,011	5.33	84,944	4.27
成衣服飾業	15,108	3.32	11,814	1.19	35,617	1.79
皮革、毛皮及其製品製造業	6,580	1.45	12,668	1.27	19,782	0.99
木、竹、藤、柳製品製造業	18,148	3.99	28,225	2.84	50,113	2.52
造紙及印刷業	11,585	2.55	22,127	2.23	46,437	2.34
化學品製造業	29,131	6.40	71,441	7.18	128,028	6.44
橡膠製品製造業	18,731	4.12	28,312	2.85	54,648	2.75
塑膠製品製造業	51,667	11.35	63,875	6.42	149,626	7.52
非金屬及礦產物製品製造業	27,824	6.11	58,822	5.92	105,696	5.31
基本金屬及金屬製品製造業	36,681	8.06	87,224	8.77	161,670	8.13
機械製造業	11,011	2.42	35,647	3.58	64,332	3.23
電子及電器產品製造業	66,814	14.68	266,343	26.79	605,117	30.43
運輸工具製造業	17,713	3.89	49,363	4.96	78,151	3.93
精密器械製造業	35,265	7.75	41,929	4.22	98,273	4.94
建築營造業	1,333	0.29	1,772	0.18	5,918	0.30
批發零售業	5,463	1.20	22,063	2.22	42,902	2.16
國際貿易業	3,747	0.82	9,470	0.95	15,373	0.77
餐飲業	2,040	0.45	6,087	0.61	8,276	0.42
運輸業	2,048	0.45	3,684	0.37	7,266	0.37
倉儲業	265	0.06	4,370	0.44	5,691	0.29
金融保險業	244	0.05	4,160	0.42	4,438	0.22
服務業	8,829	1.94	27,514	2.77	58,464	2.94
其他	941	0.21	3,781	0.38	7,048	0.35
計	455,180	100.0	994,365	100.0	1,988,672	100.0

資料來源：依經濟部投審會對大陸投資統計資料計算。

造、批發零售、服務業等的投資也呈現較大幅度的增長，其所占比重明顯增加。不過，就食品及飲料、塑膠製品、精密器械等產業而言，由於在1995年之後投資金額的增長放緩，因此，其相對所占的比重明顯降低。另外，成衣服飾、木竹製品、橡膠製品等產業對大陸投資，也呈現相對減少的趨勢。相反地，隨著大陸開放服務業，包括批發零業、國際貿易業等服務業所占比重逐漸上升，預計大陸加入WTO後開放領域擴大和投資領域鬆綁，台商擴大 投資服務業領域將隨之增加。

第二，投資規模與金額的變化：根據經濟部投審會的資料，台商平均投資金額自1994年後始超過100萬美元，因其後逐漸轉變為以大陸內銷市場為主的擴張性投資，投資金額漸趨擴大，至1996年提高為331萬美元，超過外商平均投資金額。後因受兩岸關係緊張、台灣實施「戒急用忍」政策，以及金融風暴的影響，平均投資規模逐漸下降到1997的221萬美元、1998年的237萬美元、1999年的256萬美元，2000年又回升到310萬美元，2001年和2002年分別為234萬和259萬美元。顯示赴大陸投資案件又走向大型化趨勢。

投資規模擴大包含多層意義，其一投資者原以中小型企業為多，其後大型企業、上市、上櫃公司前往大陸投資的情形愈來愈普遍。其二是單項投資金額超過千萬美元以上的案件愈來愈多。其三是在大陸投資設廠，因經營順利，由一個廠擴大發展成為多個廠的情形。除新的投資項目外，擴大投資規模的資金，有部分係利用在大陸的營利再投資的。

就不同產業平均投資規模比較，表14-4第三欄資料顯示，電子及電器產品製造業的平均投資規模均超過230萬美元，非金屬及礦物製品製造業、橡膠製品製造業平均投資規模均高於100萬美元。

以1994年做為截點，分為前後兩段期間比較各產業平均投資

表14-4　台商企業在大陸投資平均規模之變化

	～1994	1995～1999	2000～2001
農林業	14.01	30.98	99.26
漁牧業	54.87	44.58	24.67
礦業及土石採取業	45.25	44.13	49.49
食品及飲料製造業	58.91	54.35	141.32
紡織業	48.36	114.25	127.30
成衣服飾業	29.45	43.12	137.52
皮革、毛皮及其製品製造業	28.48	58.11	53.93
木、竹、籐、柳製品製造業	38.13	64.74	130.28
造紙及印刷業	39.54	72.79	251.28
化學品製造業	40.74	98.00	219.68
橡膠製品製造業	88.77	106.44	238.29
塑膠製品製造業	44.08	74.97	156.21
非金屬及礦物製品製造業	59.07	86.50	397.59
基本金屬及金屬製品製造業	41.26	88.37	116.81
機械製造業	39.33	77.33	121.04
電子及電器產品製造業	47.35	143.43	230.23
運輸工具製造業	56.05	134.87	150.35
精密器械製造業	27.06	48.53	222.62
建築營造業	14.98	42.19	60.32
批發零售業	74.84	108.15	143.12
國際貿易業	29.05	45.53	36.36
餐飲業	18.89	88.22	47.88
運輸業	28.05	153.50	201.03
倉儲業	53.00	485.56	215.33
金融保險業	61.00	378.18	164.30
服務業	25.37	62.53	59.58
其他	33.61	236.31	145.85
合計	42.29	196.23	310.37

註：平均規模係以投資金額除以投資件數計算而得。

資料來源：依經濟部投審會對大陸投資統計資料計算。

金額的差異，我們發現，除了少數幾個產業如農林、漁牧、礦業及土石採取、食品及飲料業等之外，各行業平均投資規模都有明顯增加的趨勢，其中尤其以倉儲、金融保險、電子電器、運輸工具、紡織等行業平均投資規模擴大的幅度最爲明顯。

與投資規模擴大有關的一個問題，是台商到大陸投資也已逐漸由早期單打獨鬥、個別辦廠的型態，發展爲集體合作的型態。從實務上觀察，產業界集體合作前往大陸投資的模式，可以有水平整合、策略聯盟，也可以有上中下游的垂直整合。譬如由產業公會籌組相關會員廠商集體前往特定地區投資，或由核心企業帶動相關衛星（或周邊產業）企業一起到大陸投資，這種現象顯示，台商在大陸投資有逐漸形成集團化的發展趨勢。

進一步觀察比較過去幾年來台商在大陸投資的發展趨勢，我們發現台商在大陸的投資不只大中型企業愈來愈多，同時也不再像過去一樣侷限在加工出口的型態，已逐漸由勞力密集型轉向資本和技術較密集的產業，例如，成衣、紡織及木竹製品等勞力密集程度相對較高的產業，在全部投資當中所占比重明顯下降，重要性排序向後移，而基本金屬、非金屬礦物製品、電子等製造業的比重則顯著增加。

第三，投資型態逐漸以獨資爲主：台商在大陸直接投資的型態主要有合資經營（joint venture）、合作經營（contractual venture）和獨資經營（sole proprietorship），中共將投資於這三種型態的企業稱爲「三資企業」。

早期到大陸投資的台商企業大都採取合資經營的型態，獨資經營較少，採合作經營方式者更少（表14-5）。造成這種現象的原因，可能與中共當局的政策引導，及廠商規避投資風險的考量有關。

中共當局曾頒布《關於鼓勵台灣同胞之規定》，提供各種優惠

表14-5　台商企業投資型態之演變

	1993		1998		2000	2001	2002
	家數	%	家數	%	%	%	%
獨資經營	55	25.58	252	51.96	64.1	80.7	56.7
合資經營	149	69.30	195	40.21	29.7	12.4	20.6
合作經營	11	5.12	38	7.84	6.2	6.9	6.9
其他（來料加工等）	a	a	a	a	a	a	15.8
合計	215	100.00	485	100.00	100	100	100

資料來源及說明：1.根據中經院（1994）和中經院（1999）調查研究整理而得。表中所列年代係指廠商填答問卷所依據的數據實際發生之時間，完成研究報告的時間較晚一年。
2.2000和2001年資料來自蔡宏明，〈2001年台商大陸投資及大陸內銷市場拓展意見調查報告〉，《工業雜誌》，2001年12期。
3.2002年資料來自台灣區電公會，《中國大陸地區投資環境與風險調查》，（2002）。

措施產生了鼓勵的作用；另外，針對特定投資項目，中共當局要求只能以合資形式經營，可能也是導致採合資型態較多的主要原因之一。

不同投資形式各具有不同的優缺點，廠商在做決策時，主要考量的是那一種投資形式最能夠使企業經營目標順利達成。一般而言，獨資企業在企業組織和經營管理方法上，可以完全按照自己的規劃執行，投資者承擔全部風險，也享有全部利潤。這種方式對原材料或半成品主要採購自國外，製成品又大都從事外銷的廠商，以及在大陸的政商關係已有不錯基礎的投資者，都非常適合。不過對於以開發及利用大陸當地資源、拓展大陸內銷市場爲主要目標的廠商而言，可能採取合資形式較適合些，因爲透過合營方式，較易於在當地建立人脈關係，取得當地資源。唯合營方式的缺點是，容易受到當地政府的行政干預，同時也常面臨合營雙方經營理念不同之困擾。

表14-5的資料顯示，近年來台商在大陸投資的型態，採獨資經營形式愈來愈多，而採合資經營形式所占比重則逐漸降低。採獨資經營和合資經營型態之企業顯著消長的現象，顯示一方面獨資經營型態的優點受到歡迎，而另一方面合資經營型態的缺點令人退避。獨資企業可以完全獨立自主經營業務機密且不外洩，故受台商喜歡。此外，大陸市場透明度增加、台商對大陸日益瞭解、台商投資由勞力密集產業逐漸轉向資本、技術密集產業，擔心技術外洩、過去大陸規定獨資廠商須出口達一定比例才能進口而合資廠商便無此規定，以及獨資企業無須大陸方的配合資金投入，各地方政府鼓勵設立此類型企業，也是造成採取獨資經營形式大幅增加的主要原因。

（四）投資企業以上市上櫃公司為主

台灣上市上櫃公司近年在市場競爭激烈以及大陸加入WTO，廠商搶先進入大陸市場卡位，掀起國內大中型企業赴大陸投資與考察的熱潮。截至2000年底，台灣上市（櫃）公司合計有649家，其中赴大陸投資者已達220餘家，比重高達三分之一[14]。上市（櫃）公司赴大陸投資增加，使台商近年來對大陸投資趨於產業多元化與規大型化發展。

三、台商經營策略演變——在地化的趨勢

隨著大陸投資經營環境逐漸改善，尤其市場准入的限制不斷放鬆，台商投資企業在大陸經營當地化的趨勢也愈來愈明顯。當

[14]經濟日報，《2001年中華民國經濟年鑑》，2001年。

地化的現象主要表現在原材料和半成品採購、資金籌措、幹部及人才之晉用、產品銷售等方面。理論上，外商企業在地主國當地生根發展是企業永續發展的必然路徑，當地化程度愈高者，表示與當地經濟及相關產業的互動較緊密，地主國接受外資可能的獲益愈大，反之則否。

由最新資料顯示，台商到大陸投資，當地化的趨勢非常明顯，從生產方面來看，原材料和半成品在當地採購的比重逐漸增加，包括向大陸當地台商和非台商採購均呈現增加的趨勢，尤其是向大陸當地台商採購增加的百分比較高，反映原料供應業者隨著下游加工業者前往大陸投資並就近供應的現象；向非台商採購主要係指向國有企業採購。在產品銷售方面，大陸市場的比重提高；另外，在周轉資金之籌措和管理技術人才的任用方面，自大陸當地取得的比率也在提昇[15]。

（一）國產化趨勢

開發中國家吸引外資流入，是希望藉外資促進國內工業化的發展，因此希望引進的外資與國內市場的關聯性較高些。也就是說，地主國通常會透過外資的採購、生產與銷售行爲，規範其與國內市場最低限度的關聯性，俾以促進國內產業的發展。一般而言，外資企業所生產的產品國產化比率愈高者，表示使用更多的當地財貨投入，有助於當地企業提升品質，加速產業升級。不過，對外商企業而言，若爲出口導向型投資，企業面對全球市場的競爭壓力，通常會以維持產品品質爲最高的考量，因此，在當地採購的比率一般都不太高。

[15]中華經濟研究院，〈製造業赴大陸投資對我國產業競爭力之影響〉，經濟部委託計畫，2001年。

相當多的開發中國家在制訂獎勵性外資政策的同時，會賦予外商企業國內採購比率的限制條件，主要是希望藉著外商企業的採購，帶動國內相關產業的產品升級。因此，原材料與半成品的國內採購比率最常被視為國產化程度的指標。由於原材料與半成品為計算生產成本或產品價格不可或缺的一環，當外商企業使用較多的地主國原材料或半成品投入時，表示地主國的產品比進口財更具競爭優勢，無論是價格競爭力或是非價格競爭力，否則外商企業為維持自身產品的競爭力，不會貿然採取當地採購策略。

中共當局為了吸引外商投資，並沒有嚴格要求外商企業自當地採購原材料的比例，因此，台（外）商企業對於原材料和半成品的採購，可以說是大都基於本身經營策略之考量。表14-6的資料顯示，台商企業初到大陸投資，原材料及半成品自大陸當地採購的比重大約占50%左右，另外約各有四分之一左右，分別自台灣地區和其他地區採購。不過，在大陸經營一段時間後，原材料和半成品的採購來源有明顯的改變，自當地採購的比重大幅增加，1998年的調查資料顯示約占60%，而自台灣地區和其他地區採購的比重則顯著減少。經濟部投審會1999年調查顯示台商採購金額比例普遍在20%以下，占受訪台商的66.76%，而採購比例在80～100%的台商約占10.61%，居第二（見表14-7）。另外，值得一提的是，大陸台商對於台灣原物料及半成品採購的依賴仍然很深，依統計處同一調查顯示，在全體受訪廠商自台灣採購的金額約18億美元，其中電子電器製造業即占13億美元，表示台商赴大陸投資

表14-6　台商自台灣採購金額比例　　單位：%

採購比例	20%以下	20～40%	40～60%	60～80%	80～100%
受訪廠商比重	66.76%	8.66%	8.10%	5.87%	10.61%

資料來源：經濟部投審會（2001），大陸投資事業營運狀況調查分析報告。

表14-7　大陸台商企業原材料和半成品採購來源　單位：%

	中華經濟研究院			經濟部	
	1993	1994	1998	1995	1999
當地採購	49.92	50.49	60.12	35.41	44.70
自台灣採購	27.04	25.33	29.15	52.47	43.20
自其他地區採購	24.04	24.18	10.73	12.12	12.10
合計	100.00	100.00	100.00	100.00	100.00

資料來源：1.中華經濟研究院，〈製造業赴大陸投資對我國產業競爭力之影響〉，經濟部委託計畫，2001年。
2.經濟部資料引自經濟部統計處《製造業對外投資實況調查報告》，各年。

後，仍可透過對台灣的機器設備、零組件等採購，為台灣帶來相當的出口效益。

台商企業所需的原材料和半成品，自大陸當地採購的比重逐漸增加的現象，與跨國企業海外投資的發展經驗頗為一致。地主國大陸的產業、經濟不斷發展，尤其外商企業進入的結果，其原材料和半成品的供應能力有所提升，是誘使台商企業增加在當地採購的最主要原因。未來隨著環境的轉變，尤其大陸的生產供應能力可能進一步改善，台商在大陸當地採購的比重還有可能增加。

大陸台商企業依賴由其台灣母公司採購的比重，仍維持在20%以上，這種現象除了基於產品品質之考量外，更重要的原因可能是基於商業秘密或控制經營權之考慮，在生產過程中，保留重要零組件之生產或採購權。從這個角度來看，大陸台商企業在當地採購原材料和半成品的比重應不致於無限增加。

(二) 資金籌措與運用當地化

企業經營需要流動資金，一般都係仰賴金融機構的支持。依過去經驗，在大陸上投資之台商要獲得當地銀行之貸款支持，事實上相當困難，對於採取獨資形式投資的台商而言，更是幾乎不可能自當地銀行獲得貸款。中共當局爲招徠外商，雖有明文規定優先提供外商企業貸款，但大陸當地銀行或由於觀念保守，抑或由於受限資金不足，這些規定都未能落實。採合資形式投資的台商，利用中方合資單位的人脈關係，相對而言較有可能獲得大陸本地銀行的貸款。

由於台商企業在大陸不易取得當地銀行之融資，因此，許多台資企業只好回過頭來向台灣的母公司求援，表14-8的資料顯示，過去由台灣母公司提供的資金融通，所占比重都超過三成。有些企業也不排除向台灣地區的親朋好友或其他地下金融管道告貸，

表14-8　大陸台商企業周轉資金來源結構之變化　單位：%

	1993	1994	1996	1998	2002
台灣母公司	40.90	30.85	43.7	58.17	70.92
台灣地區的銀行貸款	0.78	2.82	9.3	1.92	(台灣地區)
中方母公司負責	9.02	10.02	n.a.	11.70	
大陸的官方銀行貸款	45.58	38.51	2.3	16.42	15.94
大陸的外資銀行貸款	0.14	2.30	0.2	3.17	(大陸地區)
第三國或地區銀行貸款	0.04	0.97	14.2	0.50	13.15
其他	3.54	14.53	8	8.12	(其他地區)
合計	100.00	100.00	100	100.00	100.00

說明：表列數據係依各廠商填答各種周轉資金來源所占比率，以目前實際金額爲權數加權平均而得。

2002年資料根據《數位周刊》2003年3月9日的調查，計算結果。

資料來源：經濟部投審會（2001），《大陸投資事業營運狀況調查分析報告》；1996年來自楊雅惠，《大陸金融體制之研究》，中華經濟研究院，中華民國銀行商業同業公會委託。

尤其是那些以個人名義前往大陸投資者。表14-8資料顯示，自「其他」管道取得融資的比重都不低。

2000年最新一份調查[16]也顯示，上述趨勢不變且更增強，在固定資本投資資金項目上，38%來自母公司股東墊款，30%來自母公司增資；在營運資金上，44%來自母公司自有資金，21%來自母公司股東墊款，僅有16%來自大陸方面的貸款。數位周刊與台北市電腦公會2002年合作進行的調查透露，高科技廠商大陸投資事業近八成主要資金來自靠台灣（79.5%），其比重遠高於其他產業，其次是在大陸公開市場取得資金（17.7%）和海外發行公司債（14.7%）。

綜合言之，台商在大陸投資取得當地資金的融通，尤其是大陸官方銀行的貸款，雖隨著企業經營年限增加，困難度逐漸降低，但整體而言，台商相對於其他外商企業，包括港澳企業不易取得當地資金，必須依賴母公司籌措，尤其是獨資企業。

（三）人才晉用當地化

人才晉用當地化與外商企業經營方式和策略息息相關。一般而言，外方母公司採取本國中心導向的經營策略時，爲貫徹母公司的經營計畫與目標，通常海外子公司的管理幹部會由母公司直接派駐；但若母公司採取地主國導向的經營策略時，聘僱當地人員有助於與當地經濟的整合。根據相關的研究發現，日系企業在海外投資通常採取前者的經營策略，以追求其全球化生產與貫徹零庫存的經營理念。由於日商的終身雇用、年功序列等人力資源管理模式，重視長期性的人力資源培訓，往往與當地勞動市場的運作習慣產生摩擦，造成一般員工的情緒不滿。歐美各國的跨國

[16]周添城等，〈兩岸三地資金流動情形及我應有規範之研究〉，陸委會委託計畫，2000年。

型企業則大都採取後一種模式。

在中國大陸，一般都認為當地的勞動力供應不餘匱乏，其實供應無缺的勞動力指的是一般勞工的供應。企業若欲招募技術人員和管理階層，特別是中高管理人員，困難度可能更高。不但不易找到適當的人才，找到之後確保該人員對企業的忠誠度又是另一大問題。

根據中華經濟研究院（1999）的研究指出，外商企業在大陸投資所面臨的困難，最主要是受僱職工流動性高，技術人員及中高級管理人員不易招聘，以及工人素質低不易管理等。職工流動性高，除了員工追求高薪資因素外，中共戶籍制度的規定也是造成企業雇用大量短期性臨時工的原因之一，特別是在外資進入較密集、勞動需求較高的地區。中國大陸的地方政府通常獎勵外商企業優先僱用當地勞工，因此只有在當地勞動供給趨緊下，外商企業才會引進不在當地落戶的臨時性勞工，也因而形成職工流動性偏高的現象。

大陸台商企業早期的派駐人員，以管理階層為主，技術人員派駐的平均人數與比重明顯較低（見表14-9）。這可能是早期使用

表14-9 台商與外商企業自外方母公司派遣人員數量之比較（1998）

比重：%

國別	派駐人員合計		管理人員		技術人員	
	平均人數	比重	平均人數	比重	平均人數	比重
台灣	1.95	2.73	1.30	2.18	0.38	0.55
港澳	1.15	1.82	0.65	1.35	0.25	0.47
日本	2.36	1.16	1.58	0.72	0.74	0.27
美國	1.12	1.14	0.88	0.90	0.24	0.24
新加坡	2.73	1.16	1.32	1.02	1.41	0.14

說明：比重係指派駐人數占企業職工之總人數之百分比而言。

資料來源：中華經濟研究院（1999），《大陸經營環境變遷對台商投資影響之研究》，經濟部委託計畫。

台灣原材料投入與母公司機器設備的比重較高，技術人員派駐的需求較不迫切的緣故。但根據台灣區電電公會2002年所作最新調查顯示，目前資訊電子和電機廠商派駐大陸的台籍幹部人數70%在5人以下。

根據最近104人力銀行至大陸的實地調查結果，近年來，台商在幹部的甄選上有當地化的趨勢，尤其「中級管理階層」漸爲當地人才取代，台籍幹部的需求已不若前幾年迫切[17]。根據《遠見雜誌》2002年公布針對全國上市上櫃的876家企業進行的「兩岸人才競賽」調查顯示，近四成的公司今年將前往大陸招募白領員工，尤以管理、製造和品管、行銷爲招募的前三項，顯示台商已從過去招募藍領員工，轉變爲尋找中階管理人才爲主[18]。

另據《數位周刊》與台北市電腦公會2002年合作進行的調查，也透露受訪的台灣高科技廠商有六成四表示，未來大陸事業管理人才將採用大陸人才（表14-10）。這顯示一項重要訊息，即台商最有競爭力的高科技產業多數中將重用當地人才。這對台灣近年來不振的就業市場產生衝擊。同時，台商對台籍與當地人的各項福利待遇差異，也逐漸縮減。顯示不論是爲了大陸廠人力管理之需要、拓展當地市場、與當地企業結盟合作，或是爲了降低成

表14-10　高科技廠商運用人才之來源（2002）　　單位：%

來源	%
當地人力市場	64
台灣人力市場	33.2
其他華人市場	1.7
其他	1.1

資料來源：《數位周刊》，2002年3月9日。

[17]《民生報》，2001年1月30日。

[18]《遠見雜誌》，2002年2月號。

本，台商在大陸實施「人才當地化」的現象將趨於明顯。

(四) 銷售活動當地化

外商企業銷售行爲的本土化程度，可從產品行銷方式的轉變和其產品銷售的市場分布來觀察。從產品行銷方式轉變分析，由經濟部投審會最新調查顯示，台商逐漸由母公司負責行銷逐漸轉變爲由當地子公司負責行銷爲主。表14-11顯示六成七受訪台商是當地子公司自行銷售，所以大陸地區投資事業已不再扮演單純的生產基地的角色，而是隨著其自身行銷能力的增強，將逐漸擺脫台灣母公司的營運，甚至將來對台灣本地企業產生替代效果。

台商赴大陸投資的動機除在利用大陸廉價勞工之外，拓展大陸市場也是主要誘因之一。外商企業赴大陸投資若爲追求低廉勞動力，降低生產成本，並提升價格競爭力，其最終銷售市場，一般會是全球市場，當地市場銷售比例會明顯地偏低。然而，隨著大陸市場的經濟發展，國民所得提高，相關產業穩定成長，市場需求擴大，外商企業的大陸市場取向會逐漸上升。隨著企業在當地市場銷售比例的擴大，外商企業的本土性也會逐漸加深，因爲企業生產的產品會做某種程度的調整，以更適合當地消費者的偏好。

台商企業產品銷往大陸市場比例爲42%，其中銷給大陸三資

表14-11　台商子公司產品行銷方式　　單位：%

當地事業自行銷售	67.53%
國內母公司行銷	40.19%
透過第三國企業行銷	15.44%
透過當地其他企業行銷	12.00%
透過國內其他企業行銷	12.19%

資料來源：經濟部投審會（2001），大陸投資事業營運狀況調查分析報告。

表14-12　大陸台商企業產品銷售市場結構成品採購來源　　單位：%

	1993	1994	1998	2001
內銷大陸三資企業	13.53	12.51	11.69	47.8*
內銷大陸的其他企業	21.92	27.91	29.88	-
外銷	64.55	59.58	58.43	43.4
其他（回銷台灣）	11.97	7.57	14.03	8.8
合　計	100.00	100.00	100.00	100.00

資料來源：1.同表14-9。
2.見蔡宏明，〈2001年台商大陸投資及大陸內銷市場拓展意見調查報告〉，《工業雜誌》，2001年12期。

企業的比重爲12%（表14-12）。由於台商赴大陸投資很多是屬於下游廠商帶動上游廠商轉移生產基地的模式，該類型投資的產品銷往同屬三資企業的比例較高是相當正常的。根據表14-11的資料，我們發現，台商企業從事大陸內銷的比重有逐年增加的趨勢，顯示台商擴展大陸市場的意圖，配合中共當局開放市場的政策，經營大陸市場的努力已有些許成果。

根據2001年台商最新調查顯示，台商在當地銷售的比例高達47.8%，高於外銷比例（此結果與經濟部「1999年製造業對外投資實況調查」的結果，大陸投資業者在當地銷售之比例占43.8%，外銷到其他地區占43.5%，相當接近相仿），這其中以皮革皮毛及其製品製造業在大陸當地銷售的比例最高，將近七成；其次，是雜項工業（68.1%）和食品及飲料製造業（45.4）。（表14-13）這顯示大陸內銷市場已成爲生產民生用品爲主的台商的主要市場。[19]

隨著兩岸加入世貿後，台商對於大陸內銷市場的 開拓也越來

[19]蔡宏明，〈2001年台商大陸投資及大陸內銷市場拓展意見調查報告〉，《工業雜誌》，2001年12期。

表14-13 各產業在大陸廠營運生產的銷售地區所占的平均比例

單位：%

產業別	回銷台灣	在大陸當地銷售	外銷到其他地區
食品及飲料製造業	5.5	45.4	49.1
紡織業及服飾品製造業	16.8	15.3	68.0
橡膠、塑膠製品製造業	4.7	44.7	50.6
皮革皮毛及其製品製造業	3.8	69.4	26.9
木竹及紙及紙製品製造業	3.2	40.3	56.5
基本金屬及礦產物製品製造業	6.5	45.7	47.8
機械儀器製造業	8.0	56.3	35.8
電子及電器製造業	11.0	37.3	51.7
雜項工業	9.3	68.1	22.6
服務業	12.2	64.1	23.7
整體產業（246分）	8.8	47.8	43.4

資料來源：蔡宏明（2001），〈2001年台商大陸投資及大陸內銷市場拓展意見調查報告〉，《工業雜誌》，2001年12月號。

越樂觀，據《數位周刊》與台北市電腦公會2002年合作進行的調查顯示，有83.4%受訪廠商將增加大陸內銷比重，爲此32.8%受訪廠商表示，將增加行銷方面的投資。但廠商也指出，由於大陸高科技內需市場仍然很小，目前台商只把大陸當成生產製造基地，大陸內銷業務，至少在短期內不會是重點。

(五) 經貿糾紛解決當地化

根據台北企經會的研究，兩岸經貿糾紛從1998年迄今已進入掀底洗牌期，這期間糾紛的特色是已有黑道介入，殺人綁架多，大陸沿海發生案件較多，且擴大到大陸內陸；糾紛類型是財務糾紛多，從過去民刑事轉變爲兩岸政治事件，此時需要兩岸政府介

表14-14　台商經貿糾紛解決方式　　單位：%

經貿糾紛解決方式＼年度	1997年	1998年	2001年	2002年
自行協商解決	61.14	91.27	26.8	20.7
台資協會協商解決	25.24	68.06	16.1	25.2
當地地方政府解決	27.18	51.39	23.2	25.9
司法途徑解決	26.21	12.51	28.4	22.5
透過仲裁解決	31.07	27.78	5.5	5.7
合計	a	a	100	100

資料來源：1.1997和1998年來自台北市企經會（1998），《大陸沿海台商經營現況與經貿糾紛調查報告》。
2.2001和2002年來自台灣區電電公會，《中國大陸地區投資環境與風險調查》，2002年。

入協商。[20]

至於糾紛解決方式，由表14-14可看出台商會多方嘗試解決糾紛的可能途徑，但事實上仍缺乏有效的糾紛處理模式，且多通過非正式的人際管道，未尋求相關單位之協助。不過，台商雖多利用私下管道解決，但近年來台商利用當地政府或台資協會解決也大幅增加，這顯示台商懂得利用當地協商解決機制增多，這也透露出台商有意將大陸發生的糾紛在當地就地解決，避免因延宕時效，貽誤商機。

結論

根據經濟部貿易局的資料顯示，2003年第一季兩岸雙邊貿易累計總額爲101億美元，較上年同期成長33.2%，投資方面，根據

[20]台北市企經會，《大陸沿海台商經營現況與經貿糾紛調查報告》，1998。

經濟部投審會的統計資料顯示，截至2003年五月底爲止，赴大陸投資總金額較去年同期成長43.7%，顯示台灣對大陸投資仍呈現大幅成長的趨勢，兩岸經貿互動的關係是日益密切。

在今日全球化的時代，國與國之間的經貿互動往往會受到地區性突發性外生變數的影響，例如，2003年4～5月的SARS對經貿的衝擊，兩岸經貿亦是如此，由於台灣對大陸的經貿依賴持續增加，所以台商企業在後SARS時代應特別注重整體供應鏈連結上的風險管理，強化上、中、下游的供應鏈關係，適當地調整兩岸生產比重。並預先擬定生產據點移轉、訂單移轉及提高庫存等風險管理之備援方案。未來的投資策略規劃上不應只考量廉價勞動力而集中在大陸，應基於風險分散原則，企業應以全球化經營考量爲主，著重全球分工體系及資源最適配置，落實全球資源全球布局，並提升企業營運彈性。[21]

問題與討論

一、兩岸經貿互動所帶來的影響？

二、兩岸經貿互動時雙方政策的考量？

三、台商赴大陸投資的趨勢？

四、台商赴大陸投資的策略？

五、台商赴大陸投資對台灣經濟的影響？

---

[21]高長，〈後SARS兩岸經貿互動與展望〉，《兩岸經貿月刊》（海基會，2003年7月）。

參考書目

一、中文部分

九鼎國際（2002），《海爾傳奇》。台北：九鼎國際。
大前研一（2003），《中華聯邦：二〇〇五年中國台灣統一》。台北：商周出版社。
中山大學（1999），《中國大陸區域經濟的整合與產業發展》。台北：行政院大陸委員會。
中共中央黨史研究室著，胡繩主編（1991），《中國共產黨的七十年》。北京：中共黨史出版社。
中共黨史出版社編寫組（2001），《「十五」計畫詳說：九屆人大四次會議檔學習讀本》。北京：中共黨史出版社。
中華人民共和國海關總署政策法規司（2002），《海關進出口稅則》。北京：經濟管理。
中華經濟研究院（1996），《台商與外商在大陸投資經驗之調查研究：以製造業為例》。經濟部投審會委託計畫。
中華經濟研究院（1999），《大陸經營環境變遷對台商投資影響之研究》。經濟部投審會委託計畫。
天野，尋國兵等著（2002），《中國五十富豪》。台北：海鴿文化。
方至民（2002），《企業競爭優勢》。台北：前程企業管理有限公司。
毛慶生等人合著（1998），《經濟學》。台北：華泰出版社。
毛澤東（1977），〈論十大關係〉，《毛澤東選集（第五卷）》。北京：人民出版社。
王小魯（1999），〈農村工業化對經濟增長的貢獻〉，《見改革》。北京。
王文杰（2002），《中國大陸法制之變遷》。台北：元照出版公司。
王良能（2002），《中共的世界觀》。台北：唐山出版社。
王延春，〈九問海關估價〉，《中國海關》，第一五一期。
王承傑（2000），〈仲裁法的基本原則與要點〉，《人民日報》，版10。
王信賢（2000），〈西方中國研究之新制度典範分析〉，《中國大陸研究》，第四十三卷第八期。
王信賢（2002），《組織同形與制度內捲：中國國企改革與股市發展的動態邏輯》。台北：國立政治大學東亞研究所。
王泰銓、周炳全（1999），〈兩岸經貿爭議之協商、調解制度〉，《月旦法學雜誌》，第四十四期。
王泰銓、楊士慧（2002），〈加入WTO對兩岸投資規範之影響〉，《律師雜誌》，第二六七期。
王曼娜（2002），〈大陸民企六月在港舉辦第二屆人才招聘大會〉，《中央社》。
王紹光、胡鞍鋼（1994），《中國國家能力報告》。香港：牛津大學出版社。
王普光、何曉共、李毅等（1999），《關稅理論政策與實務》。北京：對外經濟貿易大學。
王萍萍（2001），〈農民收入與農業生產結構調整〉，《戰略與管理》，第一期。
王逸舟（1998），《國際政治論析》。台北：五南圖書。
王意家、甄鳴、孫國權等（2000），《海關概論（第二版）》。廣州：中山大學。
王敬輝（1997），〈兩岸關稅政策之比較研究〉。台北：國立政治大學博士論文。
北京師範大學經濟資源管理所（2003），《中國市場經濟法律體系的建立與完善》。北京：中國對外經濟貿易出版社。
史際春、徐孟洲合著（1994），《大陸六法精要：經濟法》。台北：月旦出版社。
台北企經會（1998），《大陸沿海台商經營現況與經貿糾紛調查報告》。台北。
台灣區電機電子工業同業公會著（2002），《2002年中國大陸地區投資環境與風險調查》。台北：商業編輯顧問。
失啓英，〈H2000系統切換後續〉，《中國海關》，第一六二期。
弗朗西斯科．洛佩斯．塞格雷拉著，白風森等譯（2003），《全球化與世界體系》。北京：社會科學文獻出版社。
白樹強（2002），《WTO海關估價協議導讀》。北京：中國社會科學出版社。
石廣生（2002），〈提高應對能力，加快發展自己〉，《求是》，第十四期。
共黨問題研究中心（2001），《中國大陸綜覽》。台北：匯澤股份有限公司。
成卉青（1999），〈行政復議法與海關行政復議〉，《上海海關高等專科學校學報》，第三期。
朱少平（2000），《海關法實用手冊》。北京：中國檢查。
朱偉雄（2000），〈台灣同胞投資保護法實施細則之後的台商仲裁權益〉，《台商張老師月刊》，第二十期。
江明華、曹鴻星（2003），〈品牌形象模型的比較研究〉，《北京大學學報》，第四十卷第二期。
江美滿譯，Supachai Panitchpakdi and Mark Clifford著（2002），《中國入世》。台北：天下文化。
江振昌（2002），〈西部大開發中的生態環保問題〉，收錄於宋國誠編，《21世紀中國——西部大開發》。台北：國立政治大學國際關係研究中心。
江澤民（1997），〈十五大報告中關於公有制多種實現形式、股份制及國有企業改革的重要論述〉，收錄於中市市場經濟研究所主編，《國有企業股份制改組理論與實務（上）》。北京：中國人事出版社。

江濡山（2002），〈中國2005年以前面臨的改革難題〉，《戰略與管理》，第六期。

西奧多、舒爾茨（1999），《改造傳統農業》。北京：商務印書館。

伯斯坦（Daniel Burstein）、凱澤（Arne de Keijzer）合著，應小端、黃秀媛合譯（1999），《巨龍：中國對全球政商經濟的影響》（*Big Dragon, China's Future: What It Means for Business, the Economy, and the Global Order*）。台北：天下遠見。

克里斯多福・巴斯（Christopher Pass）、布萊安・羅易士（Bryan Lowes）、萊斯利・戴維斯（Leslie Davies）合著，施犖善、施蓓莉合譯（1997），《經濟學辭典》（*The Harper Collins dictionary of economics*）。台北：城邦出版社。

吳介民（1998），〈中國鄉村快速工業化的制度動力：地方產權體制與非正式私有化〉，《台灣政治學刊》，第三期。

吳玉山（1986），《遠離社會主義：中國大陸、蘇聯和波蘭》。台北：正中書局。

吳立民、方文章著（2001），《大陸內銷市場經營策略》。台北：中華民國對外貿易發展協會。

吳安（2001），〈上市公司結構存在的問題及其優化〉，《經濟理論與經濟管理》。

吳典城（2000），《中國大陸涉外企業法制之研究：以台灣同胞投資保護法為中心》。台北：國立政治大學中山人文研究所。

吳思華（2001），《策略九說》。台北：城邦出版社。

吳敬璉等（1998），《國有經濟的戰略性改組》。北京：中國發展出版社。

吳漢東編（2002），《知識產權法學》。北京：北京大學出版社。

吳德榮（1993），〈國家，市場，還是經濟管制？從四本東亞研究論著談起〉，《香港社會科學學報》。

吳曉波（2001），《中國教訓：大陸十大企業為何由盛而衰》。台北：飢渴出版。

呂鴻德（2002），《2002年中國大陸地區投資環境與風險調查》。台北：台灣區電機電子工業同業公會委託。

李平貴（2002），《中國企業大勝敗》。台北：憲業企管。

李西成（2002），《中國大陸金融市場發展近況的研究》。台北：兩岸交流遠景基金會。

李京文（1999），《迎接知識經濟新時代》。上海：上海遠東出版社。

李明軒、邱如美譯，Michael E. Porter著（1996），《國家競爭優勢》。台北：天下文化。

李茂（2001），〈海峽兩岸稅估價制度之比較〉，《財稅研究》，第三十三卷第三期。

李茂（2002），〈兩岸關務制度之比較研究〉。台北：淡大碩士論文。

李茂，〈兩岸關務行政救濟制度之比較〉，《財稅研究》，第三十四卷第三期。

李茂，〈兩岸關稅稅率結構之比較〉，《財稅研究》，第三十四卷第二期。

李茂，〈深入原產地〉，《今日海關》，第二十五期。

李英明（2001），《全球化時代下的台灣和兩岸關係》。台北：生智文化。

李英明主編，閔琦等著（1995），《轉型期的中國：社會變遷》。台北：時報文化。

李健（1999），《公司治理論》。北京：經濟科學出版社。

李培林、張翼（1999），〈國有企業社會成本分析——對中國10大城市508家企業的調查〉，《中國社會科學》。

李濤（2002），《中國聯想》。台北：九鼎國際。

沈宗瑞等譯，David Held, Anthony McGrew, David Goldbatt, Jonathan Perraton等著（2001），《全球化大轉變：對政治經濟及文化的衝擊》。台北：韋伯文化。

沈肇章（2000），《關稅理論與實務》。廣州：暨南大學。

肖彥登（2001），《中國沒有企業家——大陸第四代企業家缺陷分析》。

台北：商智文化。
肖衛（2002），《影響中國經濟發展的二十位企業領袖》。台北：德威國際文化事業股份有限公司。
阮文彪、揚名遠（1998），〈合作化、集體化、產業化〉，《中國農村觀察》，一月號。
周叔蓮（1998），〈二十年來中國國有企業改革的回顧與展望〉，《中國社會科學》，北京，第六期。
周振華（1999），《體制變革與經濟增長——中國經濟與範式分析》。上海：三聯書店。
周翼虎、楊曉民（1999），《中國單位制度》。北京：中國經濟出版社。
官慧君，〈通向合作之路〉，《中國海關》，第一六七期。
彼得．杜拉克（Peter F. Drucker）著，李芳齡譯（2002），《管理的使命》（*Management: Tasks, Responsibilities, Practices*）。台北：天下雜誌。
易小准、唐小兵主編（1998），《貿易自由化的挑戰：紡織、汽車、金融、農業的風險與對策》。北京：中央編譯出版社。
林凡（1997），《空手成大亨——大陸億萬富豪致富傳奇》。台北：商周出版社。
林弘（1999），〈論現代海關估價制度〉，《上海海關高等專科學校學報》，第二期。
林俊益（2003），〈大陸及香港仲裁判斷在台灣地區之認可與執行〉，《海峽兩岸經貿仲裁論文集》。台北：中華仲裁協會。
林建煌（2002），《行銷管理》。台北，智勝出版社。
林紀東（1978），《法學緒論》。台北：五南圖書。
林祖嘉（2001），〈大陸加入WTO後市場開放所面臨的競爭與挑戰〉，發表於「民國九十年大陸經濟發展研討會」，台北：中華經濟研究院。
林毅夫（2000），《再論制度、技術與中國農業發展》。北京：北京大學出版社。

林毅夫、蔡昉、李周著（2000），《中國經濟改革與發展》。台北：聯經出版社。

邱澤奇（1999），〈鄉鎮企業改制與地方權威主義的終結〉，《社會學研究》。北京。

金碚（1998），〈中國大型企業的戰略管理與集團控制〉，《經濟管理》，第十二期。

侯孝國（1999），《所有制革命——推向21世紀的所有制改革》。武漢：湖北人民出版社。

柏朗（Shona L. Brown）著，孫麗珠等譯（2000），《邊緣競爭：游走在混沌與秩序邊緣的競爭策略》（*Competing On The Edge: Strategy As Structured Chaos*）。台北：城邦出版社。

胡代光、高鴻業（1996），《現代西方經濟學辭典》。北京：中國社會科學出版社。

胡鞍鋼（1994），〈中國地區間的不平衡格局及影響〉，《經濟學消息報》。

胡鞍鋼（2002），〈加入WTO後的中國農業和農民〉，《二十一世紀》。

胡鞍鋼、王紹光、康曉光（1996），《中國地區差距報告》。台北：致良出版社。

胡鞍鋼、吳群剛（2001），〈農業企業化：中國農村現代化的重要途徑〉，《農業經濟問題》，第一期。

范黎波、李自杰（2001），《企業理論與公司治理》。北京：對外經濟貿易大學出版社。

范錦明編（2001），《九十年代中國大陸經濟發展論文集》。台北：大屯出版社。

郎曉龍，〈汽車工業的調整與發展〉，收錄於宮占奎，《WTO規則與中國產業命運》。天津：天津人民出版社。

韋偉（1995），《中國區域發展中的區域差異與區域協調》。安徽：安徽人民出版社。

凌華薇、王煉（2001），〈銀廣夏陷阱〉，《財經月刊》。北京。

唐彥博（2001），《新世紀中國科技發展策略》。台北：永業出版社。
孫國彬、張秀娥、漆思等主編（1997），《中國對外經濟貿易發展策論》。吉林：吉林人民出版社。
徐偉傑譯，Malcolm Waters著（1996），《全球化》。台北：弘智文化。
徐國弟（1999），〈關於我國宏觀經濟佈局和建立網絡型經濟體系的基本構想〉，收錄於中國區域經濟學會編，《跨世紀的中國區域發展》。北京：經濟管理出版社。
徐斯儉（2000），〈全球化：中國大陸學者的觀點〉，《中國大陸研究》，第四十三卷第四期。
徐濵慶、李瑞（1999），《中國大陸政府政策與經濟發展》。台北：大屯出版社。
殷乃平（2000），《中國金融體制簡論》。北京：社會科學文獻出版社。
殷濤（2003），〈62個品牌被列爲全球超級大品牌〉，《經濟參考報》。
海莫（2002），《青啤潮》。台北：九鼎國際。
海關總署辦公廳口岸辦公處，〈中國口岸知少〉，《中國海關》，第一六六期。
烏·貝克等著，王學東等譯（2000），《全球化與政治》。北京：中央編譯出版社。
秦於理譯，Jeffrey C. Shuman & David Rottenberg等著（2000），《企業競爭優勢》。台北：愛迪生國際文化事業股份有限公司。
秦朔（2002），《大變局——中國民間企業的崛起與變革》。廣州：廣東旅遊出版社。
索羅斯（George Soros）著，聯合報編譯組譯（1998），《全球資本主義危機：岌岌可危的開社會》（*The Crisis of Global Capitalism：Open Society Endangered*）。台北：聯經出版社。
耿慶武（2000），〈中國大陸經濟區域的劃分及發展趨勢〉，《中國大陸研究》，第四十三卷第六期。
耿慶武（2001），《中國區域經濟發展》。台北，聯經出版社。
耿曙（2001），〈「三線」建設始末：大陸西部大開發的前驅〉，《中國大陸研究》，第四十四卷第十二期。

耿曙（2002），〈東西不平等的起源：國家、市場、區域開發〉，收錄於宋國誠編，《21世紀中國——西部大開發》。台北：國立政治大學國際關係研究中心。

袁明仁，〈大陸內銷市場行銷寶典〉，《大陸台商經貿網》。

馬戎、黃朝翰、王漢生、楊沐合編（1994），《九十年代中國鄉鎮企業調查》。香港：牛津大學出版社。

馬建堂、劉海泉著（2000），《中國國有企業改革的回顧與展望》。北京：首都經濟貿易大學出版社。

馬德普、霍海燕、高衛星主編（1998），《變革中的中國公共政策（上）》。北京：中國經濟出版社。

高　長（2001），〈製造業赴大陸投資經營當地化及其對台灣經濟之影響〉，《經濟情勢暨評論季刊》。第七卷第一期。

高　長、李吉仁、史惠慈（2000），《從全球佈局觀點與整合優勢論兩岸產業分工策略：以電子資訊業爲例》。台北：中華經濟研究院，經濟部工業局委託計畫。

高永長，〈訴願法與大陸行政復議法的比較〉，《稅務旬刊》，第一七六〇期。

高尚全（2001），〈九十年代以來國有企業改革的歷程及今後的改革方向〉，收錄於范錦明編，《九十年代中國大陸經濟發展論文集》。台北：大屯出版社。

高長（2002），《大陸經改與兩岸經貿關係》。台北：五南圖書。

高長（2003），〈後SARS兩岸經貿互動與展望〉，《兩岸經貿月刊》。台北：海基會。

高銛等譯，Daniel Bell著（1995），《後工業社會的來臨》。台北：桂冠。

高曉清（2000），〈加入WTO與中國農業前景〉，收錄於宮占奎，《WTO規則與中國產業命運》。天津：天津人民出版社。

高融昆（2002），《中國海關制度創新和管理變革》。北京：經濟管理。

商景明（2002），《中國大陸金融制度》。台北：商鼎文化出版社。

國家統計局（1999），《中國科技統計年鑒——2002》。北京：中國統計出版社。

國家統計局（2001），《2001中國發展報告：中國的「九五」》。北京：中國統計出版社。

國家統計局國民經濟綜合統計司編（1999），《新中國五十年統計資料匯編》。北京：中國統計出版社。

國家統計局農村社會經濟調查總隊（2001），〈2000年農民收入增長速度繼續放慢〉，《農業經濟學》，第六期。

國家經貿委企業改革司編（2000），《國有企業改革與建立現代企業制度》。北京：法律出版社。

崔效國，〈海關行政復議制度的新發展〉，《海關高等專科學校學報》，第四期。

崔祿春（2002），《建國以來中國共產黨科技政策研究》。北京：華夏出版社。

張幼文等著（1997），《外貿政策與經濟發展》。上海：立信會計出版社。

張弘遠（1994），〈中國大陸金融制度改革對其內部流動資金形成之影響〉，台北：國立政治大學東亞研究所碩士論文。

張弘遠（1994），〈從國家能力觀點看當前大陸「西部大開發」戰略的設計與執行〉，《共黨問題研究》，第二十七卷第八期。

張弘遠（2001），〈中國大陸嫁接式市場化改革：地方政府角色與企業行為〉，《中國大陸研究》。

張兆傑（2002），〈中國金融改革：藉助民間資本改造國有銀行〉，《中國評論》。香港。

張佩珍，〈中共門戶開放後貿易政策之演變——1979～1986〉。

張宗漢譯，R. Wade著（1994），《管理市場——經濟理論與東亞國家由政府主導工業化》。台北：五南圖書。

張杰（1998），《中國金融制度的結構與變遷》。 太原 ：山西經濟出版社。

張金男等，〈兩岸稅務行政爭訟救濟之差異分析〉，《稅旬刊》，第一七四三期。

張炳政，〈中國外貿傳奇〉，《中國海關》，第一六六期。

張暉明（1998），《中國國有企業改革的邏輯》。山西：山西經濟出版社。

張慕津、程建國（2000），《中國地帶差距與中西部開發》。北京：清華大學出版社。

張翼，〈完稅價格指要〉，《中國海關》，第一五三期。

曹鳳岐主編（1997），《中國企業股份制改造實務全書》。北京：中國言實出版社。

莊文正，〈大陸稅務行政救濟之研究〉，《財稅研究》，第二十七卷第三期。

郭方等譯，Immanuel Wallerstein著（1998），《近代世界體系》。台北：桂冠。

郭騰雲、陸大道、甘國輝（2001），〈中國開放政策對區域發展的作用〉，《地理學報》，第五十六卷第五期。

陳月端（2002），〈WTO與大陸地區法律之因應〉，《律師雜誌》，第二六九期。

陳永全、蕭崴主編，Milton Mueller著（2000），〈中國加入WTO與開放電信市場〉，《國外專家談中國經濟問題》。北京：經濟日報出版社。

陳至友（2001）《進出口貿易實務》。上海：立信會計出版社。

陳佩華、趙文詞、安戈（1996），《當代中國農村歷滄桑——毛鄧體制下的陳村》。香港：牛津大學出版。

陳武元、楊俊輝著（1995），《鄉鎮企業與國營企業比較研究》。成都：成都科技大學出版社。

陳湛匀（1999），《現代決策應用與方法分析》。台北：五南圖書。

陳煥文（2003），〈兩岸仲裁法規之比較〉，《海峽兩岸經貿仲裁論文集》。台北：中華仲裁協會。

陸大道（2002），〈關於「點－軸」空間結構系統的形成機理分析〉，《地理科學》，第二十二卷第一期。
陶明、楊永康、劉國華、趙優珍等（2002），《WTO與海關實務》。上海：上海人民出版社。
章家敦（2002），《中國即將崩潰》。台北：雅言文化。
最高人民檢察院法律政策研究室編（1996），《中華人民共和國現行法律法規及司法解釋大全》。北京：中國方正出版社。
楊雪冬、王列（1998），〈關於全球化與中國研究的對話〉，收錄於胡元梓、薛曉源主編，《全球化與中國》。北京：中央編譯出版社。
斯夫，〈中國：世界工廠？〉，《中國海關》，第一六六期。
斯夫，〈值得歡欣鼓舞的消息〉，《中國海關》，第一六四期。
曾坤生等（1998），《區域經濟論：市場經濟與中國區域經濟發展》。湖南：湖南人民出版社。
舒中興（1997），《文化大革命中的社會衝突》。台北：國立政治大學東亞研究所。
華而誠（1997），《中國經濟軟著陸》。北京：中國財政經濟出版社。
費正清編（1990），《中華人民共和國史——1949～1965》。上海：上海人民出版社。
隆國強等譯，N. Lardy著（1999），《中國未完成的經濟改革》。北京：中國發展出版社。
黃明堅譯，Alvin Toffler著（1994），《第三波》。台北：時報文化。
黃金源（2003），〈兩岸通關制度之比較研究〉。台北：淡大碩士論文。
黃亮宜、侯遠長、孫玉杰主編（2002），《當代世界經濟政治文化》。北京：中國經濟出版社。
黃樹民著，素蘭譯（1994），《林村的故事》。台北：張老師出版社。
楊淑娟譯，K. Lieberthal（1998），《治理中國——從革命到改革》。台北：國立編譯館。
楊雅惠（2002），《大陸金融體制之研究》。台北：中華經濟研究院，中華民國銀行商業同業公會委託。

楊聖明主編（1999），《中國對外經貿理論前沿》。北京：社會科學文獻出版社。

溫鐵軍（1999），〈半個世紀的農村制度變遷〉，《戰略與管理》，六月號。

經濟日報（2001），《2001年中華民國經濟年鑑》。台北。

葉正綱（2002），《中國消費市場行銷策略》。台北，聯經出版社。

詹姆斯．C．艾貝格倫（James C. Abegglen）著，林志鴻譯（1995），《傲視大亞洲》（*Sea Change: Pacific Asia as the New World Industrial Center*）。台北：書華出版社。

農業部軟科學委員會課題組（2001），〈中國農業進入新階段的特徵和政策研究〉，《農業經濟問題》，第一期。

廖力平、廖慶薪等（2002），《進出口業務與報關》。廣州：中山大學。

福村滿著，王煒譯（1996），《CI經營戰略》。台北：書泉出版社。

聞戈（2001），〈仲裁協會呼之欲出，業內人士憂心忡忡：中國仲裁協會的籌備成立引人注目〉，《中國仲裁網》。

赫洛德．詹姆斯（Harold Jammes）著，朱章才譯（2000），《經濟全球化1975，11，15，朗布伊耶》。台北：麥田出版社。

趙中孚編（1999），《商法總論》。北京：中國人民大學出版社。

劉光溪（1998），《中國與經濟聯合國：從復關到入世》。北京：中國對外經濟貿易出版社。

劉江彬、黃俊英（1998），《智慧財產的法律與管理》。台北：華泰出版社。

劉美平（2000），〈論國有企業與股票市場之間的整合〉，《改革》，第四期。

劉國光、王洛林、李京文主編（2003），《中國經濟前景分析——2003年春季報告》。北京：社會科學文獻出版社。

劉湘國（2003），〈私營企業治理缺陷及其改善〉，《社會主義經濟理論與實踐》，第三期。

劉廣平、王意家、林利忠等（2000），《海關徵稅》。廣州：中山大學。

劉曉波（2002），《希望傳奇：農民四兄弟由千元到三百五十億的創業歷程》。台北：九鼎國際。

劉遵義（1999），〈中國的宏觀經濟和銀行業的改革〉，收錄於國際清算銀行主編，《強化中國金融體制：問題與經驗》，第七期。

厲以寧（2000），《區域發展新思路》。北京：經濟日報出版社。

數位週刊（2001），〈高科技台商大陸投資總調查〉，《數位週刊》，第二十五期。

蔡宏明（2001），〈2001年台商大陸投資及大陸內銷市場拓展意見調查報告〉，《工業雜誌》，第十二期。

鄭俊田（2002）《中國海關通關實務》。北京：中國對外經濟貿易。

鄭爲元（1999），〈發展型「國家」或發展型國家「理論」的終結？〉，《台灣社會研究季刊》，第三十四期。台北。

鄧小平（1993），《鄧小平文選（第三卷）》。北京：人民出版社。

黎安友（Andrew J. Nathan）著，柯洛漪譯（2000），《蛻變中的中國：政經變遷與民主化契機》。台北：麥田出版社。

諾德斯壯（Kjell Nordstrom）著，周蔚譯（2002），《放客企業》（*Funky Business: Talent Makes Capital Dance*）。台北：台灣培生教育。

閻景棠、魯培勇、張英林等（2002），《通關實務》。北京：中國海關。

戴維・赫爾德等著，楊雪冬等譯（2001），《全球大變革：全球化時代的政治、經濟與文化》（*Global Transformations: Politics, Economics and Culture*）。北京：社會科學文獻出版社。

檀明山（1998），《孫子兵法與商戰》。台北：正展出版公司。

謝平（1996），《中國金融制度的選擇》。上海：遠東出版社。

謝百三（2001），《中國當代經濟政策及其理論》。北京：北京大學出版社。

謝國娥（2002），《海關報關實務》。上海：華東理工大學。

簡・斯維納、潘承芬著，〈四縣鄉鎮企業的發展模式〉，見威廉・伯德、林青松合編（1994），《中國鄉鎮企業的歷史性崛起》。香港：牛津大學出版社。

魏後凱（1999），〈當前區域經濟研究的理論前沿〉，收錄於中國區域經濟學會編，《跨世紀的中國區域發展》。北京：經濟管理出版社。

羅丙志（1999），《國際貿易政府管理》。上海：立信會計出版社。

羅溫吉布森（Rowan Gibson）著（1999），《預思未來》（*Rethinking the Future*）。台北：晨星出版社。

譚安傑（On Kit Tam）（1998），《中國企業新體制——督導機制與企業現代化》。香港：商務印書館。

譯寧，〈從原產地淘金〉，《中國海關》，第一五四期。

譯寧，〈圓企業「無紙通關」夢〉，《中國海關》，第一五四期。

二、英文部分

Alston, L. J., Eggertsson T., and North D. eds. (1997). *Empirical Studies in Institutional Change*. Cambridge: Cambridge University Press.

Amin, A., and Thrift N. (1992). "Neo-Marshallian Nodes in Global Networks," *International Journal of Urban and Regional Research,* 16, 571-587.

Amin, A. (1999). "An Institutionalist Perspective on Regional Economic Development," *International Journal of Urban and Regional Research,* Vol.23, Issue2, 365-379.

Amin, A. (2002). "Apatialities of Globalization," *Environment and Planning A,* 34, 385-399.

Bergeijk, P., Van A. G. and Mensink, N. W. (1997). "Measuring Globalization," *Journal of World Trade,* Vol.31, No.3.

Block, F. (2001). "Using Social Theory to Leap Over Historical Contingencies: A Common on Robinson," *Theory and Society,* 30, 215-221.

Robert B., and Saillard Y. (2002). *Regulation Theory: The State of The Art.*

London: New York: Routledge.

Boyer, R. (2000). "The Politics in The Era of Globalization and Finance: Focus on Some Regulation School Research," *International Journal of Urban and Regional Research.* Volume 24.2 (June), 274-322.

Brenner, N. (1999). "Beyond State-Centrism? Space, territoriality, and Geographical Scale in Globalization Studies," *Theory and Society,* 28, 39-78.

Burt, R. S. (2000). "The Network Entrepreneur," in Swedberg, R., ed. *Entrepreneurship: The Social Science View.* Oxford: Oxford University Press: 281-307.

Chandler, A. D. (1990). *Scale and Scope: The Dynamics of Industrial Capitalism.* Cambridge, Mass. : Belknap Press.

Chen, D. (1995). *Chinese Firms Between Hierarchy and Market.* New York: St. Martin's Press.

Clegg, S., Hardy, C., and Nord, W. R., eds. (1996). *Handbook of Organization Studies.* London: Sage Publications.

DiMaggio, P., and Powell, W. (1983). "The Iron Cage Revisited: Institutional Isomorphism and Collective Rationality in Organizational Fields," *American Sociological Review,* Vol.48 (April).

DiMaggio, P., ed. (2001). *The Twenty-First-Century Firm: Changing Economic Organization In International Perspective.* Princeton, NJ: Princeton University Press.

Dittmer, L. and Xiaobo, L. (1997). "Structural Transformation of the Chinese Danwei: Macropolitical Implications of Micropolitical Change," *China Studies,* No.3, 115-122.

Eggertsson, T. (1990). *Economic Behavior and Institutions.* New York: Cambridge University Press.

Elster, J., Offe, C., and Preuss, U. K., eds. (1998). *Institutional Design in Post-communist Societies: Rebuilding the Ship at Sea.* Cambridge:

University of Cambridge.

Evans, P. and Skocpol, T. (1985). *Bringing the State Back In*. NY: Cambridge University Press.

Evans, P. (1995). *Embedded Autonomy: States and Industrial Transformation*. NJ: Princeton University Press.

Eyal, G., Szelenyi, I. and Townsley, E. (1998). *Making Capitalism Without Capitalists: Class Formation and Elite Struggles in Post-Communist Central Europe*. London: Verso.

Fligstein, N. (1996). "The Economic Sociology of the Transitions from Socialism," *American Journal of Sociology,* 101(4), 1074-1081.

Fukuyama, F. (1995). *Trust: The Social Virtues and The Creation of Prosperity.* New York: Free Press.

Gerschenkron, A. (1992). "Economic Backwardness in Historical Perspective," in Granovetter, M., and Swedberg, R., eds. *The Sociology of Economic Life*. Colorado: Westview Press, 111-130.

Goldman, M. and MacFarquhar, R. ed. (1999). *The Paradox of China's Post-Mao Reforms*. Cambridge, MA: Harvard University Press.

Goldstein, A. (1991). *From Bandwagon to Balance-of-Power Politics: Structural Constraints and Politics in China, 1949-1978*. California: Stanford University Press.

Granovetter, M., and Swedberg, R., eds. (1992). *The Sociology of Economic Life*. Colorado: Westview Press.

Granovetter, M. (1985). "Economic Action and Social Structure: The Problem of Embeddedness," *American Journal of Sociology,* 91(3), 481-510.

Granovetter, M. (1992). "The Sociological and Economic Approaches to Labor Market Analysis: A Social Structural View," in Mark Granovetter, and Richard Swedberg, eds. *The Sociology of Economic Life*. Colorado: Westview Press: 233-264.

Guthrie, D. (1999). *Dragon In a Three-piece Suit: The Emergence of*

Capitalism in China. Princeton, NJ: Princeton University Press.

Hollingsworth, R., and Boyer, R., eds. (1997). *Contemporary Capitalism: The Embeddedness of Institutions*. Cambridge: Cambridge University Press.

Jessop, B., ed. (2001). *Regulation Theory and The Crisis of Capitalism*. Northampton, Mass. : Edward Elgar Pub.

Keohane, R. and Milner, H. (1996). *Internationalization and Domestic Politics*. NY: Cambridge University Press.

Kornai, J. (1992). *The Socialist System: The Political Economy of Communism*. Princeton: Princeton University Press.

Laurenceson, J. and Chai J. C. H. (2000)."The Economic Performance of China's State-Owned Industrial Enterprises," *Journal of Contemporary China*, vol. 9 (23), May.

Liu, W., and Lu, D. (2002). "Rethinking the Development of Economic Geography in Mainland China," *Environment and Planning A*, 34, 2107-2126.

Liu, Yia-Ling. (1992). "The Reform From Below: The Private Economy and Local Politics in Rural Industrialization of Wenzhou," *The China Quarterly*, No.130, 293-316.

Lu, X. and Perry, E. J. eds. (1997). *Danwei: The Changing Chinese Workplace in Historical and Comparative Perspective*. NY: M. E. Sharp.

Markusen, A. (1996). "Sticky Places in Slippery Space: A Typology of Industrial Districts," *Economic Geography*, 72, 293-313.

McKinnon, R. (1994). "Gradualism versus Rapid Liberalization in Socialist Economies," in Proceedings of the World Bank Annual Conference on Development Economics. Washington, DC: The World Bank.

Nee, V. (1989). "A Theory of Market Transition: From Redistribution to Markets in State Socialism," *American Sociological Review*, No.54.

Nee, V. (1991). "Social Ineqalities in Reforming State Socialism: Between Redistribution and Markets in China," *American Sociological Review*,

No.56.

Nee, V. (1996). "The Emergence of a Market Society: Changing Mechanisms of Stratification in China," *American Journal of Sociology,* Vol.101, No.4.

Odggard, O. (1992). *Private Enterprises in Rural China.* Hants, England: Avebury.

Oi , J. (1999). *Rural China Takes Off.* Berkeley: Unversity of California Press.

Oi, J. C. and Walder, A. (1999). *Property rights and Economic Reform in China.* Stanford, CA: Stanford University Press.

Oi, J. (1989). *State and Peasant in Contemporary China: The Political Economy of Village Government.* California: University of California Press.

Oi, J. (1995)."The Role of the Local State in China's Transitional Economy, "*The China Quarterly,* No.144 (December).

Oi, J. (1998). "The Evolution Lacal State Corporatism," in Andrew G. Walder ed., *Zouping in Transition: The Process of Reform in Rural North China.* Cambridge: Harvard University Press.

Parish, W. L. and Michelson, E. (1996). "Politics as Markets: Dual Transformations," *American Journal of Sociology,* Vol.101, No.4.

Pei, M. (1994). *From Reform to Revolution.* Cambridge: Harvard University Press.

Pei, M. (1996). "Microfoundations of State-soccialism and patterns of Economic Transformation," *Communist and Post-Communist Studies,* vol.29, no.2.

Podolny, J. M. (1998). "Network Forms of Organization," *Annual Review of Sociology,* Vol., 25-56.

Porter, M. (2000). "Location, Competition, and Economic Development: Local Clusters in a Global Economy," *Economic Development Quarterly,* 14, 15-34.

Pye, L. (1981). *The Dynamics of Chinese Politics*. Oelgeschlager: Gunn & Hain Publishers Inc.

Rawski, T. (1994). "Chinese Industrial Reform: Accomplishment, Prospects, and Implications," *American Economic Review*, 84.

Dernberger, R. F. (1981). "Communist China's Industrial Policies：goals and Results,"*Issues & Studies,* Vol.1 XVII, No. 7.

Akos, Rona-Tas (1997). *The Great Surprise of the Small Transformation: The Demise of Communism and the Rise of the Private Sector in Hungary*. Ann Arbor: University of Michigan Press.

Saich, T. (2000). "Negotiating the State: The Development of Social Organizations in China," *The China Quarterly,* April.

Scott, R. (2001). *Institutions and Organizations*. Thousand Oaks, California: Sage Publications.

Shambaugh, D. (1993). *American Studies of Contemporary China*. New York: M. E. Sharpe .

Shirk, S. (1993). *The Political Logic of Economic Reform in China*. Berkeley: Univerity of California Press.

Stark, D. and Rruszt, L. (1998). *Postsocialist Pathways: Transforming Politics and Property in East Central Europe*. Cambridge: Cambridge University Press.

Stark, D. and Nee, V. (1989). *Remaking the Economic Institutions of Socialism: China and Eastern Europe*. California: Stanford University Press.

Szelenyi, I. and Kostello, E. (1996). "The Market Transition Debate: Toward a Synthesis?" *American Journal of Sociology,* Vol.101, No.4.

Walder, A. (1986). *Communist Neo-Traditionalism: Work and Authority in Chinese Industry*. Berkeley: University of California Press.

Walder, A. (1996). "Markets and Inequality in Transitional Economies: Toward Testable Theories," *American Journal of Sociology,* Vol. 101,

No.4, 1060-1073.

Walder, A. (1995). *The Waning of the Communist State: Economic Origins of Political Decline in China and Hungary*. Berkeley: University of California Press.

Wank, D. (1999). *Commodifying Communism: Business,Trust,and Politics in a Chinese City*. Cambridge: Cambridge University Press.

Weimer, D. L. (1997). *The Political Economy of Property Rights*. Cambridge: Cambridge University Press.

White, G. (1993). *Riding the Tiger: The Politics of Economic Reform in Post-Mao China*. Stanford: Stanford University Press.

Woo-Cumings, M. (1999). *The Developmental State*. NY: Cornell University Press.

Bank, W. (1997). *China's Management of Enterprise Assets: The State as Sharehoder*. Washington, DC: The World Bank.

Yang , D. L. (1996). *Calamity and Reform in China*. Stanford: Stanford University Press.

Young, S. (1995). *Private Business and Economic Reform in China*. NY: M. E. Sharpe.

中國大陸經濟發展與市場轉型

著　　者☞ 魏　艾・王信賢・江雪秋・李　茂
徐東海・馬浩然・張弘遠・舒中興
出 版 者☞ 揚智文化事業股份有限公司
發 行 人☞ 葉忠賢
總 編 輯☞ 閻富萍
執行編輯☞ 范湘渝
登 記 證☞ 局版北市業字第1117號
地　　址☞ 台北縣深坑鄉北深路三段260號8樓
電　　話☞（02）86626826
傳　　真☞（02）26647633
印　　刷☞ 鼎易印刷事業股份有限公司
初版一刷☞ 2003年10月
初版三刷☞ 2009年8月
I S B N ☞957-818-545-6
定　　價☞ 新台幣400元
網　　址☞ http://www.ycrc.com.tw
E-mail ☞ yangchih@ycrc.com.tw

國家圖書館出版品預行編目資料

中國大陸經濟發展與市場轉型／魏艾等著.
-- 初版.-- 臺北市：揚智文化，2003[民 92]
面；　公分
參考書目：面

ISBN　957-818-546-4（平裝）

1.經濟發展-中國大陸 2.兩岸關係-經濟
3.兩岸關係-貿易

552.2　　　　　　　　　　92013967